전통연희 시리즈 **8**

융합형 교육을 위한
공연문화유산답사 매뉴얼

사진실

태학사

사진실

1965년 대전 출생으로 서울대 국문과를 졸업하고, 같은 대학원에서 석·박사학위를 받았다. 중앙대 예술대학 전통예술학부 교수 및 음악극연구소 소장을 역임했다. 버클리대학 한국학센터 객원연구원과 하버드 옌칭연구소 방문학자를 지냈다. 대통령 직속 미래기획위원회 위원으로 활동했으며, 공연기획사 '꿈꾸는 산대'를 설립했다. 민속문화와 궁정문화를 아울러 연극사 및 공연문화 연구에 몰두해 왔으며, 공연기획자 및 창작자로 전통 연희를 재창조하는 일에도 관심을 기울여 왔다.

융합형 교육을 위한 공연문화유산답사 매뉴얼

초판 1쇄 인쇄 | 2017년 3월 10일
초판 1쇄 발행 | 2017년 3월 17일

지은이 | 사진실
펴낸이 | 지현구
펴낸곳 | 태학사
등 록 | 제406-2006-00008호
주 소 | 경기도 파주시 광인사길 223
전 화 | 마케팅부 (031)955-7580~82 편집부 (031)955-7585~89
전 송 | (031)955-0910
전자우편 | thaehak4@chol.com
홈페이지 | www.thaehaksa.com

값은 뒤표지에 있습니다.

ISBN 978-89-5966-884-7 94680
ISBN 978-89-5966-876-2 (세트)

'전통연희 시리즈'를 출간하며

　사진실 교수는 신선들이 산다는 봉래산(蓬萊山)에 가 있다. 그곳에 가기 전 사진실 교수는 봉래산을 닮은 공연문화의 거대한 산대(山臺)를 지어, 그 위에 공연예술사의 뿌리 깊은 나무를 심고, 전통연희 재창조라는 눈부신 꽃을 기기묘묘하게 피워냈다. 봉래산에 먼저 간 사진실 교수가 지금은 어떤 화려한 산대를 꾸미고 신선광대들을 불러 모아 한판 신나는 악(樂)·희(戲)·극(劇)을 꿈꾸고 연출하고 있을지, 훗날 그곳에 가볼 일이다.

　본 전통연희 시리즈는 고(故) 사진실 교수의 연구 성과를 총 9권으로 나눠 집대성한 것이다. 공자는 50세에 '하늘의 명을 깨달아 알게 되었다'(知天命)고 했다. 학문의 도정(道程)에 비유하자면, 어디에도 유혹되지 않으며 자신이 궁구하여 왔던 학문의 도정에 마침내 이름표를 붙이는 나이가 50세에 해당할 것이다. 사진실 교수가 명운(命運)을 달리한 것은, 바로 그런 '지천명'의 나이에 들어선 직후였다.

　그런데 사진실 교수는 자신의 예정된 명운보다 천명을 먼저 깨달았던 것임에 틀림없다. 공연문화의 지속과 변화를 밝힌 저서들과 전통연희에 대한 치밀한 연구 논문, 또 그것을 현대적으로 어떻게 재현하고 창조할 것인가에 대한 각종 평론과 아이디어로 이미 50세 이전에 확고하게 자신의 학문적 천명을 제시하고 실천했기 때문이다.

　사진실 교수에게 '지천명'은 신체적 나이가 아니었던 것이다. 사진실 교수가 실행한 그 학문적 천명이 공연문화를 연구하는 후학들과 전통연희의 재창조를 꿈꾸는 예술인들에게 얼마나 새롭고 넓으며 환한 길을 열어주었는지는 부연할 필요가 없을 듯하다. 사진실 교수의 전통연희 저작집 발간을 학계나 공연예술계에서 목마르게 기다려 온 것도 어찌 보면 당연한 일이다.

그럼에도 한 뛰어난 연구자가 생전에 남겨 놓은 각종 연구물을 원저자의 의도에 걸맞게 구성하는 것은 결코 쉽지 않았다. 사진실 교수의 학문적 장도(長途)가 워낙 깊고 넓어 그 어느 것도 빠뜨리지 않은 채 충분히 반영하여 집대성한다는 자체가 여간 부담스러운 일이 아니었기 때문이다.

무엇보다 사진실 교수는 전통연희에 관한 한 전문연구자이면서 전문실천가로 살아가는 삶을 자신의 학문적 천명으로 정하였던 까닭에 그 업적들을 섞이지 않게 오롯이 선별해내는 것도 난제였다. 전통연희에 관한 학문적 성과를 체계적으로 정리해 보여주면서도, 아울러 전통연희를 현대화하려는 실천적 의도까지를 저작집에 담아내야 했던 것이다. 그러다보니 저작집 간에 내용상 다소 중첩되는 부분이 있을 수밖에 없었다. 그러나 전체 저작집을 구성하고 있는 9권 각각은 책 제목이 표방하고 있는 대로, 낱권으로서의 완성도를 갖추었음은 물론이다. 9권 각각에 대한 간략한 설명을 제시하면 다음과 같다.

제1권 『한국연극사 연구』와 제2권 『공연문화의 전통 樂・戱・劇』은 생전에 간행되었던 책이다. 제1권은 조선시대의 화극(話劇)을 다룬 석사논문과 조선시대 서울지역의 연극을 다룬 박사논문을 핵심 내용으로 하여, 우리의 연극을 통시적으로 조망하고자 한 책이다. 제2권은 악(樂)・희(戱)・극(劇)의 갈래 구분을 통해 한국의 연극사를 혁신적 방법론으로 분석・체계화한 것으로, 사진실 교수의 대표 저서이다. 이후의 연구논문과 아이디어는 이 책의 방법론에 기반하고 있다고 해도 과언이 아니다. 악·희·극이야말로 한국 연극의 지속·발전·변용의 과정에서 핵심 요소를 차지하고 있다고 보았기 때문이다.

제3권『조선시대 공연공간과 공간미학』은 전통연희가 연행되는 공간과 그러한 공간을 통해 표출되는 미학의 성격을 중점적으로 해명하려고 한 책이다. 제4권『전통연희의 전승과 성장』은 고려시대부터 조선시대에 걸쳐 전통연희가 어떻게 전승되어 왔고 성장해 갔는가를 통시적으로 조망한 책이다. 제5권『전통연희의 전승과 근대극』은 조선후기와 근대에 초점을 두고 전통연희가 지속되고 변용되는 측면을 고찰한 책이다. 제6권『봉래산 솟았으니 해와 달이 한가롭네-왕실의 연희축제-』는 한국학중앙연구원의 지원을 받아 '왕실문화총서' 중의 하나로 소개될 예정이었으나 발간되지 못했다. 왕실에서 행해진 전통연희를 대중들에게 쉽게 소개할 목적으로 만들어진 교양서 성격의 책이다.

제7권『융합형 공연제작실습 교육을 위한 전통연희 매뉴얼』은 예술현장에서 전통연희와 관련된 문화콘텐츠를 개발할 수 있게 하는 수업을 염두에 두고 만들어진 책이고, 제8권『융합형 교육을 위한 공연문화유산답사 매뉴얼』은 학부생을 대상으로 한 수업에서 전통연희의 이론적 기초를 제공할 목적으로 만들어진 책이다. 제9권『전통연희의 재창조를 꿈꾸다』는 전통연희를 현대적으로 재창조하기 위한 아이디어를 소개하고 있는 책이다.

본 전통연희 시리즈를 기획한 시점은 사진실 교수가 작고한 후 3개월 정도 지나서였다. 사진실 교수의 부군(夫君)의 부탁도 있었지만, 존경하는 선배의 연구 업적과 아이디어가 그냥 묻히는 게 안타까워 자청했다고 보는 게 옳을 것이다. 그 과정에 함께 동참하여 자료를 정리해 준 이유진

문학박사, 최어진 서울대 국문과 조교에게 고마운 마음을 전한다. 또한 교정에 참여해 주신, 사진실 교수의 동생 사성구 선생님께도 고마운 마음을 전한다. 사진실 교수의 아들 주효성 군도 최종교정에 참여하여 큰 도움이 되었다. 아울러 출판계의 불황에도 불구하고 흔쾌히 본 저작집 발간을 승낙해 주신 태학사 지현구 사장, 편집과 교정에 힘써주신 최형필 이사께도 고마운 마음을 전한다. 부군인 주형철 형님이 늘 말해온 대로, 사진실 교수가 이 저작집을 정말 마음에 들어 했으면 좋겠다. 아무쪼록 이 저작집을 발판으로 삼아, 사진실 교수가 꿈꾸었던 학문적 여정을 뒤이을 연구자를 기대해 본다.

2017년 3월 17일

최원오 (광주교대 국어교육과 교수)

목차

서문

세밑 광화문 앞 큰 거리를 가득 메운 '루미나리에' 장식을 보면서 아쉬움을 넘어 괴로움을 느꼈었다. 어디서 왔는지 이국적이고 화려한 빛의 잔치, 그 뒤에 가려있는 광화문의 외로움을 보았기에.

옛날 광화문 앞 큰 거리, 종묘에서부터 이어진 임금의 행렬이 향기를 머금은 침향산(沈香山)을 앞세우고 광화문을 향해 움직여오고 있다. 광화문 앞에는 봄, 여름, 가을, 겨울을 상징하는 사계절의 산대(山臺)가 길 양쪽에 세워져 있다. 광화문만큼 높은 산대는 인간들이 꿈꾸는 신선들의 세계로 꾸며져 있고 온갖 비단과 금은보석으로 장식되었다. 산대 위에서는 천상의 세계에서 내려온 듯 신선과 신비한 동물의 춤이 펼쳐지고 지상에서는 온 백성의 삶을 보여주는 팔도재인들의 춤이 난장을 이루었다. 요순시절을 꿈꾸는 임금의 포부와 백성들의 소망이 하나로 합쳐지는 순간이다.

화려한 축제 뒤에 가려진 백성의 고통을 모르는 게 아니다. 중세사회의 정치 이념을 오늘에 펼쳐보자는 것도 아니다. 멀리 이국에서 들여온 화려한 빛의 축제를 우리 것으로 소화할 수 있었다면 이 땅에서 벌어진 우리 조상들의 축제도 오늘의 것으로 재창조할 수 있지 않을까. 연말연시의 밤을 밝히는 아름다운 조명예술이 여전히 부러워진다면 봄, 여름, 가을 겨울의 산대 위에 기기묘묘한 등불을 달아보는 것은 어떨까. 수박등, 마늘등, 호랑이등, 잉어등, 주마등(走馬燈)……, 우리네 삶의 수명장수와 행운을 빌며 오색 등을 달았던 대보름의 풍속이 있지 않은가.

산대를 세우고 산거(山車)를 끌고 가면서 태평성대를 꿈꾸었던 행렬 의식은 중세 이전 동아시아 보편의 전통이었으니, 동아시아 여러 나라의 산대를 모아 세계적인 산대 축제로 발전시키는 방안도 생각할 수 있다. 21세기 서울의 한복판에서 동아시아의 중세 공연문화를 재현해보는 것이다. 동아시아 각국이 중세적인 보편성을 회복하고 동반자가 되는 일은 지금 이 시대에 오히려 절실하다. 문화를 통하여 우리가 그 구심점이 될 수 있다. 한류(韓流)의 움직임이 이미 그 가능성을 보여주고 있다.

우리 공연문화의 전통을 세계문화로 재창조하는 과업은 교육에서 시작된다. 공연·영상 분야의 기획자와 연출가, 소리꾼과 연기자가 될 그들에게 희망을 걸어본다. 이 책은 국악, 연극, 영화 영역의 융합형 교육을 위하여 기초 교양 과목으로 개발된 〈공연문화유산답사〉의 강의 교재로 만들어졌다.

〈공연문화유산답사〉는 전통적인 공연예술과 공연문화의 유적지와 전승지를 돌아보는 문화사 영역의 교과목이다. 강의는 세 단계로 구성되는데, 첫째 전통 공연예술에 대한 이해, 둘째 공연예술과 관련된 공연문화의 이해, 셋째 공연예술과 공연문화의 유적지와 전승지 탐방 등이다. 강의의 목적은 공연문화의 현장성과 역사성을 이해하고 현대 공연·영상 문화의 미래를 열어갈 역량을 기르는 데 있다.

이 책은 대학의 학부생을 위한 교육용으로 제작되었기에 독자적인 단행본이 아니며 수업 현장의 강의를 통하여 비로소 완결된다. 선행 연구의 성과와 도판 자료를 활용하였으나 집필의 체제상 일일이 출처를 밝히지 못하고 참고문헌으로만 제시하였다. 학술적인 저술 방식을 따르지 않았으므로 학계의 토론이나 인용 대상이 될 수 없음을 밝혀둔다. 이 교재를 집필하는 데 도움을 준 김은정 박사에게 감사드리며 조교 장미향에게도 고마움을 전한다.

2006년 1월 31일
사 진 실

제1장 공연공간의 전통

  '극장(劇場)'이란 말 그대로 연극 따위를 공연하는 장소이다. 관객이 있는 객석과 공연자가 있는 무대가 구성되면 극장이라고 할 수 있다. 극장은 시대의 흐름에 따라 그 기능과 의미를 달리 하면서 변천해 왔다. 그 오랜 변천의 과정에서, 제사의식을 치루는 신전(神殿)에 부속된 극장도 생겨났고, 궁궐이나 개인의 저택에 딸린 사유의 극장도 생겨났으며, 대중에게 개방되어 상업적으로 운영되는 극장도 생겨났다고 할 수 있다.

  상업적인 극장문화가 일찍 발달한 것으로 여겨지는 유럽에서도 이러한 극장사의 전개 과정을 밟아 근대적인 극장이 형성되었다. 중국의 극장사에서도 종교적인 목적으로 사용된 공연장소인 신묘극장(神廟劇場)을 비롯하여 궁정극장의 전통을 중요하게 인식하고 있다. 일본의 극장사에서도 제사의식을 거행한 원시무대(原始舞臺)나 신사(神社)에 딸린 공연공간을 비롯하여 궁궐이나 개인의 저택을 빌어 사용한 임시극장 등을 극장사의 주요 전통으로 다루고 있다. 한국 극장사에서는 근대 극장사 연구가 성과를 이룬 반면, 근대 이전 극장공간의 전통에 대하여 주목하지 않고 있다. 그러다 보니 우리나라에는 극장사의 전통이 없다가 20세기 들어 서구식 극장문화가 이식되었다는 인식에 이르기도 한다.

  근대극장의 개념이 형성되기 이전에 오랜 극장사의 전통이 있었다는 기본적인 입장을 견지하면 극장문화의 다양한 모습이 눈에 들어온다. 먼저, 유형(有形)의 극장공간뿐 아니라 무형(無形)의 극장공간이 존재할 수 있다. 거리를 행진하며 공연을 벌이는 경우 도시 전체가 하나의 극장공간으로 인식될 수 있는 것이다. 또한 유형의 극장은 고정적인 건축물일 뿐 아니라 임시적인 설비로서 존재할 수 있다. 광장에 무대나 객석을 임시 가설하여 극장의 형태를 갖출 수 있기 때문이다. 고정적인 건축물로서 극장은 공연을 위한 전용극장, 다목적형 극장공간, 일상공간을 전환한 극장공간 등으로 나눌 수 있다.

무형의 극장공간, 임시 가설된 극장공간, 일상공간을 전환한 극장공간 등은 공연이 끝나면 사라지게 된다. 이들 극장공간은 당대의 문화적 관습으로 존재하였을 뿐 후대 사람들이 인식할 수 있는 건축물의 자취를 남길 수 없다. 한국 극장사가 바르게 인식될 수 없었던 이유가 일단 여기에 있다고 할 수 있다. 그러나 다행히도 공연 현장의 생생한 모습을 묘사한 회화 자료가 남아 있다. 특히 궁정이나 상층의 극장문화를 탐구하는 데는 회화 자료가 결정적인 단서를 제공할 수 있다. 공식적으로 제작된 기록화는 현대의 사진 기록과 같은 기능을 수행하였기 때문이다.

전통적인 극장공간의 양상을 살펴보기 위하여 관객 구성의 특성과 물리적인 조건을 기준으로 폐쇄공간, 준폐쇄공간, 개방공간, 준개방공간을 나누어 볼 수 있다.

먼저 관객 구성의 특성에 의하면, 폐쇄공간은 관객의 자격이 제한되어 있으며 고정적이다. 관객의 자격은 공식적인 제도와 신분적 특권에 의하여 규정된다. 개방공간은 관객을 제한하지 않는다. 개방공간의 관객은 특권을 주장하지 않는다. 준폐쇄공간은 제도와 신분에 의하여 한정적이고 고정적인 관객을 확보한다는 차원에서는 폐쇄공간과 같은 조건이다. 그러나 제도 외적으로 일부 유동적인 관객을 허용한다는 측면에서 그것과 다르다. 준개방공간은 누구라도 관객이 될 수 있다는 점에서 개방공간과 같다. 그러나 특정인 또는 단체가 다액의 보상을 전제하고 예능인을 초청하므로 경제적인 능력을 갖추어야 한다는 점에서 차이가 있다.

위의 네 가지 공간은 물리적인 조건에 의해서도 구별된다. 전통적인 시기에는 두 차원의 공간적 특성이 서로 겹치는 것이 특징이라 할 수 있다. 곧, 상업적인 극장이 설립되기 전까지는 물리적 공간의 개폐성이 관객 구성의 개폐성과 일치하여 나타난다고 할 수 있다. 폐쇄공간으로 갈수록 물리적인 제한이 더 커진다. 관객과 관객이 아닌 사람을 구분하기 위하여 담장이 존재하거나 출입을 통제하게 되는 것이다. 개방공간으로 갈수록 물리적인 장애물은 사라지게 된다. 장터나 들판 등 사람들이 많이 모이는 터진 공간에서 공연이 이루어진다고 하겠다. 이러한 공연공간의 특성은 연극 또는 공연예술의 연행 방식과 밀접한 관련이 있다.

1. 폐쇄적인 공연공간

폐쇄적인 공연공간으로는 진연(進宴)이나 관나(觀儺)의 행사가 거행된 궁궐을 들 수 있다. 궁궐은 물리적으로 외부와 차단되어 강제적으로 출입을 통제하는 공간이다. 궁궐에서 거행하는 여러 가지 행사는 임금과 종친, 관료 등 선택 받은 관객 이외에는 관람할 수 없다.

관나의 공연공간을 중심으로 폐쇄적인 공연공간의 양상을 살펴보자. 관나의 관객은 임금을 정점으로 하여 세자와 종친, 재상이 고정적인 자리를 차지하고 때에 따라 입직하는 무관들이 참가하였다.

임금이 편복(便服)으로 인양전(仁陽殿) 처마 밑에 나아가고 두 대비는 발을 드리우고 전각에 나아가 전각 곁의 조금 북쪽에서 나희를 구경[觀儺]하였다. 장막을 치고 또 그 북쪽 긴 복도에 발을 드리워서 초청받은 내외의 부인들이 나희를 구경할 곳을 만들고 종친과 재상 2품 이상과 입직한 여러 장수, 승지, 주서, 사관 등이 입시하였다. 내전에서 대내(大內)에서 표피아다개(豹皮阿多介), 별조궁(別造弓), 대호피(大虎皮), 소록피(小鹿皮), 모마장(毛馬粧), 이마제연(理馬諸緣)을 내어서 주(注)를 삼아, 시연(侍宴)하는 여러 신하들로 하여금 윤목(輪木)을 던져서 내기하게 하였다. 시연하는 문신에게 명하여 영상시(迎祥詩)를 짓게 하였는데 '래(來)'자로 운을 삼았다. 검열 남궁찬의 시에, '구역(九譯)이 모였는데 옥백(玉帛)이 온다'라는 글귀가 있었는데, 명하여 옥배의 술로 벌하게 하였다. 〈『성종실록』, 235권 19장〉

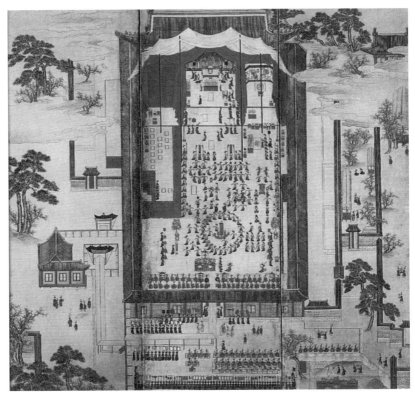

그림 1 폐쇄적인 공연공간 〈순조기축진찬도병〉 중 자경전 진찬 부분

위 기록에 의하면, 관나의 그 무대는 궁전의 뜰이다. 관나의 장소를 알려주는 기사는 예외 없이 전각의 처마 밑에 임금의 자리가 고정된다. 왕비 등 부녀자들은 전각에서 조금 비껴난 장소나 협실에 발을 치고 나희를 구경할 곳[觀儺之處]을 마련하여 관람하게 된다. 종친과 재상 등 신하들이 관람하는 자리는 명시되지 않았지만 임금 가까이에서 좌우로 둘러앉는 형태를 짐작할 수 있다. 관나는 구경할 뿐 아니라 직접 놀이함으로써 오락을 즐기는 행사였기 때문이다.

관람석의 관객들은 걷거나 서지 않고 앉아서 관람하게 되어 있어 무대가 고정되어 있다. 무대가 있는 공간을 단일공간과 복합공간으로 나눈다고 할 때, 관나의 무대는 단일하다고 할 수 있다. 공연물의 시작과 끝이,

정해진 하나의 공간에서 이루어지므로 현대 연극의 가장 일반적인 무대 공간과 같다.

단일한 무대 공간은 다음과 같은 특성이 있다. 첫째, 배우와 관객 사이의 물리적 거리가 가깝다. 단일 공간인 관나의 공연물과 관객은 일대일의 대응을 이루기 때문에 궁궐의 뜰과 같은 좁은 장소에 관나의 행사가 수용될 수 있었다. 따라서 관나의 배우와 관객은 궁궐의 뜰과 처마 밑 정도의 가까운 거리를 유지하게 된다. 배우와 관객의 물리적 거리가 가까우므로 보고 들을 수 있는 거리를 확보할 수 있다. 그것은 관나의 필수 조건이기도 하다. 관나는 임금 등 관객의 관람을 목적으로 하기 때문에 관객이 공연을 보고 들어 즐길 수 있어야 하기 때문이다. 더구나 배우의 공연을 통하여 '정치의 득실'과 '풍속의 미악'을 파악하기 위해서는 배우들의 대사 하나하나까지도 세밀히 들을 수 있는 분위기가 조성되어야 하는 것이다.

둘째, 배우와 관객이 동시에 현존하는 시간이 길다. 현존 시간이란 배우가 공연을 하기 위하여 실존하고 관객이 그것을 보기 위하여 실존하는 시간을 말한다. 공연 시간과 일치하는 듯 보이지만 실은 다르다. 관객의 실존을 전제하지 않아도 공연은 이루어질 수 있기 때문이다. 현존 시간은 배우와 관객이 소통하는 의미 있는 공연 시간을 말한다.

관나는 공연의 의도에서부터 관객의 관람을 전제하고 있으며, 단일 공간의 무대이므로 관객의 주의를 집중하기에 유리한 점이 있다. 따라서 배우와 관객의 현존 시간이 일정하여 예측할 수 있고, 현존 시간 안에 공연 종목이 완결되는 시간을 확보할 수 있다. 관객은 배우의 공연을 관람하기 위하여 객석에 앉아 있고, 배우는 그 기대를 충족시키기 위하여 준비하고 공연한다.

따라서 관나에는 단일공간에서 즐길 수 있는 연극이 발달하였다. 성현의 〈관나〉에도 꼭두놀음, 즉 인형극이 공연되었다는 사실이 드러난다. 인형극은 인형을 다루는 기교의 측면에서 보면 곡예에 해당한다고 할 수 있지만, 멀리서도 볼 수 있고 이동하면서도 즐길 수 있는 공연 종목이 아니므로 길가에서 벌어지는 대규모의 공연 종목에는 맞지 않는다. 인형 조종자의 대사와 노래를 듣고 작은 인형의 움직임을 보기 위해서는 배우와 관객 사이의 물리적 거리에 한계가 있기 때문이다. 인형극은 객석과 무대가 고정되고 관객과 배우의 물리적 거리가 가까운 곳에서 연출해야 그 묘미를 느낄 수 있는 공연 종목이다. 관나의 행사는 인형극뿐 아니라 언어 전달을 위주로 하는 연극을 공연하기에 적합하다. 실제로 지금까지 소개된 소학지희(笑謔之戲) 자료의 경우 대부분이 관나에서 공연되었다.

소학지희는 언어의 묘미를 살린 연극이므로 들을 수 있는 거리가 확보된 무대에서만 연출할 수 있다.

(가) (귀석이) 자칭 수령이라 하며 동헌에 앉아서 진상을 맡은 아전을 불렀다. 한 배우가 아전이라고 하고 무릎으로 기어 앞으로 나왔다. 수령이 소리를 낮추고 큰 꾸러미를 하나 주며 말하기를, "이것은 이조판서께 드려라." 또 큰 꾸러미 하나를 주며 말하기를, "이것은 병조판서께 드려라." 중간 꾸러미를 하나 주며 말하기를, "이것은 대사헌께 드려라." 그리고 나서 작은 꾸러미를 주고서는 "이것은 임금께 올려라."라고 말했다.

〈유몽인, 『어우야담(於于野譚)』〉

(나) 이보다 앞서 공길이라는 우인이 〈노유희(老儒戲)〉를 만들어가지고 말하기를, "전하는 요순 같은 임금이고 나는 고요 같은 신하입니다. 요순과 같은 임금은 항상 있는 것이 아니지만 고요와 같은 신하는 언제나 있을 수 있습니다."라고 하였다. 또 『논어』를 외우면서 말하기를 "임금이 임금답고 신하가 신하답고 아버지가 아버지답고 아들이 아들다워야 합니다. 임금이 임금답지 못하고 신하가 신하답지 못하면 설사 쌀이 있은들 내가 먹을 수 있겠습니까."라고 하였다. 임금은 말이 공경스럽지 못하다고 해서 형장을 치고 먼 지방으로 귀양을 보냈다. 〈『연산군일기』, 60권 22장〉

(가)에서는 사태의 반전이 가져다주는 소극(笑劇)적 특성이 중요하기 때문에 처음부터 끝까지 관람하여야 공연의 효과를 거둘 수 있다. 따라서 관객과 배우의 현존 시간이 일정하면서 비교적 길다고 할 수 있는 관나의 무대 공간이 적합하다. 관객이 중간에 다른 무대에 눈을 돌리거나 이동하는 가운데 있다면 이러한 연극은 공연의 의의가 없다.

관나의 무대 공간은 가청적이고 가시적인 거리가 확보되기 때문에 (나)와 같이 배우가 직접 임금에게 말을 건넬 수 있었던 것이다. 관객인 임금은 또한 관람을 위하여 관나에 참여하였으므로 배우의 연기와 대사를 경청할 수 있었고 불경하다는 생각을 갖게 되었던 것이다.

한편, 관나는 공식적으로 임금의 관람을 위하여 준비된 공연 종목을 연출하므로 그 내용과 공연 방식에 일차적인 검열이 전제되었다. 궁정을 중심으로 벌어지는 폐쇄공간의 공연은 신분적 특권을 지닌 관객 집단의 요구와 취향에 맞게 공연종목을 정비하고 수련하는 과정을 거쳤던 것이다. 의금부가 배우 및 공연 행사를 관리한 것은 바로 이러한 과정에서 이루어졌다. 이와 같이 배우는 관객 집단에 예속되어 있으므로 영리를 목적으로 하는 흥행 활동은 이루어질 수 없다.

폐쇄공간의 관객은 거의 고정적이라고 할 수 있는데, 이러한 고정성이 연극의 유통 방식에 영향을 미친다. 연극의 공연은 배우, 대본, 관객이라는 요소를 모두 필요로 한다. 공연이 거듭되는 상황을 전제할 때, 세 요소 가운데 하나라도 변화가 없다면 공연은 흥미를 유발할 수 없다. 관객과 배우가 고정된 상태에서는 언제나 새로운 대본이 무대에 올려져야 하며 그 공연은 일회적인 특성을 지닌다. 놀이를 팔아 생계를 유지하는 배우의 입장에서는 이익이 되지 못하는 유통 방식이었다고 할 수 있다. 그럼에도 불구하고 이러한 방식은 적어도 세조에서 명종 연간까지 이어졌다. 궁정 연극이 유지된 것은 궁정의 제도로써 강제되었기 때문이다.

대본이 정착되어 전하지 않고 일회성의 공연으로 끝난 것은, 배우들 스스로 그 대본을 자신들의 레퍼토리로 삼지 않았기 때문이다. 그것은 궁정의 공식적인 연극이 지니는 세계관이나 미학적 특징이 민간의 취향과 맞지 않았기 때문이고, 시정의 공연 공간과 공연의 재정적 기반 등이 궁정 소학지희의 대본과 연행 방식을 그대로 수용할 수 없었기 때문이다. 궁정의 무대에 올린 대본이 민간에 전승된 것은, 전자의 조건을 극복할 수 있는 경우에 후자의 조건에 맞게 변용하였기 때문에 가능하였을 것이다.

소학지희의 소재가 시사지사(時事之事)로서 대본이 공연 때마다 새로 만들어지는 일회적인 유통 방식을 선택한 것은, 소학지희에 치장된 정치적 목적과도 관련이 있지만 고정적인 관객의 특성과 맞물려 있다고 할 수 있다.

2. 준폐쇄적인 공연공간

준폐쇄적인 공연공간도 궁정의 공식적인 행사와 관련되어 있다. 준폐쇄공간으로는 임금의 환궁 행사가 벌어지는 거리 공간을 들 수 있다. 궁정의 행사이므로 공식적으로 관객이 정해져 있고 원칙적으로 민간인의 관람을 통제한다는 점에서 폐쇄적이지만, 왕실의 번성함과 영속성을 알린다는 목적이 있었고 그 대상은 백성을 포함한 만방에 있었으므로 비공식적인 개방성을 띤다고 할 수 있다. 이 공간은 물리적으로도 준폐쇄공간의 특성을 지닌다. 궁궐 근처이며 임금의 행차가 지나는 곳이므로 폐쇄적이지만 궁궐문 밖의 길가로서 민간인에게 노출되어 있다는 점에서 완전히 닫혀 있지는 않다고 할 수 있다.

준폐쇄공간인 궐문 밖 거리 공간은 고정적인 무대를 확보하기 어렵다는 제한 조건이 있다. 공연은 임금의 행차를 앞질러 이동하면서 이루어지는 것이 기본이다. 고정된 무대를 확보하여 공연하는 경우에도 공연의 대상인 임금은 지나가면서 잠깐 관람하는 정도이다.

이 경우 무대는 단일하거나 고정된 무대가 아니라 복합적이거나 이동하는 무대라고 할 수 있는데, 보고 들을 수 있는 적정 거리를 확보하기 어렵다. 그러므로 언어 중심의 연극이 아닌 화려한 볼거리 중심의 가무극을 공연하는 데 유리하다고 하겠다. 그에 해당하는 것이 대규모 나례(儺禮) 행사이다.

그러나 기본적으로 연도의 나례는 설치하는 데 의의가 있을 뿐 관람을 목적으로 하지는 않는다. 나례는 임금의 행차와 밀접한 관계에 있으므로, 관람 여부의 기준이 되는 관객은 바로 임금이다. 다음의 자료에서는 환영 행사인 나례의 거행 절차와 그에 따르는 임금의 행동 규정을 찾아볼 수 있다.

(가) 예조에서 태종의 부묘 의식에 대하여 계를 올렸다. "……궁궐로 돌아올 때에 의금부와 군기감에서는 종묘의 길 어귀에서 나례 잡희를 펼치며 성균관 생도들은 종루의 서쪽 거리에서 가요를 올리고 교방에서는 혜정교 가에서 가요를 올리는 동시에 정재를 하며 경복궁 문밖의 좌우편에는 산대를 세웁니다. 전하가 대궐로 돌아와서는 절차대로 축하를 받으며 뒤이어 교서와 유지를 내리고 제사를 지낸 관리들과 여러 집사들에게 연회를 차려줍니다." 〈『세종실록』 24권 28장〉

(나) 궁전으로 돌아올 적에는 모든 관리들이 예복 차림으로 걸어서 뒤따랐으며 채붕을 만들고 나례를 벌였다. ……교방에서 또한 가요를 올렸다. 길가에 장전(帳殿)을 설치하였는데, 상왕이 노상왕을 모시고 나와 임하여 구경하였다. 임금이 장전 앞에 이르러 연을 멈추자 여러 가지의 음악과 잡희를 베풀었다. 임금이 연에서 내렸다가 빠른 걸음으로 장전을 지난 후에 다시 연에 오르니 악부(樂部)가 연 앞에서 노래하고 춤추었다. 〈『세종실록』 1권 27~28장〉

(다) 임금이 공성왕후의 관복을 종묘에 고하고 제사가 끝나자 행차가 출발하였다. 큰 길에 채붕(綵棚)과 향산(香山), 우창(優倡)의 여러 가지 놀이를 성

대하게 벌였다. 임금이 곳곳에서 연을 멈추고 종일토록 구경하였다. 사간원에서 아뢰기를 "오늘은 비록 큰 경삿날이라고는 하지만 밤새도록 제사를 지낸 것이 옥체를 많이 상하게 하였을 텐데, 오랫동안 연을 멈추고 우창과 여악을 구경하는 것은 실로 성덕(聖德)의 일이 아닙니다. 청컨대 정전으로 돌아가서 신하와 백성들의 축하를 받으십시오."라고 하였다. 사헌부에서 아뢰기를 "오늘 채붕을 세우고 향산을 설치한 것은 큰 경사를 자랑하기 위한 것입니다. 그렇지만 큰 경삿날의 기본은 오직 종묘에 고하고 축하하는 데 있으니 채붕과 향산은 구경할 필요가 없습니다. 청컨대 빨리 정전으로 돌아가서 축하를 받음으로써 큰 경사의 의식을 끝내십시오."라고 하였다.

〈『광해군일기』 119권 5장〉

종묘에 제사하는 의식을 거행하고 환궁하는 연도에서 나례 등을 벌이는 기록들이다. (가)는 부묘의식에 따르는 절차에 관하여 예조에서 계(啓)를 올리는 기록이다. 부묘 후에 환궁할 때는 나례를 올리고 가요(歌謠)를 바치며 정재(呈才)를 한다고 하였는데 이 행사들은 모두 〈오례의(五禮儀)〉에 규정되어 있는 의례적인 절차이다.

그런데 (나)와 (다)에는 이러한 행사에 임하는 임금의 행동이 대비되어 나타난다. (나)를 보면, 임금은 연(輦)을 타고 가다가 장전(帳殿) 앞에 오자 멈추고 내려서 걸어갔다. 연을 멈추고 내려선 것은 장전에 나와 있는 상왕과 노상왕에게 공경을 표하기 위해서이지 잡희를 구경하기 위해서가 아니다. 연이 멈추자 음악과 잡희가 벌어졌지만 임금은 '빠른 걸음으로 장전을 지난 후에 다시 연에 올라타'게 됨으로써 시간을 두고 잡희를 관람할 여유가 없어지게 된다. 칭송과 환영을 받는 대상인 임금은 행렬과 함께 궁궐을 향해 진행하게 되어 있는 것이다.

(다)의 임금은 여러 차례 연을 멈추고 하루 종일 잡희를 구경하였으므로 사간원과 사헌부의 간언이 계속되었다. 이 날의 간언은 사간원, 사헌부, 홍문관, 승정원에서 각각 세 번씩이나 거듭되었는데, 급기야 임금은

그림 2 준폐쇄적인 공
연공간
〈평양감사향연도〉중
감사 행렬 부분

"감히 큰소리로 되바라진 체하는 행동을 하여 마치도 이전에 이런 일이 있었다는 소리를 듣지 못했다가 갑자기 보고서 깜짝 놀라는 것처럼 하였다. 임금에게 고하는 말이 충성스럽고 미덥지 못한 것 같아서 멀고 가까운데서 보고 듣는 모든 사람들은 아주 온당치 않게 여긴다."고 불만을 터트리게 되었다(『광해군일기』 119권 7~8장).

환영 행사인 나례에서 (다)의 임금처럼 행동하는 것은 규례에 어긋나는 행동인 것을 알 수 있다. 행사의 목적은 (다)에 나타나듯이 '큰 경사를 자랑하기 위한 것'이다. 즉, 뜻 깊은 의식을 수행하고 돌아가는 임금을 환영하고 칭송하며 왕실의 위엄을 만방에 알리기 위한 것이다. 재인들이 거리나 산대에서 재주를 부리고, 유생과 기로(耆老), 기생들이 가요를 바침으로써 온 백성이 기뻐하고 있다는 뜻을 임금에게 전하게 된다. 지금도 벌어지는 연도의 환영행사와 같은 것이다.

임금의 행차는 유생이나 노인들이 가요를 바치는 장면에서 가끔 멈춰서기도 하지만 나례의 잡희를 벌이는 곳에서는 오래 멈추지 않아야 한다. 백성에게 드러내놓고 잡희를 즐기는 모습은 바람직하다고 여기지 않았기 때문이다. 또한 환영 행사인 나례는 야외에서 벌어질 뿐 아니라 민간에게 노출되어 있기 때문에 임금의 행동거지 및 신변보호에 각별한 주의를 기울여야 하기 한다.

관나가 배우들의 놀이를 구경하기 위한 오락 행사였다면, 환영 행사로서의 나례는 중요한 행차를 환영하고 칭송하기 위한 의전(儀典) 행사였다. 폐쇄공간의 공연은 관객 집단의 내부적인 행사인 반면, 준폐쇄공간의 공연은 관객 집단의 위상을 드러내고자 하는 대외적인 행사였다. 전자에 비하여 후자는 무대 설비가 매우 발달하였다.

예조에서 아뢰었다. "정희왕후(貞熹王后)의 신주를 부묘(祔廟)할 때에 산대, 나례, 결채 등의 일을 모두 정지하라고 명하셨습니다. 신들이 생각하건대 부묘는 중한 예식이므로 조종조에서 모두 이 예식을 썼으니, 대산대(大山臺)는 비록 쓸 수 없을지라도 예산대(曳山臺), 다정산대(茶亭山臺), 결채, 나례, 여기 정재(女妓呈才) 등의 일은 조종조의 예에 의하여 행하는 것이 어떻겠습니까?'

〈『성종실록』 174권 23~24장〉

나례의 산대에 여러 가지 종류가 있다는 사실을 알 수 있다. 대산대는 일반적으로 알고 있는 거대한 규모의 산대로서 행차가 지나는 연도에 고정시켜 놓은 무대이다. 다정산대는 장식을 위한 장치로 배우들의 놀이와는 직접 관련이 없다.

예산대는 대산대에 비하여 소규모였을 것이며 그 위에서 배우들이 잡희를 벌였던 것 같다. 예산대는 그 위에서 잡희를 벌이므로 무대라고 할 수 있지만 여러 가지 종목이 번갈아 공연되는 일반적인 무대와는 다르다. 임금의 행차를 전도하거나 뒤따르기 때문에 한번 무대에 오른 재인은 행렬이 끝날 때까지 내려올 수 없으며, 이미 올린 공연물을 도중에 교체하기도 어렵다.

세 번째 신호의 북이 울리고 임금이 원유관과 강사포 차림을 하고 연(輦)을 타고 나오자 모든 관리가 모두 몸을 굽히고 연이 지나가자 몸을 폈다. 시위(侍衛)는 일상적인 의례와 같았다. 앞뒤의 고취부가 한꺼번에 연주하고 예산붕(曳山棚)이 앞서 인도하며 잡희가 벌어졌다. ……연이 광화문밖에 이르렀을 때 좌우의 채붕에서 여러 가지 놀이를 벌였다. 기생과 우인들이 함께 근정전의 뜰로 들어갔다. 임금이 근정문에서 연을 멈추고 그것을 구경하였다.

〈『단종실록』 11권 38~40장〉

행차 때의 나례의 무대 활용 방법은 두 가지로 구분된다. '예산붕(曳山棚)이 앞서 인도하면서 잡희를 한다'고 한 것을 보면, 임금의 행차를 포함하는 행렬이 진행함에 따라 무대가 이동한다는 사실을 알 수 있다. 또한 '왼쪽과 오른쪽의 채붕에서 동시에 잡희를 하였다'고 한 것을 보면, 무대

그림 3 준폐쇄적인 공연공간 〈봉사도〉 중 산대 나례 부분

는 고정되어 있지만 동시에 최소한 두 군데에서 공연이 벌어지고 있다. 『광해군일기』 156권 1~2장에 의하면, 좌우에 각각 춘산(春山), 하산(夏山), 추산(秋山), 설산(雪山)의 산대를 세운다고 하였으니 좌우에서 동시에 잡희가 벌어진다고 했을 때, 다만 두개의 무대만이 아니고 더 많은 무대를 상정할 수도 있다.

이동하면서 공연하는 무대는 하나가 아니라 여러 개로서 복합적이라 할 수 있다. 이동하는 순간마다 무대 공간이 바뀐다고 할 수 있기 때문이다. 이동하다가 잠시 멈춰 공연하고 다시 이동하는 경우도 마찬가지라고 하겠다. 동시에 여러 군데에서 공연하는 무대 역시 복합적이다. 복합적인 무대공간은 고정되어 있지 않아 공연물의 시작과 끝을 동일한 공간에서 관람할 수 없다. 행진하면서 공연하는 가장행렬이나 거리 곳곳에서 벌어지는 해프닝의 무대 공간과 같다고 할 수 있다.

복합 공간인 행차 때 나례의 공연물과 관객은 일대일의 대응을 이룰 수 없을 만큼 시간과 공간의 차별이 존재하고 있다. 그러므로 시간에 따른 무대의 이동과 동시적인 여러 개의 무대를 수용하기 위해서는 제한 없는 넓은 장소를 선택해야 한다. 따라서 행차 때 나례에서는 배우와 관객의 물리적 거리가 멀게 된다. 길가의 무대인 산대와 임금이 타고 있는 연의 거리는 일정하지 않아 예측할 수 없지만 관나에 비하여 멀다고 할 수 있다.

배우와 관객의 물리적 거리는 공연을 보고 들을 수 있는 가청(可聽) 거리를 확보할 수 있는가 하는 문제와 직결된다.

> 정원에 전교하였다. "중국의 사신이 올 때에 채붕에서 베풀어지는 놀이 행사가 매우 많으나 요란한 속에서 자세히 구경하지 못할 것이다. 이번에 천사가 올 때는 더 가설하지 말고 전에 만든 것을 수리하여 사용하도록 하라."
>
> 〈『단종실록』 11권 38~40장〉

사신 접대를 위한 나례의 무대 공간이 요란하기 때문에 자세히 구경하기 어려운 사정을 말해 주고 있다. 나례의 무대 공간이, 행차가 지나는 연도이므로 가청 거리를 확보하는 데 불리하고 떠들썩한 분위기 역시 관객의 주의 깊은 관람을 방해하게 된다. 이러한 분위기가 조성될 수밖에 없는 것은 이 무대 공간이 복합 공간이기 때문이다. 그러나 나례의 공연 의도가 진지한 관람에 있지 않고 번성함을 과시하는 데 있다는 사실에 비추어 볼 때, 이러한 조건은 공연에 장애가 되지 않는다. 이러한 무대 공간의 조건에 맞게 공연 종목이 발달하였기 때문이다.

나례는 다만 설치하는 데 공연 의도가 있고 복합 공간의 무대이므로 관객의 관심을 한 곳에 모으는 데 불리하다. 배우와 관객의 현존 시간을 예측할 수 없는 가운데 매우 짧거나 순간적이어서 현존 시간 안에 공연 종목이 완결되는 시간을 확보할 수 없다. 배우의 공연은 언제나 관객의 현존을 기대하지만, 이동하는 가운데 여러 개의 무대를 접하는 관객으로서는 한 무대의 공연물에 지속적인 관심을 보이기 어렵다.

앞뒤의 고취부가 한꺼번에 연주하고 예산붕(曳山棚)이 앞서 인도하며 잡희가 벌어졌다. ……연(輦)이 광화문밖에 이르렀을 때 좌우의 채붕에서 여러 가지 놀이를 벌였다. 기생과 우인들이 함께 근정전의 뜰로 들어갔다. 임금이 근정문에서 연을 멈추고 그것을 구경하였다. 〈『단종실록』 11권 38~40장〉

광화문 밖의 채붕은 고정된 무대 구조물이지만, 임금의 행차가 그 앞에 멈춰 섰을 때만 배우와 관객의 관계가 성립된다. 그런데 행차 때 나례의 규정은 잡희 앞에 임금이 멈춰서는 것을 금기시하고 있으며 가마를 멈추고 관람한다 하더라도 오랜 시간 지속될 수 없다. 따라서 배우와 관객이 공연물을 매개로 현존하는 시간을 예측할 수 없는 것이다. 한편, 길가에서 벌어지는 잡희는 임금이나 주요 인물의 행차를 기다려 공연을 시작했다가 멀어지면 마치게 되므로 공연 종목 자체의 완결성을 보장할 수 없다. 행차의 진행에 따라 유동적인 공연을 벌여야 하는 것이다. 산붕(山棚)의 잡희는 임금의 행차 대열과 함께 행진하므로 관객으로부터 대략 일정한 거리를 유지하도록 노력하게 될 것이다. 그러나 이동하는 가운데서는 무대 위의 공연물에 대한 관객의 지속적이고 진지한 관람 태도를 기대하기 어렵다.

행차 때 나례의 공연 현장을 보여주는 자료로는 중국 사신인 동월(董越)의 〈조선부(朝鮮賦)〉가 있다. 〈조선부〉에 나타난 공연은 중국 사신을 맞이하는 행사로서, 불토하기[吐火], 무동, 원숭이 놀이, 땅재주, 곰 놀이, 줄타기, 사자 놀이, 코끼리 놀이 등이 나타난다. 이들 놀이의 공통점은 화려한 장관을 이룬다는 데 있다. 그 역동성과 화려함은 이동하며 스쳐 지나가는 가운데서도 충분히 만끽할 수 있어 진지한 관객이 아니더라도 즐길 수 있는 것이다. 이러한 성격은 복합적인 무대 공간이 지니는 여러 가지 조건들, 즉 배우와 관객의 물리적 거리가 멀다는 사실, 배우와 관객의 현존 시간을 예측할 수 없고 매우 짧다는 사실이 장애가 되지 않는다. 볼거리 위주이기 때문에 잘 들리지 않아도 관람에 지장을 주지 않고, 배우들의 표정을 살필 수는 없지만 춤동작이나 곡예, 장식물의 모양, 색깔 등을 구별할 정도의 거리만 유지하면 되기 때문이다.

대규모의 나례는 공연의 의도에서부터 임금의 관람이 목적이 아니고 무대 공간의 특성상으로도 진지하게 관람할 수 있는 기회가 될 수 없었기 때문에 공연의 제약이 적었다고 할 수 있다. 산거(山車)를 설치하여 그 위에서 공연한다든가 하는 큰 계획은 공식적으로 규정되었지만 구체적인 세부 종목에서는 민간 예능인의 자율성이 보장되었을 것이다. 행차 때 나례를 위하여 전국적으로 민간 예능인을 동원하는 이유가, 그들의 발랄하고 생동감 있는 잡희를 통하여 화려하고 번잡한 분위기를 연출하려는 데 있었기 때문이다.

3. 개방적인 공연공간

개방공간은 관객을 제한하지 않는 공연 공간이다. 어떠한 특권도 지니지 않는 유동적인 관객이 구성된다. 궁정 중심의 공연에서는 개방공간을 기대할 수 없으며 민간에서 벌어지는 공연에서 가능하다.

배우들의 자발적인 공연이 벌어지는 시정의 공연 공간을 예로 들 수 있다. 시정은 물리적으로 터진 공간이며 지나가는 모든 사람이 고객이며 관객이다. 그 공연이 장사를 위한 부수적인 것이든 공연 상품 자체를 팔기 위한 것이든 시정의 모든 사람들을 대상으로 한다. 여전히 배우는 천민의 신분을 벗어나지 못하고 있으나, 공연 공간에 있어서는 배우와 관객이 신분적 관계가 아닌 경제적 관계를 맺게 된다.

그러나 조선전기에 개방공간의 공연은 해악을 끼치는 행위로 규정되기 일쑤였으므로 활기를 띠지 못하였다.

그림 4 개방적인 공연공간 〈흥국사 감로탱〉 중 놀이패 부분

　　임금이 진휼청 절목을 승정원에 내려 보냈는데 이르기를, "……정재인과 백정 등은 본래 항산이 없는 사람들로 오로지 우희(優戲)를 업으로 삼으며 항간에 횡행하는데, 걸량(乞糧)이라고 하지만 실제로는 방자하게 겁탈(劫奪)하는 것이다. 온 무리가 민가에 빌붙어 자생하면서 조금만 만족하지 못한 것이 있으면 일부러 불을 지를 뿐 아니라 몰래 엿보아 도둑떼를 이루니 해가 됨을 헤아릴 수 없다. 금년은 흉망하여 방자하게 도적질하는 것이 반드시 전보다 더할 것이니 이와 같이 경내에 횡행하는 자들을 일체 통금하라. ……." 하였다. 〈『중종실록』 95권 28장〉

　　재인들 스스로는 놀이를 파는 행위를 걸량(乞糧)이라 하였고 위정자의 입장에서는 겁탈(劫奪)이라 하였다. 어떤 입장이든 관객 집단의 호응이 없이 재인 집단의 일방적인 활동이 이루어졌다는 사실을 반영한다. 결국

아직 흥행의 차원에 이르지 못한 예능 활동의 수준을 보여준다고 하겠다. 흥행이 이루어지기 위해서는 수요와 공급의 균형이 맞아야 되기 때문이다.

한편, 개방공간의 공연은 주로 외방재인(外方才人)에 의하여 이루어졌다고 할 수 있다. 경중우인(京中優人)이 개방공간에서 공연하는 것은 궁정이나 상층의 오락에 복무하는 여가를 통해서만 가능하였다고 할 수 있는데, 궁정 중심의 공연상황이 아직은 우세하였으므로 시정 공연이 활성화되지 못했을 것으로 추정된다. 경중우인은 제도로 마련된 행사에 참여하고 상층의 오락에 복무하는 것만으로도 상당한 실질적 위치를 확보할 수 있었으므로 예측할 수 없는 임의적인 보상을 위하여 구태여 개방공간의 관객을 찾아 나설 필요가 없었다.

그러나 외방재인에게 있어서는 서울의 시정 공연이 지방 공연에 비하여 장점이 있었다고 할 수 있다. 그들은 공식적으로 서울에 진출하게 되는 나례나 문희연(聞喜宴)의 행사를 적극적으로 활용하려고 하였다.

(가) 정원에 전교하였다. "중국의 사신이 올 때에 채붕에서 베풀어지는 놀이 행사가 매우 많으나 요란한 속에서 자세히 구경하지 못할 것이다. 이번에 천사가 올 때는 더 가설하지 말고 전에 만든 것을 수리하여 사용하도록 하라. 먼 지방의 재인을 모두 모이게 하면 오고 갈 때에 민간의 재물을 훔치니 그 폐단이 작지 않을 것이다. 경기에 있는 재주 있는 자를 뽑아서 쓰라."

〈『중종실록』 89권 48장〉

(나) 의정부에서 아뢰었다. "……우인(優人)들을 오래도록 머물려 두어 가진 양식이 다하게 되었으니, 반드시 서로 도둑이 되어 겁탈하고 약탈하는 것이 많을 것입니다. 놓아 보냈다가 중국 사신이 나오게 되면 다시 부르소서."

〈『연산군일기』 49권 7장〉

(가)에서 '먼 곳의 재인'이란 경기를 제외한 외방재인을 말한다. 외방재

인이 서울에 올라오고 내려가는 과정에서 재물을 훔친다는 것을 일반적인 의미의 도적질로 해석해서는 안 된다. 앞에서도 보았던 것처럼 재인들이 걸량을 위하여 놀이를 파는 행위를 위정자의 입장에서는 '겁탈'이라고 표현했기 때문이다. 결국 외방재인은 서울에 오고 가면서 지나치는 역참(驛站)이나 포구(浦口)에서 놀이를 팔았던 것이다. 평상시에는 사는 지역을 멀리 떠나 활동하는 것이 제한되었으므로 제도적인 절차를 이용하고자 했던 것이다.

(나)와 같이 외방재인이 서울에 머무르는 것을 방치하는 것을 계기로 개방공간의 공연이 이루어지기도 하였다. 연산군은 본래 유흥과 오락을 즐겨하였으므로 일부러 외방재인을 서울에 머물게 하여 궁정에서 벌이는 빈번한 공연 오락 행사에 동원하고자 했던 것이다.

그러나 번번이 그 폐단이 지적되었고 서울 시정과 근교에서 축출 당하였다. 놀이를 판다고 하였으나 도적질과 다름없었다는 진술은, 이 시기 개방공간의 공연이 민간인에게 있어서도 큰 호응을 얻지 못했던 상황을 말해주는 것이다.

개방공간의 공연의 수요를 끌어내기 위해서는 재인들의 공연종목이 임의적인 관객 집단의 오락적인 욕구를 자극해야 한다. 반대로 재인들의 공연종목이 다채로워지고 예능이 질적으로 향상되기 위해서는 공연에 대한 적절한 보상이 뒤따라야 한다. 이 시기 개방공간의 공연이 활성화되지 못한 것은 이러한 요소들이 서로 상승 작용을 하지 못하였기 때문이라고 할 수 있다.

4. 준개방적인 공연공간

준개방적인 공연공간은 관객을 제한하지 않는다는 점과 배우와 관객이 경제적인 관계를 맺는다는 점에서 개방적인 공연공간과 동일한 조건이나, 완전히 열려 있는 공간은 아니다. 그 예로 관객과 배우의 계약에 의하여 초청 공연이 벌어지는 공연 공간을 들 수 있다. 배우 집단을 초청하여 배타적으로 공연 예술을 향유하는 까닭에 다액의 보상을 해야 하므로 비용을 부담할 수 있는 능력을 갖추고 있어야 한다. 따라서 누구나 관객 집단이 될 수 있는 가운데서도 제한적인 조건을 지니게 되는 것이다. 경제적인 능력과 예술 향유의 의지를 갖추고 있는 사람들이 관객을 구성하게 되기 때문에 유동적인 가운데서도 고정적인 관객 집단이 구성될 수밖에 없다.

한편, 초청 공연은 배우와 관객이 수평적인 관계에서 공연의 보상을 전제로 하는 것이다. 따라서 신분적인 우위에서 배우를 불러들였다가 공연에 만족하지 않으면 보상을 하지 않을 수도 있는 경우는 초청이라고 볼수 없다. 그러한 관계에서 이루어지는 공연은 준폐쇄공간의 공연으로 준개방공간의 공연과는 구별할 수 있다.

문희연이 열리는 양반가의 뜰이나 유가(遊街)를 벌이는 거리 등이 이시기 공연의 준개방공간이라고 할 수 있다. 관객이 공연공간을 지정하게 되므로 배우 스스로 공연공간을 결정하는 개방공간과 차이가 있다.

과거 철이 되면 외방재인은 과거급제지의 문희연이나 유가에 발탁되어 공연하기 위하여 서울에 진출하였다. 지방 유생의 과것길을 따라 상경한 외방재인이나 서울의 경중우인이 동등하게 기예를 다툴 수 있는 계기가 되었다고 할 수 있다.

김안로가 또한 아뢰었다. "신사년에 당고가 나왔을 때에 유생 6, 7백 명을 두 곳으로 나누어 세웠어도 부족하지 않았습니다. 이번에도 서울에 있는 유생으로써 조서를 맞이하여도 적지 않을 것입니다. ……한꺼번에 유생들을 모았다고 해서 때 아닌 큰 과거시험을 특별히 보이는 것은 일이 매우 구차하며 돌아가는 이치가 모두 적합하지 않게 될 것입니다. 또한 경기에서 징집한 군사 및 사방의 정재인들이 모두 서울에 모여들면 매우 소란스럽게 될 것 입니다. ……." 지시하였다. "……내가 대신과 의논하였더니 영의정이 좋다고 하였기 때문에 別試를 보이기로 이미 결정한 것이다. 과연 정재인, 잡색군사,

그림 5 준개방적인 공연공간 〈회혼례도〉 중 판소리 공연 부분

지방의 유생들이 한꺼번에 서울에 모이면 몹시 시끄럽게 될 것이다. 그러나 이미 지방에 알렸으니 유생 가운데는 또한 상경한 사람도 있을 것이다. 이제 와서 중지한다는 것은 어려우며 유생들을 속이게 될 것이니 어떻게 하겠는 가……." 〈『중종실록』 83권 12장〉

사신이 올 때 늘어서서 맞이하는 유생의 수를 늘리기 위하여 별시(別 試)를 치러 지방의 유생들을 올라오게 할 것인가에 대한 논란이다. 시험 때 상경하는 유생을 따라 각 곳에 있는 정재인이 서울로 모여들어 소란스 럽게 될 것이라고 하였다. 이미 사신을 접대하기 위한 재인들은 불러 모

았을 것인데 별시 때문에 서울로 모여들 외방재인을 우려하고 있다. 나례 때 상송되는 외방재인과 과거 철에 상경하는 외방재인이 차별되고 있음을 알 수 있다.

나례 때 상송되는 재인은 어느 정도 선발된 부류일 수 있다. 나례와 과거가 겹치게 되면 후자에 참여하는 재인은 그 예능의 격이 떨어지는 부류일 수밖에 없다. 그만큼 과거철을 당하여 상경하는 일은 자격이 까다롭지 않았고 외방재인 자신의 자발적인 의사에 의하여 좌우되었다는 것을 알 수 있다. 크게 이름을 얻지 못한 부류들은 이러한 기회를 통하여 먼저 이름을 알리고 나례와 같은 공식적인 행사에 선발되어 입신하기를 열망했을 것이다.

그렇게 성공하기 위해서는 우선 급제자 개인에게 선발되는 과정을 거쳐야 했을 것이다. 과거 때 상경하는 예능인과 과거 응시자의 관계는 처음부터 약속된 것이 아니기 때문이다. 이러한 비공식적인 차원의 관습은 제도에 의한 것이 아니고 입신과 보상을 위한 자발적인 경쟁이었다. 재인의 기예를 발전시킨다는 측면에서는 제도적인 나례의 기회를 앞질러갈 토대를 마련하고 있었다고 할 수 있다. 더 나아가 나례와 문희연의 계기를 비교하자면, 나례는 공식적으로 재인을 징발하는 제도였던 데 비하여, 문희연은 비공식적이며 자발적으로 경쟁하는 계기가 되었기 때문에 재인의 기예를 발전시키는 데 더욱 큰 동인을 제공하였다고 할 수 있다.

이러한 문희연이나 유가에서의 공연은, 누구나 볼 수 있고 보게 한다는 점에서 열려 있지만 초청의 목적에 맞는 한정적인 기능을 수행해야 한다는 조건이 있었다. 특정한 관객 집단의 수요를 상대로 하기 때문에 관객 집단의 예술적 관심 또는 배우 개인에 대한 이해가 증가할 수 있다. 따라서 관객 집단은 경제적인 지원이나 보상을 할 뿐 아니라 공연예술의 양식적 발전에 기여할 수 있다.

준개방공간은 물리적으로도 비교적 터진 공간이므로, 소수의 관객 집단 외에 많은 구경꾼이 담 너머로 혹은 길가에서 바라볼 수 있고 그들을 강제로 막지 않는다. 그러나 구경꾼은 연극의 공연에 영향을 줄 수 있는 관객이 아니다.

＊　　＊　　＊

공연 전용의 상설극장이 설립되지 않은 사실은 조선시대 극장문화의 특수성이라고 할 수 있다. 휴식과 연회, 공연을 위한 다목적형 극장공간인 누정이 상설극장의 역할을 수행하였기 때문이다. 또한 견고한 극장 건축이 활성화되지 않은 사실도 극장문화의 특수성에 해당한다. 이러한 사실은 오히려 극장의 일상성이라는 측면에서 긍정적으로 평가할 수 있다. 궁궐, 관아, 여염집, 장터, 선상(船上)을 불문하고 어느 곳에서건 적절한 장소에 간단한 설비로 쉽게 극장공간을 만들어낼 수 있었던 만큼, 공연문화가 일상적인 삶과 결부되어 있었다는 사실에 주목하여야 할 것이다.

20세기 이전 개방공간과 폐쇄공간이라는 극단적인 성격을 지녔던 민간과 궁정의 공연공간은 각각 노천 가설극장과 옥내극장으로 발전하였다. 장터의 빈 공간에서 노천 가설극장으로의 변화는 민간의 오락적 욕구와 공연종목의 흥행성이 증가한 결과이다. 궁정에서는 일상의 건축 공간을 임시로 사용한 형태에서 상설적인 궁정극장을 확보하게 되었다.

근대적인 상업극장의 발달은 개방적인 공연공간과 폐쇄적인 공연공간의 논리가 통합되어 나타났다고 할 수 있다. 개방공간인 장터의 놀이판은 시장 논리가 극대화되어 폐쇄공간의 물리적 폐쇄성을 받아들이게 되었고 폐쇄공간인 궁정극장은 개방공간의 시장 논리를 받아들이게 되었다고 할 수 있다.

연회를 겸한 궁정의 극장문화는 당대 상층문화에 두루 퍼져 있었고 현대 극장문화의 한 축을 이루고 있다. 연회와 공연을 겸한 일회성 행사는 국빈을 위한 환영연, 영화제 시상식, 운동 선수단의 환영연 등에서부터 개인의 회갑연 등에 이르기까지 다양하다. 이러한 행사는 주로 이름난 호텔의 볼룸(ball room)에 무대를 가설하거나 극장식 레스토랑을 빌어 거행된다. 일상공간을 임시극장으로 전환하거나 다목적형 극장공간인 누정을 활용하였던 궁정 극장문화의 맥락과 연결된다고 할 수 있다.

중세 극장문화의 전통은 현대 극장문화를 풍부하게 하는 바탕이 될 수 있다. 그 문화가 비롯된 근원을 탐색함으로써 자칫 지나치거나 모자란 잘못을 바로잡을 수 있기 때문이다. 중세적인 극장의 구조는 일상공간을 넘나들고 자연과 소통하는 열린 미학을 지향하였다. 우리 극장문화의 전통을 바르게 되살린다면, 광화문 앞 기념행사의 가설무대가 문화의 향기를 담게 될 것이며 철학적인 원리를 구현한 극장 건축을 이룩하게 될 것이다. 과거의 유적으로 남아 있는 궁궐이 다시 화려한 극장공간으로 되살아날 수도 있을 것이다.

조선시대의 궁궐은 가장 거대한 문화유산으로서 서울의 한복판에 남아 있다. 많은 국내외 관광객이 오가지만 정작 그 궁궐을 가득 채웠던 문화의 향기를 느낄 수 있는 사람은 거의 없을 것이다. 식민사관의 탓이든 역사 드라마의 탓이든, 암투와 모략의 현장을 연상하는 사람들은 오히려 많을 것이다. 잘못 알려지고 소홀히 다루어진 궁궐 및 궁정문화에 대한 새로운 인식이 촉구된다.

제2장 정재의 공연공간과 서울의 궁궐

1. 진연의 전통

조선시대의 궁궐은 임금과 왕실가족의 주거공간이자 임금이 정무를 보는 행정공간이었다가 연회 및 공연 행사가 벌어질 때는 궁정극장의 역할을 지니게 된다. 이때 궁정극장은 고정적인 건축물과 임시적인 설비를 사용한 유형의 극장공간이면서 일상공간을 전환한 극장공간에 해당한다.

궁궐에서 공연 행사를 거행할 때는 제도적으로 혹은 관습적으로 정해진 법식이 있었다고 여겨진다. 궁궐의 건축 공간을 연회공간 또는 극장공간으로 전환할 때에도 전례(前例)에 따른 규식을 지키고자 하였다. 궁정 문화의 기록인 각종 의궤류는 당대에 거행된 행사를 기록할 뿐 아니라 후대를 위한 전례를 남기는 데 목적이 있었다. 의궤에 수록된 도식은 공연 현장을 생동감 있게 포착하지는 못하였으나 행사장의 설비와 좌석 배치 등을 정밀하게 묘사한 장점이 있다. 병풍 등으로 남은 기록화는 정밀성이 떨어지나 공연 현장의 모습이 생생하게 전달된다는 장점이 있다.

『국조오례의(國朝五禮儀)』에 의하면, 조선시대 궁정에서는 길례(吉禮), 가례(嘉禮), 빈례(賓禮), 군례(軍禮), 흉례(凶禮) 등 다섯 가지의 의례가 거행되었다. 이 가운데 축하 의례인 가례와 사신을 영접하는 의례인 빈례는 연회와 겸하여 이루어졌으며 연회에는 언제나 기녀(妓女)나 무동(舞童)의 정재(呈才) 등 각종 공연이 이루어졌다. 의례 규범서에 명시된 행사 외에도 임금과 왕실, 종친 등의 친목을 도모하기 위하여 공연 오락 행사를 겸한 여러 가지 연회가 베풀어졌다.

궁정의 연회 가운데 진연(進宴), 진풍정(進豊呈), 진찬(進饌), 진작(進爵) 등은 세자 및 신하가 임금에게, 임금이 대비에게 드리는 연회로서 음식, 술과 함께 기녀나 무동의 정재를 바친다. 각각의 명칭에 따라 연회의 의미가 어느 정도 달랐다고 여겨지나 정확히 분별하기는 어렵다. 진연은 국가적인 경사를 맞아 특별히 거행하는 큰 규모의 연회를 가리키기도 하고 다른 연회들을 포괄하는 넓은 개념으로 쓰이기도 하였는데, 예악론의 이념을 바탕으로 거행되었다. 의례 절차를 통하여 예(禮)를 실현한다면 공연 절차를 통하여 악(樂을) 구현하는 것이다.

진연은 다시 외연(外宴)과 내연(內宴)으로 나뉘는데, 문무 대신 이하 신하들이 참석하는 외연을 거행하고 나서, 궁궐의 비빈(妃嬪)과 내명부(內命婦) 등 여자들이 참석하는 내연을 거행하였다. 외연은 주로 정전(正殿))에서 거행되었고 내연은 주로 편전(便殿)이나 내전(內殿)에서 거행되었다. 정전이나 편전은 임금이 정사의 업무를 보는 공간이며 내전은 왕비가 거처하는 생활공간이다. 그러나 진연의 행사를 위하여 활용되는 경우 그 궁궐은 일시적으로 연회공간이 된다.

2. 외연을 거행한 연회공간의 구조

『순조기축진찬의궤(純祖己丑進饌儀軌)』에 나오는 도식과 기록을 중심으로 궁정 연회공간의 구조를 살펴보고자 한다. 『순조기축진찬의궤』는 순조 29년(1829) 임금의 즉위 30년을 기념하여 거행한 진찬의 과정을 기록하고 있다. 의궤의 도식에는 본래 궁궐의 모습과 진찬을 거행할 때의 모습이 함께 실려 있어 궁궐이 연회공간으로 전환되는 양상을 확인할 수 있다. 먼저 〈명정전도(明正殿圖)〉(그림 6)와 〈명정전진찬도(明正殿進饌圖)〉(그림 7)를 보자.

명정전은 두 단의 넓은 월대(月臺) 위에 기단을 세우고 정면 5간, 측면 3간으로 건축되어 있다. 명정문에서 월대까지는 복도를 놓았으며 화려하게 조각한 돌계단을 통하여 명정전의 정면으로 연결된다. 순조 29년 2월 9일 이 명정전에서는 임금 및 왕세자 이하 문무대신들이 참석한 외진찬 행사가 거행되었다.

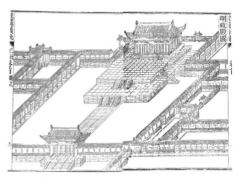

그림 6 『순조기축진찬의궤』 중 〈명정전도〉

대청에는 안쪽 중앙에 어좌(御座)가, 화면 오른쪽에 왕세자의 좌석이 마련되어 있다. 대청 앞의 넓은 공간에는 시연(侍宴)하는 신하들이 앉아 있고, 악공들과 무동들이 늘어서 있다. 이 공간은 언뜻 보기에 월대 같지만 사실은 월대를 기반으로 만들어진 보계(補階)이다. 보계는 마루 따위를 넓게 쓰기 위하여 대청마루 앞에 임시로 좌판을 잇대어 깐 덧마루라고 알려져 있

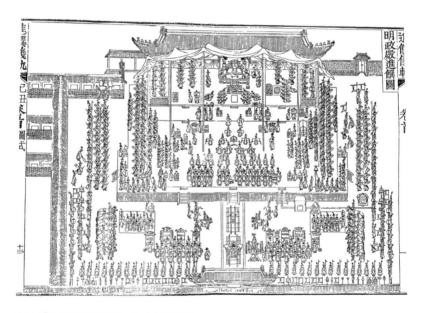

그림 7 『순조기축진찬의궤』 중 〈명정전진찬도〉

는데, 궁정 연회에서 보계는 평범한 덧마루의 개념을 넘어서 연회공간의 의례 절차를 거행하기 위한 주요 설비로 사용되고 있다. 보계를 통하여 연회공간의 넓이와 높낮이를 조정함으로써 예(禮)를 실현하기 위한 상하의 층위를 마련할 수 있다.

명정전이 공연공간으로 전환되기 위하여 월대 두 단의 높이에 맞추어 보계가 설치되었다. 『순조기축진찬의궤』의 「명정전내외배설(明政殿內外排設)」에 의하면 하층보계(下層補階) 18간(길이 12간, 너비 2간 반)을 가설하였고, 상층보계(上層補階) 80간(동서 8간, 남북 10간)을 가설하였다. 명정전에 가설된 보계의 규모를 도식으로 나타낼 수 있다(표 1).

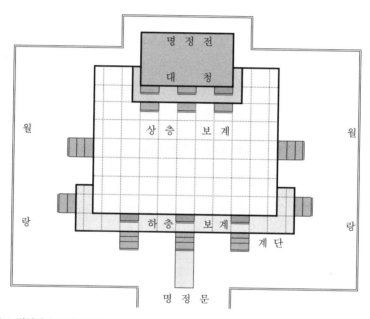

표 1 명정전의 보계 배치도

명정전은 동향으로 건축되었기 때문에 좌우가 남북이 된다. 아래쪽의 월대를 연장하여 18간의 하층보계를 만들고, 그 위에 다시 위쪽의 월대를 연장하여 80간의 상층보계를 가설하였다고 여겨진다. 의궤의 「수리(修理)」 조에 의하면, 98간의 보계를 수리하는 데 다음과 같은 물품이 들어갔다.

깔아서 늘어놓을 홍좌판(紅座板) 263부(浮), 긴 둔태목(屯太木) 102개, 족목(足木) 1,217개, 주판(柱板) 58립(立), 운교(雲橋) 8좌, 답장(踏掌) 6좌, 이상 호조에 있는 것을 쓰고 돌려줄 것. 부목(扶木)과 탱지목(撑支木) 합이 3,297개, 칡덩굴 5동(同) 30간의(艮衣), 달피나무 껍질 밧줄 1,123거리, 싸리바자 93부, 박배(朴排) 이음쇠 148개, 촌정(寸釘) 3,440개, 긴 가막쇠 배구(排具) 60개, 이상 가전(價錢)179냥 3전 8푼을 사용할 것.

〈『순조기축진찬의궤』 하, 117~118면〉

'부(浮)'란 넓은 판자 따위를 세는 단위이며 '립(立)'은 부보다 크기가 작은 얄팍한 물건을 세는 단위이다. 동(同), 간의(艮衣), 거리(巨里) 등은 새끼나 밧줄 따위를 세는 단위이다. 좌판은 보계 위에 까는 나무판인데 홍좌판이라 하였으니 붉은 색이었다는 사실을 알 수 있다. 98간의 보계를 위하여 263부를 사용하였으니 좌판 2~3부로 한 간의 보계를 깔았다고 여겨진다. 둔태목(屯太木)은 널짝문 따위의 돌출 부분인 문장부에 끼우는 구멍이 뚫린 나무로 좌판과 좌판을 연결하는 데 사용되었다고 여겨진다.

족목(足木)은 월대의 높이에 맞추어 보계를 만들 때 좌판을 지탱하게 한 목재이다. 263부의 좌판에 1,217개의 족목이 필요하였으니 좌판 하나에 4~5개의 족목이 들어갔다. 부목(扶木)과 탱지목(撑支木)도 보계의 무게를 지탱하기 위하여 사용한 목재라고 할 수 있다. 칡덩굴, 달피나무 껍질 밧줄 등은 족목들을 동여매어 고정시키는 데 사용된 것 같다. 족목 등 버팀목은 보계에 고정할 때에는 박배(朴排) 이음쇠나 가막쇠를 못(寸釘)으로 박았다고 할 수 있다. 박배 이음쇠는 문짝 따위를 문틀에 들이맞추는데 필요한 쇳조각이며 가막쇠는 한 끝을 감아 고리못을 달고 한 끝은 갈고랑쇠 모양으로 꺾어 꼬부려 배목 따위에 걸도록 만든 쇠라고 한다.

보계는 많은 사람들과 기물(器物), 악기(樂器) 등의 무게를 지탱해야 하는 만큼 튼튼하게 만들어야 할 것이다. 〈명정전진찬도〉에서는 보계 아래의 골조를 확인할 수 없는데 정조 때의 『화성성역의궤(華城城役儀軌)』에 묘사된 〈낙성연도(落成宴圖)〉에 의하면, 보계 밑에 족목 따위를 엇갈려 세우고 칡덩굴이나 밧줄로 묶어 연결한 사실을 확인할 수 있다(그림 8).

의궤의 〈명정전진찬도〉 및 〈기축진찬도병(己丑進饌圖屛)〉에 의하면, 하층보계에는 정면에 세 개, 양쪽 측면에 하나씩 계단을 두었고 하층보계와 상층보계, 상층보계와 기단 사이에도 낮은 계단을 두었다. 앞의 인용

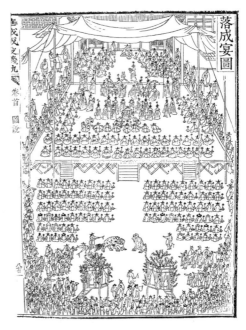

그림 8 『화성성역의궤』 중 〈낙성연도〉

문에서 언급한 '운교(雲橋)'가 전자의 높은 계단으로, '답장(踏掌)'이 후자의 낮은 계단으로 사용된 것 같다. 운교는 8좌를 사용하였다고 하였는데 그림에서는 7좌만 확인할 수 있다. 답장이 사용될 수 있는 장소는 그림에 9곳이 보이는데 그 가운데 세 개는 본래 있었던 디딤돌을 사용하였다고 한다면 6좌의 답장을 확인할 수 있다.

이렇게 마련된 물리적 구조에 죽난간(竹欄干) 47간, 차일(遮日) 80간을 설치하고 대청과 보계에는 가장자리를 헝겊으로 꾸미고 폭을 연결하여 크게 만든 자리인 지의(地衣)를 깔았다. 그 위에 어탑(御榻), 일월오봉병 (日月五峯屛), 보안(寶案), 찬안(饌案), 수주정(壽酒亭), 진작탁(進爵卓), 진 화탁(進花卓), 진치사탁(進致詞卓) 등을 배설하고 참석자의 좌석을 마련하였다. 궁궐의 일상공간이 진찬을 거행하기 위한 연회공간으로 전환된 것이다.

〈명정전진찬반차도〉를 참조하건대, 명정전 진찬의 경우 대청에서 마당

까지 그 높이에 따라 다섯 층위의 공간이 구성되었다. 첫 번째 공간인 대청은 임금의 어좌와 왕세자의 좌석이 마련된 곳으로서 임금 이하 참석자들의 의례 절차가 거행되는 중심 공간이다. 어좌를 중심으로 뒤에는 산선(繖扇) 시위(侍衛)들이 서 있고 왼쪽에 임금의 활을 받든 중궁(中官)이 서 있고 양쪽에 별군직(別軍職)이 늘어서 임금을 호위하고 있다. 어좌 앞으로는 좌우로 보검(寶劍)을 들고 서 있으며 그 바깥쪽 좌우로는 별운검(別雲劍)을 들고 있다. 다시 그 뒤에 보안(寶案), 진작위(進爵位) 등이 설치되었으며 사관(史官), 승지(承旨) 등이 가까이 자리 잡고 있다. 왼쪽에는 수주정(壽酒亭)을 설치하고 진작의 절차를 진행하는 사옹원(司饔院) 제조가 자리 잡고 있다.

두 번째 공간은 명정전의 기단으로 양쪽에 향안(香案)이 놓여지고 왼쪽에 일산(日傘)과 수정장(水晶杖), 운검(雲劍), 오른쪽에 양산(陽繖)과 금월부(金鉞斧), 운검(雲劍)을 들고 서 있다. 오른쪽에는 주정(酒亭)을 설치하고 그 곁에 사옹원(司饔院) 부제조가 자리 잡고 있다.

세 번째 공간은 상층보계로서 기단 가까이 치사안(致詞案)과 산화탁(散花卓)이 놓이고 차비들이 자리 잡고 있다. 선창전악(先唱典樂), 협률랑(協律郎), 전의(典儀) 등도 이곳에 서게 된다. 중앙의 넓은 공간에서 무동의 정재가 공연되며 그 뒤로는 집박전악(執拍典樂)과 집사(執事), 대기 중인 무동이 서 있게 된다. 무동의 대기석 뒤로는 등가악(登歌樂)이 자리 잡게 된다. 상층보계의 양쪽에는 왼쪽에 서반(西班), 오른쪽에 동반(東班)의 좌석이 마련되었다. 보계의 좌우 끝단에는 무예별감(武藝別監)을 비롯하여 금군(禁軍), 별초(別抄) 등이 도열하여 서 있다.

네 번째 공간은 하층보계로서 의례 절차의 진행을 맡은 전의(典儀), 찬의(贊儀), 인의(引儀) 및 좌우통례(左右通禮), 대치사관(代致詞官) 등이 자리 잡고 있다. 그 양옆으로 홍개(紅蓋), 청개(青蓋), 용기(龍旗) 등을 들고 서 있다. 하층보계의 좌우 끝단에는 전에 오르지 않는 신하[不陞殿者]의 자리가 마련되었다.

다섯 번째 공간은 마당이다. 명정문에서 이어지는 어도(御道)에 대연(大輦)과 소여(小輿)가 세워져 있다. 어도의 양쪽에는 전정(殿庭) 헌가(軒架)가 진설되어 있다. 헌가의 왼쪽에 서반의 배위(拜位), 오른쪽에 동반의 배위를 마련하였다. 하층보계의 좌우편 아래 마당에는 내금위(內禁衛), 우림위(羽林衛), 겸사복(兼司僕) 등 시위대(侍衛隊)가 도열하여 있다. 각종 의장기가 마당을 삼면으로 둘러싸고 있으며 명정문 앞에는 조총수(鳥銃手)가 지키고 서 있다.

3. 내연을 거행한 연회공간의 구조

명정전에서 외진찬이 거행된 사흘 뒤 자경전(慈慶殿)에서는 궁궐의 비빈(妃嬪) 및 내명부(內命婦)들이 참석하는 내진찬(內進饌)이 거행되었다. 내연(內宴)은 왕실 내부적인 행사이기 때문에 의식 절차 및 공연 내용에서 외연과 차이가 있다. 남자 참석자들이 있을 경우 남녀가 서로 마주치지 않도록 공간을 안배하며, 모든 연회 절차를 기녀들이 담당하게 된다. 따라서 외연과는 다른 공간적 특성을 지닌다고 할 수 있다. 『순조기축진찬의궤』에 수록된 〈자경전도(紫慶殿圖)〉(그림 9)와 〈자경전진찬도(紫慶殿進饌圖)〉(그림 10)를 통하여 내연의 연회공간을 살펴보자.

자경전은 정면 9간, 측면 3간의 커다란 전각이다. 건물의 크기는 명정전보다 훨씬 큰 대신 월대 및 마당의 규모가 작다. 자경전은 왕실의 생활터전으로서 실내 공간을 넓혔고 명정전은 의식을 거행하는 공식적인 공간으로서 월대와 마당을 넓혔다고 할 수 있다. 〈자경전진찬도〉를 보면 자경전의 연회공간에서는 보계와 같은 가설 공간이 구축되지 않은 것처럼 보인다. 그러나 『순조기축진찬의궤』의 「자경전내외배설(慈慶殿內外排設)」에 의하면 자경전의 연회를 위해서도 보계가 설치되었다. 기록에 따라 자경전에 가설된 보계의 양상을 가늠해 볼 수 있다(표 2).

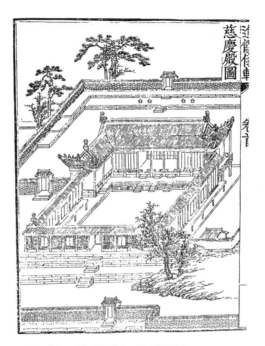

그림 9 『순조기축진찬의궤』 중 자경전도

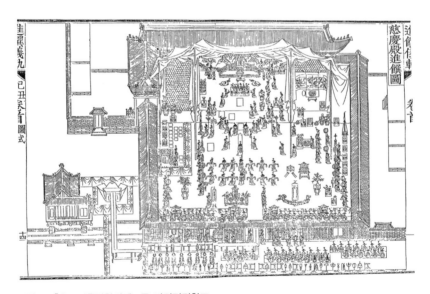

그림 10 『순조기축진찬의궤』 중 자경전진찬도

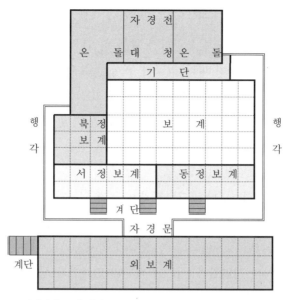

표 2 자경전의 보계 배치도

　월대를 연장하는 45간(동서 9간, 남북 5간)의 중심 보계와 함께 서정보계(西庭補階) 12간(길이 5간 반, 너비 2간)과 동정보계(東庭補階) 12간(길이 5간 반, 너비 2간), 북정보계(北庭補階) 9간(길이와 너비 각 3간), 외보계(外補階) 42간(동서 14간, 남북 3간)을 가설하였다. 명정전처럼 상하의 층위를 두지 않는 대신 위치에 따라 보계를 구분하여 만들었다. 마당을 거의 덮는 넓은 보계를 가설하기 위하여 제작 과정의 편의를 고려할 필요도 있었을 것이다. 명정전의 보계는 상층보계 80간을 하나로 제작하였는데 월대가 대부분을 차지하게 되므로 실제로 제작되는 부분은 훨씬 적었다고 할 수 있다.

　〈자경전진찬반차도〉를 참조해 보건대, 자경전 내진찬의 연회공간 역시 몇 개의 층위로 나뉜다. 첫 번째 공간인 대청에는 어좌가 놓였다. 어좌 가까이 산선(繖扇) 시위가 서 있으며 향좌아(香座兒)가 놓였다. 어좌 앞에는 보안(寶案) 및 찬안(饌案), 진작탁(進爵卓), 양궁(兩宮)의 진작위(進爵位) 등이 놓였고 대청의 동쪽에는 연회 절차를 진행하는 차비들이 늘어서 있다.

서쪽 온돌에는 왕세자빈의 시연위(侍宴位)가 마련되었는데 남쪽으로 발을 쳐서 그 거동이 바깥으로 드러나지 않게 하였다. 동쪽 온돌에는 대차(大次)가 마련되어 절차에 따라 임금이 휴식을 취할 수 있도록 하였다.

두 번째 공간인 기단에는 왕세자빈의 배위(拜位)가 설치되었고 명부(命婦)의 진작위가 설치되었다. 수주정(壽酒亭)과 다정(茶亭), 노연상(爐烟床)이 놓였으며 그 곁에 담당 차비들이 서 있다. 연회 절차를 진행하는 사찬(司贊), 찬의(贊儀), 전찬(典贊) 등도 도열하여 있다. 기단과 보계 사이에는 염장(簾帳)을 설치하였다. 〈자경전진찬도〉에 의하면 장막은 거의 차일과 같은 높이로 달려 있는데 줄을 잡아당겨 열고 닫았다고 여겨진다.

세 번째 공간인 보계에는 앞쪽 중앙에 왕세자의 배위가 설치되었으며 동쪽에 왕세자의 시연위가, 서쪽에 외빈의 진작위가 설치되었다. 기단 가까이 왼쪽에는 보검(寶劍), 일산(日傘), 수정장(水晶杖)을 들고 서 있고 오른쪽에는 보검(寶劍), 금월부(金鉞斧), 양산(陽繖) 등을 들고 서 있다. 역시 기단 가까운 쪽 오른쪽 끝단에는 주정(酒亭)과 다정(茶亭) 등이 설치되었으며 각각의 차비들이 대기하고 있다. 보계의 가운데서 기녀들이 정재를 공연하게 되는데 그 서쪽에 사창(司唱)과 서창(西唱)을 맡은 기녀가, 동쪽에 사창(司唱), 홀기(笏記), 동창(東唱), 집박(執拍) 등을 맡은 기녀가 서 있다. 공연하는 기녀들 뒤로는 지당판(池塘板)과 채선(彩船), 포구문(抛毬門) 등 공연 장비가 세워져 있다. 각각 〈연화대(蓮花臺)〉, 〈선유락(船遊樂)〉, 〈포구락(抛毬樂)〉 등의 정재를 공연하기 위한 장비들이다. 보계의 남쪽 끝단에는 등가악(登歌樂)을 진설하였는데, 악사석의 앞으로 황색 무명 장막을 쳐서 여자 참석자들과 마주칠 수 없게 하였다. 북정보계 위에는 좌우명부(左右命婦) 등 내빈의 시연위와 배위가 마련되었는데 동쪽과 남쪽에 염장(簾帳)을 달아서 모습이 보이지 않도록 하였다. 시연위 뒤쪽에는 왕세자빈, 좌명부, 우명부의 치사안(致詞案)과 주탁(酒卓)이 각각 놓여 있고 담당 차비가 대기하고 있다. 장막의 앞쪽에는 기녀들이 각종 의장기를 들고 도열하여 있다. 보계의 동쪽 끝단에도 기녀들이 의장기를 들고 서 있으며 그 뒤쪽에 전문안(箋文案)을 비롯하여 왕세자, 종친(宗親), 의빈(儀賓), 척신(戚臣)의 치사안이 각각 놓여 있다.

자경문 밖 외보계는 네 번째 공간에 해당하는데 종친, 의빈, 척신의 좌석 및 진찬소(進饌所) 당랑(堂郎)의 좌석이 마련되었다. 내연에 참석한 명부(命婦) 등 여자들과 내외하기 위한 배치이다. 문 왼쪽에 일산(日傘), 수정장(水晶杖), 봉선(鳳扇), 작선(雀扇), 홍개(紅蓋) 등을 들고 서 있고 오른쪽에 양산(陽繖), 금월부(金鉞斧), 봉선(鳳扇), 작선(雀扇), 청개(靑蓋) 등을 들고 서 있다.

외연은 문무대신 및 시위 군사 등 많은 신하들이 참석하는 대외적인 행사이고 내연은 왕실의 소수 인사들이 참석하는 대내적인 행사라 할 수 있다. 외연은 의식 절차가 강조되었다면 내연은 공연 절차가 강조되었다고 여겨진다. 따라서 내연의 정재 종목이 더욱 다채롭고 화려할 수 있었다. 보계에 상하의 층위를 두지 않고 넓은 공간을 확보한 것도 이러한 특성과 연관된다고 하겠다.

4. 궁정극장의 구조와 공연종목

진연 행사를 거행하면서 일상공간이었던 궁궐의 실내 공간과 마당이 연회공간으로 전환되었다. 연회의 주요 절차로 기녀나 무동, 배우들의 공연이 이어지게 되므로 연회공간은 궁정극장의 성격을 지닌다고 하겠다. 명정전과 자경전의 진찬을 중심으로 궁정극장의 평면도를 간략하게 나타낼 수 있다(표 3, 표 4).

표 3 명정전 진찬의 극장 구조

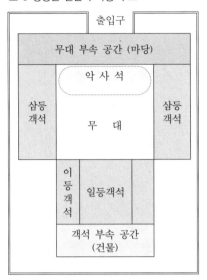

표 4 자경전 진찬의 극장 구조

진연이 거행되는 궁정극장은 무대를 중심으로 객석이 삼면으로 둘러싼 구조를 이루게 된다. 무대의 정면을 향해 있는 일등객석에는 임금의 어좌가 배치된다. 어좌는 가장 좋은 전망을 확보할 수 있는 최고의 관람석이다. 무대와 악사석, 궁궐의 정문으로 이어지는 일직선 위에 자리 잡기 때문에 공연 장면은 물론 궁궐의 장엄한 모습, 시위대의 위용, 의장기의 화려한 물결까지도 한눈에 바라볼 수 있다. 궁정극장에서 일등 객석은 단하나뿐이었다.

명정전 진찬에서 왕세자의 좌석은 이등 객석에 해당하는데, 전내 대청에 있으나 동쪽에서 서향으로 앉기 때문에 정면으로 무대를 접하지 않는다. 왕세자는 공연을 관람할 뿐 아니라 임금 곁에서 시연(侍宴)하는 역할을 수행하게 된다. 보계의 양쪽에 있는 동반과 서반의 좌석은 삼등 객석인데 무대의 측면에 접하고 있다.

자경전 내진찬에서 역시 객석의 안배가 차등 있게 이루어졌다. 임금의 어좌는 여전히 대청 중앙의 일등 객석을 차지하고 있다. 이등 객석은 왕세자빈의 좌석으로 대청의 서쪽 온돌에 동향으로 마련되어 있다. 내연에서 임금을 시연하는 우두머리는 왕세자빈이었기 때문이다. 왕세자의 좌석 및 내외명부의 좌석은 삼등 객석이 된다. 좌우명부의 좌석은 남쪽과 동쪽에 발을 치고 간접적으로 공연을 관람하게 되어 있다. 내외명부들의 거동이 외부에서 들여다보이지 않도록 한 까닭이다. 여성 관객들에게 임금이나 왕세자와 마주치지 않도록 전용 객석이 마련되었던 것이다. 자경문 밖 외보계는 관객의 대기석에 해당한다고 할 수 있다. 현대 극장의 로비(lobby)와 같다고 할 수 있다. 현대 극장에서 로비에 있는 관객은 화상을 통하여 공연 장면을 접할 수 있지만 자경전 내진찬의 관객은 음악 소리만 듣게 될 것이다.

진연의 공연공간은 보계를 통하여 실내 건축 공간을 확장하게 되므로 옥내 극장과 야외극장의 중간 양상을 지닌다고 하겠다. 자경전의 경우 전각의 규모가 큰 반면 전정(殿庭)의 규모가 작아 전각과 3면의 행각(行閣)이 'ㄷ'모양을 이루었으므로 마당 공간을 거의 덮는 보계가 가설되었다. 자경문이 극장문이라면 행각은 극장의 외벽에 해당하며 그 안에 무대와 객석이 잘 갖추어진 극장의 구조를 연상하게 된다.

물론 궁궐의 마당에 보계를 설치한 이유는 진연의 의례 절차를 거행하기 위한 높낮이의 차별이 필요하였기 때문이다. 신분과 위계에 따라 좌석을 배치하기 위하여 높이로 구별되는 여러 층위의 공간이 필요했던 것이다. 기본적으로 보계는 문무대신의 반차(班次) 공간으로 의미를 지니지만 공연이 이루어지는 동안에는 극장공간의 무대와 객석으로서 더욱 큰 의미를 지닌다고 하겠다.

외연이나 내연 등 행사의 목적은 공연종목의 내용을 결정하며 무대 및 객석의 구조와 연관된다. 진연은 예악론에 입각하여 국가적인 경사를 축하하는 공식적인 연회였으므로 궁정문화의 산물인 정재를 중심으로 공연하였다.

그러나 같은 진연이라도 외연은 의례적인 성격이 강하고 내연은 친교적인 성격이 강하므로 공연종목의 성격이 달라진다고 할 수 있다. 명정전

외진찬에서는 무동이 〈초무(初舞)〉, 〈아박(牙拍)〉, 〈향발(響鈸)〉, 〈무고(舞鼓)〉, 〈광수무(廣袖舞)〉, 〈첨수무(尖袖舞)〉 등을 공연하였다. 〈첨수무〉를 제외한 5종의 정재는 숙종 조에 무동의 정재 전통이 확립된 이후 그대로 전승된 기본 종목이다. 의식 절차가 오작(五爵)이 넘을 때는 몇 개의 정재를 반복하기도 하였다. 자경전 내진찬에서는 기녀가 〈향발〉, 〈아박〉 외에 〈몽금척(夢金尺)〉, 〈장생보연지무(長生寶宴之舞)〉, 〈헌선도(獻仙桃)〉, 〈선유락(船遊樂)〉, 〈포구락(抛毬樂)〉, 〈검기무(劍器舞)〉, 〈오양선(五羊仙)〉, 〈가인전목단(佳人剪牧丹)〉 등을 공연하였다. 외연에 공식적인 공연종목이 정해져 있었다면 내연에는 공연종목에서 다양한 변화가 가능하였다고 할 수 있다. 이러한 양상은 조선 후기 장악원(掌樂院)의 여기(女妓) 제도가 폐지되고 선상기(選上妓) 제도가 확립된 데에 원인이 있다고 추정된다. 무동의 경우 장악원에 소속되어 궁중의 정재를 그대로 전승했다면, 선상기의 경우 지방 관아와 궁중을 오가면서 궁중의 정재와 지방의 정재가 끊임없이 교류하는 매체 역할을 하였다고 할 수 있다.

내연의 경우 예술 감상의 의의가 더욱 두드러져 서정적이고 서사적인 정재 종목을 선호하였다고 할 수 있다. 내연의 공연종목인 〈선유락〉의 경우 멀리 뱃길로 임을 떠나보내는 이별의 상황을 연출하여 만들어진 작품이 궁정 연회에 채택되면서 풍류적인 색채가 가미된 작품이다. 그 과정에서 임금을 송축하는 내용이 강조되고 화려한 볼거리가 추가되었지만 서정적인 분위기가 살아 있다. 〈검기무〉는 항장(項莊)과 항백(項伯)의 서사를 배후에 두고 만들어진 작품으로 조선 말기에 더욱 극적인 작품인 〈항장무(項莊舞)〉로 발전한다.

임금 이하 수많은 신하들이 의례를 나누는 외연은 보계 위에 문무 신하들의 반차(班次) 공간이 마련되기 때문에 무대공간이 비좁아진다. 무동 두 명이 짝지어 춤추는 〈향발〉, 〈아박〉, 〈광수무〉, 〈첨수무〉 등은 비좁은 무대공간에서도 충분히 공연할 수 있으므로 외연의 공연종목으로 적합하다고 할 수 있다. 그러나 마지막 절차로 공연되는 〈처용무〉는 역동적으로 공간을 활용하기 때문에 무대공간의 넓이가 문제될 수 있었다.

민(진후)가 말하길, "처용무는 진연 때에 하게 되어 있으나 이번에는 지세가 협착하여 두루 돌기가 어려우니 어떻게 하오리까?" 하였는데, 임금께서 말씀하시길 "사연(賜宴) 때에도 모두 처용무를 사용하였으니 이번에도 하지 않을 수 없다."고 하였다. 민(진후)가 말하길, "그러면 여러 신하들의 잔칫상을 먼저 치운 뒤에 처용무를 시작하면 어떻겠습니까?" 하니 임금께서 "그렇게 하라."고 하였다. 〈『숙종기해진연의궤(肅宗己亥進宴儀軌)』13~15장〉

숙종 45년(1719) 경현당(景賢堂)에서 외연을 거행하기 위하여 논의된 내용이다. 보계 위에 많은 신하들이 올라와 있으므로 무대공간이 좁아져 처용무의 '두루 돌기' 동작이 불가능하므로 처용무를 아예 빼버리자는 의견이 개진되었다. 연회가 모두 끝나기도 전에 신하들의 잔칫상을 철거하고 처용무를 공연하자는 궁색한 대안까지 마련되었다.

내연은 임금 이하 소수의 인사들이 참석하므로 보계의 넓이에 여유가 있으나 화려한 장관을 연출하기 위하여 외연 때보다 넓은 보계를 가설하게 된다. 내연의 정재 종목들은 군무(群舞)로 구성되어 있을 뿐 아니라 채선(彩船)이나 포구문(抛毬門), 지당판(池塘板)과 같은 커다란 무대 도구를 활용하게 되므로 외연 때보다 넓은 무대공간을 필요로 하는 것이다. 명정전 외진찬의 경우 80간의 보계를 가설한 데 비하여 자경전 내진찬의 경우 120간 내외의 보계를 가설하였다. 관나의 행사는 편전의 마당이나 궁궐의 후원에서 거행되었으므로 넓은 마당을 다양한 무대공간으로 활용할 수 있었다고 여겨진다.

무대와 객석의 거리도 공연종목의 내용을 규정하는 요소로 작용하게 된다. 의례 절차가 중요한 진연의 극장공간에서는 무대와 객석의 거리가 멀다. 유일한 일등 객석인 임금의 어좌를 무대와 객석의 거리를 가늠하는 기준으로 삼았다. 임금과 왕실의 번성함을 드러내기 위하여 극장공간에 수많은 참석자와 공연자, 시위 군사와 의장 행렬을 수용하여야 하기 때문이다.

진연에서 공연되는 정재의 공연방식은 무대와 객석이 멀리 떨어진 극장공간의 구조에 맞추어 발달하였다고 할 수 있다. 가창(歌唱)으로 대사를 전달하는 방식은 멀리서도 그 내용을 들을 수 있게 해준다. 당악(唐樂) 정재(呈才)에서 죽간자(竹竿子)의 역할이나 향악(鄕樂) 정재(呈才)에서 집사(執事)의 역할은 멀리 떨어진 객석의 임금에게 무대의 공연 내용을 전달는 데 있다고 할 수 있다. 다음은 당악 정재 〈헌선도(獻仙桃)〉의 시작 부분이다.

> 악관이 「회팔선인자」를 연주하면 죽간자 차비 두 명이 먼저 춤추면서 들어와 좌우로 나뉘어 선다. 음악이 끝나면 구호치어를 올린다. "아득하게 먼 귀대(龜臺)에 있다가 대궐에 찾아와, 천년의 아름다운 열매를 드리고 만복(萬福)의 좋은 상서를 바치려, 감히 존안을 뵈옵고 삼가 구호를 드리나이다." …(중략)… 악관 한 명이 선도반을 받들고 나와 기녀 한 명【연소자를 선정】에게 주면 그 기녀는 왕모에게 받들어 전한다. 왕모는 선도반을 받들고 「헌선도원소가회사(獻仙桃元宵嘉會詞)」를 부른다.
>
> 〈『고려사(高麗史)』「악지(樂志)」71권 1~4장〉

이 내용은 『악학궤범』에 그대로 수용되어 있다. 음악이 시작되면, 죽간자를 든 두 명의 기녀가 들어와 구호치어(口號致語)를 올리고 나서 왕모(王母)와 협무(挾舞)가 본 공연을 시작하게 된다. 구호치어는 본 공연의 내용과 취지를 요약하여 알리는 내용이다. 향악 정재인 〈선유락〉에서는 구호치어가 없는 대신 집사기(執事妓)가 큰 소리로 호령을 하여 공연이 진행되는 상황을 객석에 전달하게 된다.

악사가 채선(彩船)을 인
솔하여 들어와 전(殿) 가
운데 놓고 나온다. 동기
(童妓) 두 사람【닻을 잡
는 사람, 돛을 잡는 사
람】이 배 가운데서 등을
보이며 앉는다. 내무기(內
舞妓) 10인은 안에서 끄는
줄을 잡고 외무기(外舞妓)
34인은 줄을 잡고서, 배를
끌기 위하여 좌로 돌며 서
로 이어 선다. 집사기(執
事妓) 2인이 몸을 구부리
고 북쪽을 향하여 전 가운
데 엎드려 두 손으로 소매

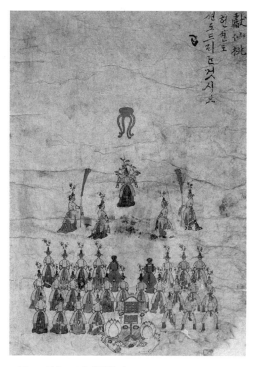

그림 11 김홍도 작 〈헌선도〉

를 들면서 초취(初吹)할
것을 취품(取稟)하고 나와서, 똑바로 남쪽을 향하여 나수(螺手)를 불러 초취
(初吹) 호령을 한다. 【나각을 세 번 분다】 집사기가 몸을 구부리고 들어가
위의 예와 같이 이취(二吹)를 취품한다.

〈『정재무도홀기(呈才舞圖笏記)』 영인본, 1994, 369~360면〉

공연을 위한 무대 장비들이 들어오고 기녀들이 배열하면 집사 역할을
맡은 두 명의 기녀가 임금 앞으로 나와 엎드려서 취품(取稟)한다고 하였
다. 진행될 공연의 내용을 미리 아뢰는 것이다. 취품 이후에 기녀와 악공
을 향하여 호령을 하면 공연이 시작된다. '초취(初吹)', '이취(二吹)', '명금
이하(鳴金二下)', '행선(行船)' 등 취품과 호령은 관객의 이해를 도모할 뿐
아니라 기녀와 악공의 호흡을 맞추는 신호가 된다고 하겠다. 특히 내연의

경우 장막을 가려 남자 악공들이 공연하는 기녀들의 움직임을 볼 수 없으므로 집사기의 호령이 있어야만 순서에 맞추어 음악을 연주할 수 있었을 것이다.

궁정극장의 면모는 상층문화에서 이루어지는 극장공간의 모범으로 인식되었으며 민간의 공연문화에도 영향을 주게 된다. 각처의 명승지에 세워진 누정은 상층 사회의 문화공간이며 다목적형 극장공간으로 활용되었다. 또한 보계 등을 사용하여 일상공간을 극장공간으로 전환하는 방식이 널리 사용되었다.

부록

〈헌선도(獻仙桃)〉

만춘지곡(萬春之曲)을 보허자령(步虛子令)으로 연주하면서 악사(樂師)가 탁자를 든 기녀 2인을 인솔하여 들어와 전내(殿內)에 탁자를 갖다 놓고 나간다.

죽간자(竹竿子) 2인이 앞으로 조금 나아가 서면 음악이 그치고 죽간자 2인이 구호(口號)를 노래한다.

막재오대(邈在鰲臺)	머나먼 선경(龜臺)에서
내조봉궐(來朝鳳闕)	대궐(鳳闕)을 찾아온 것은
봉천년지의실(奉千年之義實)	천년 선과(仙果)를 받들어
정만복지휴상(呈萬福之休祥)	만복을 드리고저
감모신안(敢冒宸顏)	감히 존안(尊顏)을 뵈옵고
근진구호(謹進口號)	삼가 축하를 올리려 합니다.

노래가 끝나면 여민락(與民樂)을 연주하고 죽간자 2인은 물러나 선다.

선모(仙母)와 좌우 협무(挾舞)는 춤추면서 앞으로 나와 서고 손을 모은다.

선모는 조금 앞으로 나아가 서고 선도반(仙桃盤)을 받든 기녀는 선모의 우측에서 서쪽을 향하여 무릎을 꿇고 선도반을 선모에게 받들어 올린다. 음악이 그치고 선모는 치어(致語)를 노래한다.

창진가회상춘광(昌辰嘉會賞春光)	정월 보름 명절 밤에 봄을 즐기는 놀음놀이!
성사당년억상양(盛事當年憶上陽)	성대할손! 옛날의 상양궁 일을 추억케 한다.

요상가첨천북극(堯顙嘉瞻天北極)	용안을 왕좌에 반가이 바라보니
순의심공전중앙(舜衣深拱殿中央)	곤룡포 입으시고 궁전 가운데 좌정하 셨네!
환성호탕운소곡(歡聲浩蕩運韶曲)	한없는 환성은 아름다운 곡조와 어울 려졌고
화기인온대어향(和氣氤氳帶御香)	가득 찬 화기 속에 어향 연기 어렸다.
장관태평하이보(庄觀太平何二報)	장관이로세 태평성대 무엇으로 갚으랴
반도일타헌천상(蟠桃一朶獻千祥)	반도 한 송이로 천만 가지 경사 드리 나이다.

치어가 끝나면 보허자령을 연주하는 가운데 선모는 무릎을 꿇고 선도 반을 탁자 위에 올려놓고 엎드려 절을 하고 일어난다. 선모가 춤을 추기 시작하여 뒤로 물러나 제 위치에 오면 음악이 그친다.

박을 치면 보허자령을 연주하고 선모는 오른 소매[右袖]를, 좌우의 협무 는 외수(外袖)를 들고 음악의 절차에 따라 「미전사(尾前詞)」를 노래한다.

일난풍화춘경지(日暖風和春更遲)	햇볕은 따스하고 바람결 화창한 봄 햇 발 길기도 하다!
시태평시(是太平時)	이것이 바로 태평 시절
아종봉도정용자(我從蓬島整容姿)	내 봉래도에서 몸맵시 단속하고
내강하단지(來降賀丹墀)	대궐로 축하하러 왔나이다.

끝나면 음악이 그치고 향당교주(鄉唐交奏)한다.

선모는 나가지 않고 그 자리에서 돌고, 협무는 선모를 중심으로 크게 돌아 제 위치에 온 다음 북향하면 음악을 그친다.

향당교주(鄉唐交奏)하는 가운데 좌우 협무는 북향하여, 춤추며 나아갔 다가 춤추며 물러나면 음악이 그친다. 좌우 협무는 외수를 들고 「최자사

(嘬子詞)」를 노래한다.

동풍보난도두(東風報暖到頭)   동풍에 실린 봄빛 따스하기도 하다.
가기점융이(嘉氣漸融怡)   화창한 기운 사람 마음 풀어 주네
외아봉궐기오산(巍峨鳳闕起鰲山) 웅대한 대궐에 오산(鰲山)이
만인쟁용운애(萬仞爭聳雲涯)   만 길 구름 사이에 높이 솟았네.
이원제자제주신곡(梨園弟子齊奏新曲) 이원 제자(악사)가 연주하는 새 곡조
반시훈지(半是塤箎)   반나마 훈(塤)이요 지(箎)인데
견만연잠신(見滿筵簪紳)   자리에 가득 찬 대관들
최포송녹명시(醉飽頌鹿鳴詩)   취포하여 녹명시(鹿鳴詩)를 노래한다.

끝나면 향당교주하는 가운데 선모가 염수(斂手)하고 앞으로 조금 나아
가 서면 음악이 그친다. 선모는 우수를 들고 「서자고사(瑞鷓鴣詞)」를 노래
한다.

해동금일태평천(海東今日太平天) 우리나라의 오늘날은 태평 시절
희망용운경회연(喜望龍雲慶會筵) 용과 구름 모인 잔치자리를 즐거이 바
                   라다보네.
미선초개명보좌(尾扇初開明黼座) 미선(尾扇)을 벌리는 곳 왕의 좌석이
                   빛나 있고
화렴고권조상연(畵簾高捲罩祥煙) 발을 높이 걸었는데 상서로운 연기 자
                   욱하다.
제항교주단문외(梯航交奏端門外) 먼 길을 온 사신은 궐문 밖에 서로 아
                   뢰고
옥백삼라전폐전(玉帛森羅殿陛前) 각색 예물은 궁전 뜰에 쌓이었다.
첩헌황령천만세(妾獻皇齡千萬世) 제가 성수 만세 드리오니
봉인하갱축하년(封人何更祝遐年) 봉인의 축수는 따로 소용없어라.

노래가 끝나면 보허자령을 연주한다. 선모는 염수하고 뒤로 조금 물러나와 먼저 위치에 온다.

죽간자 2인이 들어와 북향하면 음악이 그치고 구호한다.

염하거이소퇴(斂霞裾而小退)　　하늘거리는 치맛자락 여미며 물러나
지운로이언선(指雲路以言旋)　　구름길을 가리키며 돌아간다 하네.
재배계전(再拜階前)　　　　　　섬돌 앞에서 재배(再拜) 올리니
상장호거(相將好去)　　　　　　조심해 잘 가게나.

끝나면 보허자령을 연주한다. 죽간자 2인이 뒤로 조금 물러나 선다. 선모와 좌우 협무는 춤을 추며 앞으로 나아가 선다. 선모와 좌우 협무는 선과 발을 여민다. 선모와 좌우 협무, 죽간자 2인이 춤을 추며 뒤로 물러나면 음악이 그친다.

〈「정재무도홀기(呈才舞圖笏記)」〉

제3장 소학지희의 공연공간과 서울의 궁궐

1. 관나의 의미와 절차

관나(觀儺)의 행사는 새해를 앞둔 세밑 궁궐에서 벽사진경(辟邪進慶)의 통과의례를 위한 한바탕 난장으로서 벌어졌다. 이는 왕실 내부의 사적인 놀이라 할 수 있다. 다음은 관나와 나례(儺禮)가 별개의 개념임을 알려주는 글이다.

> 의금부(義禁府)에서 정재 절차를 글로 써서 보고하였다. "평상시에 정재인들은 의금부에서 모두 모아들였는데 지금은 군기시에 나누어 소속되었습니다. 그래서 본 의금부에 소속된 정재인들의 정재 절차만 써서 보고합니다." 지시하기를, "중국 사신이 왔을 때는 의금부와 군기시에서 한편씩 나누어 가지기 때문에 정재인들이 각각 소속이 있다. 관나(觀儺) 재인(才人) 같으면 의금부에서 전적으로 맡아 단속하지만, 중국 사신이 왔을 때야 숱한 재인들을 어떻게 일일이 다 단속할 수 있는가. 군기시의 담당 관리가 의금부의 말을 듣고 따라 단속하는데, 일체 드나드는 것은 전부 상원문으로 해서 드나들게 하되 의금부 관원을 시켜 쓸데없는 사람들이 드나드는 것을 금지하는 것이 옳다."고 하였다. 〈『중종실록』 83권, 23장〉

관나가 왕실 내부적인 행사인 반면, 나례는 국가 전체의 행사임을 위 기록을 통해 알 수 있다. 또한 관나는 서울에 거주하는 경중우인(京中優人)만으로 치루어지기 때문에 의금부의 일상 업무로 감당할 수 있지만,

나례는 전국에 퍼져 있는 외방재인(外方才人)이 모두 모이기 때문에 의금부와 군기시가 함께 관리한다는 것도 확인된다. 즉 관나의 연행주체는 경중우인 집단이며, 이를 즐긴 관람객은 주로 왕족 및 고위관리였음을 알 수 있다.

다음은 세조 때 세밑에 거행한 여러 행사를 언급한 내용으로, 관나의 연행방식과 종목을 알려주는 기록이다.

> 내전(內殿)에서 소간(少簡)을 내어 이르기를, "24일에 해가 바뀌니 종친으로 하여금 격봉(擊棒)하게 하고 26일에 관나(觀儺), 27일에 풍정(豊呈), 28일에 관나(觀儺)와 축역(逐疫), 29일에 격봉(擊棒), 소연(小宴), 관화(觀火)를 거행한다."고 하였다. 〈『세조실록』34권, 10년 12월 24일〉

세조 10년(1464)에는 세밑 행사로서 격봉(擊棒) 2회, 관나(觀儺) 2회, 풍정(豊呈), 축역(逐疫), 소연(小宴), 관화(觀火) 등이 예정되었다. 풍정과 소연은 궁중의 연회로서 절기적(節氣的)적인 의미를 지니지는 않으나 격봉, 관나, 축역, 관화는 궁중의 세밑 풍경으로 주목할 만하다.

'격봉'은 봉희(棒戲)라고도 하며 격구(擊毬)라고도 하는데, 말을 타고 달리며 공을 쳐 넣는 마상 격구(馬上擊毬)하고는 차이가 난다. 옛 기록에 의하면 격봉은 궁궐의 뜰을 걸어 다니며 시합하는 가벼운 운동 경기라고 할 수 있다. 좌우편으로 나뉘어 실시하는데, 봉(棒)으로 구(毬)를 쳐서 와아(窩兒)라고 하는 구멍에 넣으면 점수가 올라간다. 격봉은 연중행사로 거행될 수 있었지만, 임금 이하 종친과 측근 신하들이 모여 친목을 다지는 세밑 행사로서 특별한 의의를 지녔다고 여겨진다. 평상시에는 차별과 질서가 엄격한 군신간이지만 세밑에는 함께 어울려 시합을 하고 내기를 하는 파격의 한마당이 마련되었던 것이다. 해가 바뀌는 세밑은 예나 지금이나 사람 사이의 정이 그리운 때였던 모양이다.

'축역'은 나례 또는 구나(驅儺)라고도 하는데 고려 때 중국에서 전래된 것으로 알려져 있으며 조선후기까지 전승되었다. 조선전기 구나의 모습은 성현(成俔)의 『용재총화(慵齋叢話)』에서 확인할 수 있다. 구나의 일은 관상감(觀象監)이 주관하여 섣달그믐 전날 밤에 창덕궁과 창경궁의 뜰에서 거행한다. 악공 한 명이 붉은 옷에 가면을 쓰고 창사(唱師)가 되며, 네 사람이 곰 가죽을 둘러쓰고 가면을 써서 황금색 눈 네 개를 가진 방상시(方相氏)가 된다. 그밖에 지군(持軍) 5명, 판관(判官) 5명, 조왕신 4명, 소매(小梅) 몇 사람, 십이지신(十二支神) 등이 모두 가면을 쓰고 등장한다. 아이들 수십 명을 선발하여 붉은 옷을 입고 붉은 두건과 가면을 씌워 진자(侲子)로 삼는데, 창사(倡師)가 큰 소리로 위협하여 이들을 몰아낸다. 귀신을 쫓는 모의주술적인 행위를 통하여 벽사(辟邪)의 의식을 거행하는 것이다. 진경(進慶)의 새해를 맞이하기 위하여 궁궐을 정화시킨다는 의미를 지닌다고 할 수 있다.

수십 명의 등장인물이 가면을 쓰고 등장하는 장면은 신성한 의식으로 인식될 뿐 아니라 연극적인 볼거리로 수용될 수 있었을 것이다. 귀신을 쫓는다는 '나(儺)'라는 용어는 가면을 쓰고 연기를 하거나 노래를 부르고 춤을 추는 공연 행사의 의미까지 지니게 되었다고 할 수 있다. 그리하여 이름 붙여진 행사가 바로 '관나'이다. '나례를 본다'고 하면 짐짓 축역(逐疫) 의식을 구경하는 행사로 여겨질 수 있으나 사실은 그렇지 않다. 관나는 민간 배우들의 연극 등 잡희를 구경하는 공연 오락 행사였다. 관나의 공연종목은 성현의 시 「관나(觀儺)」에 잘 묘사되어 있다.

궁궐이라 화사한 봄 채붕(綵棚)은 일렁이고
화려한 색색 의상 종횡으로 난무하네.
농환(弄丸) 놀이 공교롭다 의료(宜僚)의 솜씨 같고
줄 타는 그 모습 정작 제비같이 가볍구나.
네 벽 두른 작은 방엔 꼭두각시 감추어 있고
백척 솟대 위에선 술동이와 술잔을 들고 춤추네.

임금님은 배우들의 놀이를 즐기는 것이 아니라네.

오로지 뭇신하와 더불어 태평성대를 즐기시렴이지.

〈성현(成俔), 『허백당집(虛白堂集)』7권〉

　관나의 행사는 궁궐의 편전이나 후원에서 거행된다. 채붕은 무대나 객석의 구실을 위하여 세운 가설 구조물이다. 채붕을 세운 궁궐 마당에 화려한 색색의 의상을 갖춘 배우들이 어지러이 춤추고 농환(弄丸)이며 줄타기, 인형극, 솟대놀이 등 잡희가 베풀어졌다. 임금은 이러한 잡희 자체를 즐기는 것이 아니라 신하와 함께 친목을 도모하며 태평성대를 즐기는 것이라고 독자들에 대한 경계도 잊지 않고 있다.

　민간의 예능인들을 궁궐 내부로 불러들여 잡희를 펼치는 행사이니만큼 폐지 논란도 끊이지 않았다. 그럴 때마다 제기되는 반론은 두 가지 명분을 바탕으로 한다. 첫째는 관나의 떠들썩한 난장놀이를 통하여 벽사진경을 추구한다는 것이다. 둘째는 민간 풍속의 미악(美惡)과 정치의 득실(得失)을 알고자 한다는 것이다. 임금이 구중궁궐에 있어 세속의 일을 알기 어려우니 배우들의 놀이를 통하여 알고자 한다고 누차 언급하고 있다. 어떤 명분이 부가된다 할지라도 왕실 내부의 공연 오락 행사로서 기본 성격은 유지되었다고 할 수 있으므로 관나는 제의적, 정치적, 오락적 성격을 모두 갖는다고 할 수 있다.

　'관화'는 말 그대로 불놀이를 구경하는 행사이다. 관화에 대한 기록 역시 성현의 『용재총화』를 참조할 수 있다. 관화의 행사는 군기시(軍器寺)에서 주관하는데 궁궐의 후원에 미리 기구를 설치하였다가 장대한 볼거리를 연출하였다. 타들어가는 불의 속성 및 기계 장치, 폭죽 등을 사용하여 연쇄적으로 불이 붙어 화포가 터지는 불놀이의 장관을 만들어내었다. 수많은 불화살이 유성처럼 꼬리를 끌며 하늘을 밝히기도 하고, 장대와 밧줄, 등롱(燈籠) 등을 연결하여 빙빙 도는 불꽃의 수레바퀴가 연출되기도 하였다. 만수비(萬壽碑)를 등에 업은 거북 모형의 입에서 불이 뿜어 나오기도 하고 만수비 속에 불을 넣어 글자를 드러내기도 하였다. 장대 위에 그림 족자를 매달아 놓았다가 불이 끈을 태우며 올라가면 족자가 펼쳐져 글자가 나타나기도 하였다. 긴 수풀을 만들고 꽃잎과 포도의 모양을 새겨 놓는데, 불을 붙여 수풀을 온통 태우면 불꽃의 형상이 붉은 꽃봉오리와 푸른 나뭇잎의 아래로 늘어진 쥐방울 열매처럼 보이기도 하였다.

세조 10년(1464) 세밑에는 관나와 축역, 격봉과 관화의 행사가 예정대로 거행되었다. 28일 임금은 중궁(中宮)과 함께 경복궁의 편전인 사정전(思政殿)에 나아가 관나의 행사에 참여하였다. 왕세자 이하 종친과 재상, 승지 등이 입시하고 술자리를 베풀었다. 배우들의 잡희가 함께 공연되었으며 밤 9시부터 축역 의식이 거행되었다. 이날 배우들은 놀이를 통하여 탐욕스럽거나 청빈한 관리들의 형상이나 여항의 비루하고 세세한 사건들을 보여주었다. 다음날인 29일 임금은 경복궁의 침전인 강녕전(康寧殿)에 나아가 술자리를 베풀고 종친과 재신들로 하여금 격봉 시합을 하게 하였다. 그날 저녁 중궁과 충순당(忠順堂)에 나아가 관화의 행사에 참여하였다. 백악산과 후원에서 일시에 화포를 쏘니 소리가 천지를 울렸다고 한다(『세조실록』 10년 12월 28일, 29일).

2. 관나를 거행한 연회공간의 구조

관나의 행사는 주로 편전(便殿)의 뜰에서 거행하였다. 경복궁의 사정전, 창덕궁의 선정전(宣政殿) 및 창경궁의 인양전(仁陽殿) 등이 주로 관나의 장소가 되었다. 다음은 인양전에서 관나의 행사를 거행한 기록이다.

(1) 임금이 선정전(宣政殿)의 남쪽 처마 서쪽 모퉁이에 나가서 나례(儺禮)를 구경하였다. 종친, 2품 이상의 관원, 부원군, 승지, 입직한 도총부와 병조의 당상관, 주서와 사관 등이 입시하였다. 종실에 명하여 윤목(輪木)을 던지는 노름으로써 물건을 내기하도록 하였다. 아침부터 시작하여 인경(人定) 때

에 이르러서야 그만두었다. 〈『성종실록』 112권, 10년 12월 29일(경진)〉

(2) 임금이 편복(便服)으로 인양전(仁陽殿) 처마 밑에 나아갔다. 두 대비는 발을 드리운 채 전(殿)에 나아가 전의 옆 조금 북쪽에 장막을 치고 나(儺)를 구경[觀儺]하였다. 또한 그 북쪽 장랑(長廊)에 발을 드리워 초청 받은 내외의 부인들이 나(儺)를 구경할 곳[觀儺之處]을 마련하였다. 종친과 재상 2품 이상과 입직한 여러 장수, 승지, 주서, 사관 등이 입시하였다. 내탕(內帑)에서 표범가죽 요·별조궁(別造弓)·호랑이가죽·사슴가죽·털로 짠 말장식·말을 다루는 여러 가지 용품들을 내놓고, 시연(侍宴)하는 여러 신하들로 하여금 윤목(輪木)을 던져서 내기하게 하였다. 시연하는 문신들에게 명하여 '상서로움을 맞이하다(迎祥)'라는 제목으로 시를 짓게 하였는데 '래(來)'자로 운을 삼았다. 검열 남궁찬의 시에, '구역(九譯)이 모였는데 옥백(玉帛)이 온다'라는 글귀가 있었는데, 명하여 옥배의 술로 벌하게 하였다.

〈『성종실록』 235권, 20년 12월 29일(임자)〉

(1)과 (2)는 모두 성종 때 관나 행사에 대한 기록이다. (2)에 의하면 진연 때 익선관(翼善冠)에 곤룡포(袞龍袍)를 갖추어 입었던 임금이 관나의 행사에서는 편복 차림으로 등장하였다. 또한 (1)에 의하면 전내(殿內) 대청이 아닌 처마 밑에 나아가 자리를 잡았다. 『조선왕조실록』에 나타난 관나 관련 기록에는 거의 예외 없이 전(殿)의 처마 밑 월대 위에 임금의 좌석이 마련되는 것으로 되어있다. 월대는 소규모의 의식과 행사를 거행하는 다용도 공간이었다. 조선 전기의 상황을 보면, 월대에서 임금이 신하들과 함께 격식 없는 연회를 갖거나 신하들에게 술과 음식을 베풀어주기도 하였다. (2)에 의하면 두 대비는 전의 옆 조금 북쪽에서 장막을 치고 공연을 관람하였다. 초청받은 내외명부들은 그 뒤 북쪽 장랑(長廊)에 발을 치고 관람하였다. (1)과 (2)에서 모두 내탕(內帑)에서 내놓은 물품을 내기로 걸고 윤목희(輪木戲)를 하였다. (2)에서는 임금이 운자를 내주고 시

를 짓게 하여 벌주(罰酒)를 내리기도 하였다. 관나가 의례를 갖춘 연회가 아니라 공연을 관람하고 친목을 도모하는 편안한 행사였다는 사실을 알 수 있다.

진연의 장면을 묘사한 많은 의궤 및 기록화가 남아 있는 것과 달리, 관나의 행사를 묘사한 의궤 및 기록화는 아직 발견되지 않았다. 원래 있던 것이 소실되었을 가능성도 있으나 애초에 기록화가 제작되지 않았을 수도 있다. 관나의 행사는 배우의 놀이를 통하여 정치의 득실과 풍속의 미악을 살핀다는 명분을 가지고 있었으나 임금이 놀이를 탐닉한다 하여 비판의 소리도 높았다. 기록화의 목적에 비추어 볼 때 임금이 신하와 더불어 내기를 즐기고 술잔을 돌리는 장면을 그림으로 남겼을 까닭이 없었다고 여겨진다. 관나의 장면은 현재 남아 있는 궁궐 건축 공간의 양상 및 일반 궁궐도에 문헌기록을 견주어 가늠할 수밖에 없다.

위 인용문에서 관나가 거행된 인양전은 지금 남아 있지 않고 궁궐도에서도 찾아볼 수 없다. 『궁궐지』에 의하면 인조 때 인경궁(仁慶宮) 함인당(函仁堂)을 헐어 인양전 자리에 옮겨 세웠다고 한다. 함인당은 나중에 함인정이라 고쳐 불렸는데 지금도 남아 있다. 인양전 당시에 있었을 행각이며 장랑은 찾아볼 수 없다. 창덕궁 선정전은 지금도 남아 있으며 〈동궐도(東闕圖)〉에서 옛 모습을 확인할 수 있으므로 관나의 무대와 객석을 가늠해볼 수 있다(그림 12).

선정전은 한 층의 월대 위에 정면 3간 측면 3간으로 지어졌다. 사면이 행각으로 둘려져 있으며 선정문에서 본채에 이르는 어도(御道)에 지붕을 얹은 모양이 눈에 띈다. 앞의 인용문 (1)에 의하면 임금이 남쪽 처마 서쪽 모퉁이에 나아가 관람하였다고 하므로 그림에서 보아 왼쪽 월대 위에 어좌를 마련하였다고 여겨진다. 비빈(妃嬪)이 함께 나왔다면 선정전 건물의 왼쪽에 조금 북쪽으로 물러나서 발을 드리우고 관람하였다고 할 수 있다. 초청받은 내외명부는 행각 또는 장랑에서 역시 발을 드리우고 관람하였을 것이다. 참석한 종친이나 측근 신하들은 어좌 주변의 월대 및 그 아래

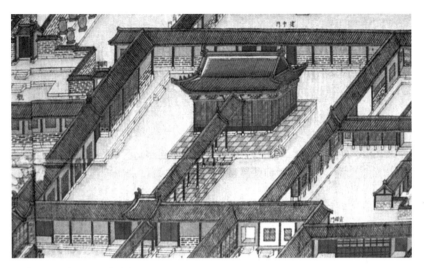

그림 12 〈동궐도〉 중 선정전 부분

마당에 자리 잡았다고 여겨진다. 관나는 의식 절차가 중요하지 않은 친목 행사였기 때문에 비교적 자유로운 객석의 분위기를 연상할 수 있다. 또 『성종실록』 4년 12월 29일 기사와 9년 12월 29일의 기록에 의하면 임금이 월랑(月廊)에 앉아 놀이를 구경하기도 하였다. 지붕을 얹은 복도를 월랑 이라고 불렀던 것 같다. 어좌를 월랑에 놓으면 좌우로 신하들의 좌석을 배치할 수 있으므로 더욱 균형 있는 객석의 구조를 마련할 수 있다.

관나의 행사는 격식을 갖추지 않는 소규모의 연회였으므로 보계가 필 요하지 않았다. 궁정 공연공간의 전통에 의하면 의례 절차를 수반하는 공 연 행사가 거행될 때에만 보계를 가설하였기 때문이다. 물론 배우의 연기 를 통하여 웃음과 풍자를 전해주는 골계희[소학지희] 등의 연극은 보계를 무대로 활용하면 좋은 장점이 있었을 것이다. 그러나 관나의 공연종목 가 운데 줄타기나 땅재주 등 각종 잡기들은 보계 위에서 공연하기에 오히려 불편함이 있었으리라 여겨진다.

연산군 시절에는 관나의 행사를 거행하면서 산대(山臺)를 세우기도 하 였다. 일반적으로 산대는 광화문 앞 등 대로변에 세워 임금이나 중국 사신의 행차를 환영하는 의전적인 목적으로 활용하였다. 또한 『연산군일기』 4년 1월 4일과 11년 12월 13일 기사에는 내농작(內農作) 등의 행사를 거행하면서 궁궐의 후원에 산대를 세우기도 하였는데, 역시 의전적인 목적이 강조되었던 것으로 보인다. 연산군은 기녀나 배우들의 예능을 각별히 탐닉한 것으로 알려져 있는 만큼, 왕실 내부적인 공연 행사를 거행하면서 무리하게 물력과 인력을 동원하였던 것이다.

전교하기를, "정월 초하룻날 나례를 구경할[觀儺] 때에는 채붕(綵棚)을 경회루(慶會樓)에 만들되, 승지를 좌우로 나눠 공사를 독려하라. 이긴 자에게는 상을 논하리라. 그리고 앞으로 매년 정월 초하루에 채붕을 설치하는 일을 준례로 삼게 하라." 하였다. 승지 한순(韓恂)이 군인 수천을 거느리고 경복궁 후원에서 산대를 만드는 것을 독려하였는데, 기교하게 만들기를 힘쓰며 밤낮으로 쉬지 않으므로 군인이 얼고 굶주려 많이 죽었다.

〈『연산군일기』 60권, 11년 12월 16일(병인)〉

산대를 세우기 위해서는 일반적인 관나의 장소인 편전의 마당을 벗어날 수밖에 없다. 위 인용문에서 관나의 행사를 거행한 장소는 경복궁의 경회루 근처였다. 연산군 당시의 다른 기록에 의하면 경회루 연못 서쪽에 '만세산(萬歲山)'이라고 이름 붙인 산대를 세우고 그 위에 봉래궁(蓬萊宮), 일궁(日宮), 월궁(月宮)과 같은 가가(假家)를 만들어 기녀들이 그 안에서 공연하도록 하였다. '용주(龍舟)'고 불린 이 배에 임금이 타고 연못을 오가며 산대에서 벌어지는 공연을 관람하였던 것이다.

때로는 배 위에 산대를 만들기도 하였는데, 여러 척의 배를 가로로 묶고 그 위에 판자를 깔아 평지처럼 만든 다음 다시 그 위에 '만세(萬歲)', '영충(迎忠)', '진사(鎭邪)'라 이름 붙인 세 좌의 산대를 세웠다고 한다. 판자를 깔아 평평한 공간을 확보하는 방식은 진연을 거행할 때 보계를 가설한 사실과 통한다. 그러나 배 위에 가설한 보계는 이미 의례 절차를 위한 쓰임에서 벗어나 있으며 순전히 공연을 위한 무대 설비에 해당한다고 할 수 있다. 연산군은 공연 오락에 대한 지나친 탐닉으로 지탄을 받았지만, 경회루의 공연 행사에서 보여준 뛰어난 연출 감각에 대해서는 긍정적인 평가가 필요할 것이다.

관나의 행사는 주로 음력 섣달그믐에 거행되기 때문에 궁궐의 뜰에 나와 앉은 임금 이하 참석자 및 출연자들을 위한 보온 시설을 마련할 필요가 있었다. 연산군은 산대를 구경하기 위하여 후원에 가가(假家)를 세우고 온돌을 깔기도 하였다. 이러한 사정을 염두에 둔다면 편전의 마당에서 관나를 거행할 때도 일정한 격식이 있었음을 짐작할 수 있다.

관나의 극장공간에서 무대와 객석의 거리는 다양하게 설정될 수 있다. 소학지희와 같은 연극은 무대와 객석을 서로 가깝게 배치할 것이다. 대사를 통하여 풍자와 웃음을 전달하므로 잘 듣고 볼 수 있는 거리를 확보하여야 하기 때문이다. 특히 관나의 행사는 배우의 놀이를 통하여 민심을 파악한다는 명분을 강조하였으므로 극중인물의 대사를 세밀하게 경청할 수 있는 분위기가 조성되어야 하는 것이다. 줄타기나 땅재주와 같은 잡기는 객석에서 멀리 떨어진 곳에 무대공간을 설정해도 무방할 것이다.

3. 소학지희의 풍자와 웃음

관나의 행사에서 공연한 궁중의 광대놀음인 소학지희는 전통적인 '배우(俳優)'의 예능인 '골계(滑稽)'가 핵심이 되었다. 골계, 곧 우스갯소리와 우스갯짓을 장기로 하는 배우의 기원은 『사기(史記)』의 「골계열전(滑稽列傳)」에 나오는 우맹(優孟)의 고사와 연결된다. 우맹은 초나라의 궁정배우로 임금의 곁에서 웃음과 풍자를 담당한 어릿광대였다. 이들 궁정배우는 세상 돌아가는 이치를 알고 그것을 은유와 풍자로 표현할 줄 아는 지식인이었다고 할 수 있다. 중국연극사에서도 골계희라 하여 소학지희와 유사한 전통이 있다. 그러나 이 문제는 중국 문화의 전파론이 아닌 동아시아

문화의 보편성으로 파악해야 한다. 소학지희는 중세 보편성을 유지하되 우리나라 공연문화의 전통과 당대 사회의 시사(時事)와 세태(世態)를 반영한 현실성을 구축하였다.

조선전기 명종 때의 일이다. 임금이 하루는 마음이 답답하고 우울해서 배우들의 놀이를 펼치게 하였다. 여러 가지 놀이를 보였으나 임금이 조금도 웃지 않자 배우들이 청하여 '이조와 병조의 도목정사(都目政事)'를 보이겠다고 하였다. 도목정사란 관리를 등용할 때 적당한 벼슬자리를 정해주는 일을 말한다. 이조판서와 병조판서가 도목 장부에 해당자의 이름을 써서 임금에게 올리고 임금의 낙점을 받는 과정으로 진행된다. 배우들은 이러한 도목정사의 상황을 연극으로 꾸며 공연한 것이다. 그 장면을 보자.

벼슬아치들이 모여 사무를 보면서 등용할 인재들에게 벼슬자리를 정해주다가 이조판서라고 하는 자가 도목 장부를 들고 병조판서에게 말한다.

이조판서 : 대감은 들으시오. 내게 조카가 있는데 문과에도 무과에도 쓸만한 인재가 아니오이다. 다만 그 숙부인 내가 이조판서가 되어 조카로 하여금 이름 한 글자를 고치게 할 수 없으니 마음이 불편하오. 듣자니 사산감역(四山監役)에 빈자리가 났다는데 대감이 생각 좀 해주지 않겠소?

병조판서 : (눈을 껌벅이다가 웃으며 대답한다) 그렇게 합시다. (곧이어 도목 장부를 들고 이조판서에게 말한다) 내 셋째사위가 재주와 인물됨이 대감의 조카와 꼭 같은데 내 자리와 위치로도 사위의 이름을 고쳐주지 못하니 일이 심히 못마땅했소. 듣자니 선공감역(繕工監役)에 자리가 있다는데 대감께서도 생각 좀 해주시오.

이조판서 : (웃으며 말한다) 내가 감히 따르지 않을 수 있겠소.

잠시 후 망통(望筒)이 내려왔고 임금의 낙점을 받았다.

이조판서 : (기뻐하며 병조판서에게 말한다) 내 조카와 당신의 사위가 모두 벼슬을 얻게 되었구려.

병조판서 : (크게 웃으면서 말한다) 말씀 마시오, 말씀 마시오. 서로 손을 바꿔 하는 일인데 뭐가 어렵겠소, 뭐가 어렵겠소.

〈작자미상,『지양만록(芝陽漫錄)』〉

공연이 시작되자 여러 명의 배우들이 나와 도목정사를 처리하는 듯 수군대며 분주한 모습을 연기하였다. 이때 도목 장부를 들고 나타난 이조판서가 조카의 벼슬자리를 청탁한다. 정상적인 방법으로는 도저히 벼슬길에 오를 수 없는 형편없는 조카를 병조가 관할하는 사산감역관(四山監役官) 직책에 앉히고 싶었던 것이다. 당시는 한양 주변의 산을 네 구역으로 나누어 관리하였는데 사산감역관을 두어 산을 순찰하는 업무를 맡겼다. 산림을 보호하고 육성하는 일이니 중앙 정부의 눈에 띄지 않는 한가한 직책이라고 할 수 있다. 얘기를 들은 병조판서는 눈을 껌벅이며 잠시 생각하는 듯하더니 흔쾌히 수락하였다.

너무 쉽게 넘어간다고 관객이 의아하게 생각할 순간, 아니나 다를까, 병조판서가 이조판서에게 비슷한 청탁을 들고 나왔다. 병조판서에게는 재주와 인물됨이 모자라 벼슬길에 오르지 못하는 셋째사위가 있었던 것이다. 그는 이조판서에게 이조가 관할하는 선공감역관(繕工監役官)의 자리를 부탁하였다. 선공감역관은 토목과 영선의 일을 맡아보았던 선공감의 종9품 말직이니 역시 한가한 직책이다. 이미 조카의 일을 부탁해 놓은 입장이고 보니 이조판서는 병조판서의 청탁을 들어줄 수밖에 없다. 이조판서와 병조판서의 문답은 재담으로 진행되어 웃음을 배가시켰을 것이다.

문제의 이조판서와 병조판서는 도목 장부에 상대방의 조카와 사위 이름을 적어 올렸고 급기야는 임금의 낙점을 받는 데 이르렀다. 일반적으로 관리를 추천할 때는 한 관직에 세 후보자의 이름을 적어 임금의 낙점을 받았는데 이를 삼망(三望)이라고 한다. 망통(望筒)이란 삼망의 문서를 넣어 전달하는 통을 말한다고 여겨진다. 사산감역관이나 선공감역관과 같은 말직은 후보자의 경쟁이 없었던지 그들의 작은 음모가 쉽게 성공하였다. '손을 바꿔 하는 일'이니 누가 누구를 일러바칠 염려도 없다. 그들은 한 통속이 되어 비밀스러운 웃음을 주고받는 것이다. 아무도 모르게 일을 성사시켰다고 믿는 부정한 주인공들, 그러나 관객은 그들의 음모를 지켜보고 있었다. 어리석은 주인공들의 실수를 지켜보는 것은 코미디를 보는 즐거움이다. 관객은 이때 웃음을 보이게 된다. 내내 침울해 있던 임금은 어찌 되었을까? 물론 그 역시 크게 웃음을 터뜨렸다고 한다.

현대의 독자들은 앞의 놀이 내용을 보고 크게 웃지는 않았을 것이다. 당대의 관객들을 포복절도하게 만든 작품이지만 지금의 우리에게 감흥이 없는 것은 당연하다. 모든 연극이 그렇지만 특히 폭소를 유발하는 소극 (笑劇)은 현장의 예술이기 때문이다. 같은 공간에 모인 배우와 관객이 한 덩어리가 되어 웃음의 도가니로 몰아가야 하는데 우리는 〈도목정사놀이〉의 공연 현장에서 너무 멀리 떨어져 있다. 기록을 남긴 이름 모를 글쓴이가 고맙기는 하지만, 글을 쓴 목적이 연극 내용을 자세하게 묘사하는 데에 있지 않았던 사실도 염두에 두어야 한다. 게다가 우리말로 공연된 작품을 한문으로 기록하였으니 그 생생함이 제대로 전달될 수 없었다. 당시의 놀이에는 지금의 우리가 느끼는 것보다 몇 배 많은 재미와 의미가 있었음을 잊지 말자.

소학지희는 웃음만을 전달한 것이 아니라 현실을 풍자하는 진지함과 날카로움을 담고 있었다.

사신(史臣)은 이른다. "임금이 구중(九重) 궁궐에 깊숙이 살아서 정치(政治)의 득실(得失)과 풍속(風俗)의 미악(美惡)을 들을 수 없다. 따라서 비록 배우(俳優)의 말이나 어떤 것은 경계하고 풍자하는 뜻이 있어 채용하지 않을 수 없는 것이다. ……." 〈『명종실록』 27권, 16년 12월 29일(갑신)〉

임금이 구중 궁궐에 살기 때문에 '정치의 득실(得失)'과 '풍속의 미악(美惡)'을 알기 어려우니 배우의 놀이를 통하여 세간의 일을 임금에게 알린다는 것이다. 배우들은 정사를 보는 관리들의 부정행위를 고발하거나 세태를 풍자하는 내용을 담아 소학지희를 연출하였던 것이다. 앞에서 살펴본 이조와 병조의 〈도목정사놀이〉에서도 벼슬아치를 등용하는 나라의 일이 사사로운 정실 인사로 흐르게 된 세태를 풍자하였다. 명종 때에 광대놀음으로 이름났던 배우로 귀석(貴石)의 〈진상(進上)놀이〉를 보자.

공헌대왕(恭憲大王; 명종)이 대비전(大妃殿)을 위하여 대궐 내에서 진풍정(進豊呈)을 펼쳤다. 서울의 배우인 귀석이 배우희(俳優戲)를 잘하여 진풍정에 나갔다.

풀을 묶어 꾸러미 네 개를 만들었는데 큰 것이 두 개, 중간 것이 하나, 작은 것이 하나였다. 귀석이 자칭 수령이라 하며 동헌에 앉아서 진상을 담당한 아전을 불렀다. 한 배우가 자칭 그 아전이라 하고 무릎으로 기어 앞으로 나왔다.

귀석이 소리를 낮추고 큰 꾸러미 하나를 들어 그에게 주며 말하였다.

"이것을 이조판서에게 바쳐라."

다시 큰 꾸러미 하나를 들어 그에게 주며 말하였다.

"이것은 병조판서에게 드려라."

또한 중간 것 하나를 주며 말하였다.

"이것은 대사헌에게 드려라."

그리고 나서 작은 꾸러미를 주면서 말하였다.

"이것은 임금께 진상하여라."

〈유몽인, 『어우야담(於于野談)』〉

귀석은 임금의 친척인 종실양반의 사노(私奴)면서 동시에 경중우인이었는데 배우이면서 연출가적인 면모도 갖추고 있었다. 이 놀이는 지방수령이 상전에게 뇌물을 바치는 상황을 풍자하였다. 풀을 묶어 만든 꾸러미의 크기는 클수록 귀한 선물임을 나타낸다. 수령은 아전에게 선물꾸러미를 주며 이조판서, 병조판서, 대사헌의 순으로 열거한다. 선물꾸러미가 작아질수록 상대방의 관직이 올라간다. 이러한 점층적인 반복이 어디까지 갈 것인가 관객이 궁금해 할 즈음 수령은 가장 작은 꾸러미를 주며 "임금께 진상하여라."고 한다. 점층적인 반복 끝에 이루어지는 사태의 반전이다. 임금에게 올리는 진상의 의무를 소홀히 여기고 상전에게 뇌물을 바치는 일에 힘을 기울이는 세태를 풍자한 것이다. 이조판서와 병조판서는 문과와 무과의 인사추천권을 가지고 있었다. 임금은 진상품이 최고인줄 알고 있지만 사실은 이조판서와 병조판서, 대사헌보다 못한 취급을 받고 있었다는 사실을 폭로한 것이다.

임금은 소학지희를 보고 즐기는 데 그치지 않고 풍자의 뜻을 기꺼이 받아들였으며 때로는 그릇된 세태를 바로잡고 부정한 인물을 벌주었다. 다음 기록에서 그러한 사례가 나타난다.

중종(中宗) 때 정평부사(定平府使)였던 구세장(具世璋)은 탐욕스럽기가 끝이 없었다. 어떤 말안장 파는 사람을 관가의 뜰에다 끌어다놓고 직접 값을 흥정하면서 싸다느니 비싸다느니 따지기를 며칠이나 하다가 끝내 관가의 돈으로 샀다. 배우가 연말을 맞아 그 상황을 놀이로 만들었다. 임금이 그 내용을 묻자 대답하기를, "정평부사가 말안장을 산 일입니다." 하였다. 마침내 명을 내려 그를 잡다가 심문을 하고 물건을 탐한 죄를 다스렸다. 배우와 같은 자도 또한 탐관오리를 규탄하고 공박할 수 있는 것이다.

〈어숙권(魚叔權), 『패관잡기(稗官雜記)』

정평은 지금의 함경남도에 있다. 정평부사 구세장의 탐욕은 세간에 널리 알려졌던 모양이다. 말안장을 사들인 사건에는 힘없는 백성을 핍박하고 나라의 돈을 사사로이 사용한 비리가 개입되어 있다. 연말에 관나의 행사를 거행할 때 배우들이 이 사건을 놀이로 꾸며 공연하였다.

등장인물은 탐욕스러운 사또 한 명, 말안장을 파는 사람, 사또의 명령을 수행하는 아전과 몇 명의 사령 등이었을 것이다. 말안장을 파는 사람은 가죽 제품을 만들어 파는 갓바치였다고 상상해 보자. 극중장소는 사또가 업무를 보는 동헌의 뜰이다. 사또는 잔뜩 위엄을 차리고 동헌에 앉아 있고 아전과 사령이 그 주변에 늘어서 있다. 이내 사또는 아전을 불러 말안장 파는 사람을 대령하게 한다. 죄인처럼 사령에게 끌려온 갓바치는 뜰에 엎드려 있다. 사또는 갓바치의 말안장을 거저 얻어낼 요량으로 이것저것 흠을 잡으면서 위협하기도 하고 어르기도 한다.

그러나 갓바치 역시 만만치 않은 인물이어서 사또의 말끝마다 재치 있는 말대꾸로 응수한다. 궁지에 몰렸으나 기지에 찬 말대답으로 위기를 모면해 가는 갓바치의 늠름한 모습이 떠오른다. 실제 사건이야 심각하게 진행되었을지라도 웃음을 유발시키기 위하여 희극적으로 재구성되었다고 할 수 있다. 사또가 자기 꾀만 믿다가 되레 골탕을 먹는 인물이라면 갓바치는 상전을 골려먹는 영리한 하인에 해당한다. 둘 다 희극적 인물의 전형이라고 할 수 있다.

사또는 갓바치의 말대꾸에 휘말려 스스로 자기의 허위를 드러내게 되었을 것이고 말싸움은 갓바치의 승리로 끝나게 된다. 갓바치의 기지를 당해내지 못한 사또는 결국 말안장 값을 지불할 수밖에 없었는데, 여기에 다시 한 번 탐관오리의 면모가 더해진다. 사사로이 쓸 말안장 값을 치르면서 관가의 공금을 사용한 것이다. 엎친 데 덮친 격으로 다시 부정행위를 저지르는 사또를 보고 몇몇 관객은 웃음을 흘릴 수도 있다. 〈도목정사놀이〉처럼 한바탕 웃음으로 끝날 수도 있었다.

그러나 이날 임금은 웃음보다는 풍자를 심각하게 받아들였다. 백성을 괴롭히고 나라의 돈을 횡령하는 탐관오리를 그대로 둘 수가 없었던 것이다. 소학지희가 실제 사건을 다룬다는 관습에 익숙한 임금은 공연이 끝나고 누구의 사건인지 물어보았다. 정평부사가 말안장을 산 일이라는 사실을 알고는 잡아들여 죄를 다스렸다. 정치의 득실과 풍속의 미악을 알기 위하여 궁궐의 뜰에서 광대놀음을 구경한다는 명분에 충실하였다고 할 수 있다. 어숙권이 말한 대로 배우와 같은 하층민들도 탐관오리를 규탄하고 공박할 수 있었던 것이다. 배우의 놀이를 통하여 민심을 파악하는 관습을 이어왔던 까닭이다. 소학지희의 내용이 정사에 반영될 수 있었으니 사건의 진실을 담아야 하는 배우들의 책임이 컸다고 할 수 있다. 임금이 광대놀음을 볼 때는 웃음과 풍자를 균형 있게 받아들여야 하는 관극 태도가 중요하였다고 할 수 있다.

소학지희를 담당한 경중우인들은 중앙관청의 관노(官奴)나 세력가의 사노(私奴) 신분으로 서울 사대문 안에 거주하였으며 궁궐에서 공연할 때는 의금부의 관리를 받았다. 조선시대 의금부는 안전기획부나 중앙정보부, 국가정보원 등과 같은 기구이다. 사극을 보면 중죄인을 데려다가 심문하고 고문하는 기관인데 궁정배우의 일을 맡아 하였다니 언뜻 이해가 되지 않을 수도 있다. 그러나 궁궐에 천민 광대들을 데려다 한판 놀이를 벌이는 일이니 임금의 신변 보호를 위하여 의금부가 개입하지 않을 수 없다. 또한 이런 행사는 공식적인 국가의 행사가 아니라 임금과 소수 측근들이 참석하는 왕실 내부의 행사였으므로 외부에 알려지지 않게 신뢰할 만한 조직 계통이 필요하였다고 할 수 있다. 국가적인 공연 행사에 전국 팔도의 재인 광대들을 동원하는 일도 의금부에서 맡아 하였다.

경중우인들은 상층 지식인과 재치문답을 나눌 수 있을 정도로 지식을 갖추고 있었기에 임금 앞에 가져갈 소학지희 작품의 소재를 직접 채택하고 형상화할 수 있었다고 여겨진다. 배우들의 계층적 특성상 민간인들과 광범위하게 접촉하면서 소학지희의 소재를 발굴하였을 것이다. 소학지희는 세간의 여론이 임금에게 직접 전달될 수 있는 통로가 되었다고 할 수 있다. 이런 까닭에 소학지희는 경중우인과 교류가 잦은 임금의 친척이나 상층 관료에 의하여 정치적으로 이용될 수 있었다.

배우들은 때로 직접 임금을 풍자하여 조롱하기도 했다. 연산군 앞에서 〈늙은 유생의 놀이[老儒戲]〉를 하며 임금을 풍자한 공길의 이야기가 전한다.

배우 공길(孔吉)이 늙은 유생의 놀이[老儒戱]를 하며 말하였다.

"전하는 요순(堯舜) 같은 임금이요 저는 고요(皐陶) 같은 신하입니다. 요순은 언제나 있지는 않지만 고요는 언제나 있습니다."

또한 『논어』를 외며 말하였다.

"임금은 임금답고 신하는 신하답고 아비는 아비답고 자식은 자식다워야 합니다. 임금이 임금답지 않고 신하가 신하답지 않으니 비록 곡식이 있은들 먹을 수가 있겠습니까?'

왕은 그 말이 불경하다고 해서 곤장을 치게 하고 먼 지방으로 귀양을 보냈다.

〈『연산군일기』 60권 22장〉

두루 알다시피 요임금과 순임금은 태평성대를 상징하는 성군(聖君)들이다. 고요는 요임금과 순임금은 보좌한 충실한 신하이다. 공길이 극중인물인 늙은 유생이 되어, 처음에는 연산군이 요순 같은 임금이라 하고 자신은 고요 같은 신하라 하여 한껏 임금을 추어주는 듯하더니 요순은 언제나 있는 것이 아니라 하여 결국 연산군이 성군이 아니라는 사실을 드러내고 있다. 더 나아가 공길은 『논어(論語)』의 구절을 외면서 성군은커녕 임금답지 않은 임금으로 연산군을 조롱하고 있는 것이다.

소학지희는 본래 배우의 놀이였으므로 쉽사리 정치적인 명분을 잃어버리고 오락에 치우칠 수 있었다. 정치의 득실과 풍속의 미악을 살피고자 했던 궁중의 광대놀음이 본래의 명분을 잃고 음란한 기교만 다툰다는 빈축이 일기도 하였다.

사관(史官) 두 명을 장악원(掌樂院)과 의금부(義禁府)에 나누어 보내어 진풍정(進豊呈)과 나례(儺禮)의 연습 과정을 살펴보게 하였다.

사신(史臣)은 이른다. "두 가지 예는 모두 배우의 놀이로서 무릇 항간의 천박하고 더러운 일을 이루어내지 않음이 없으니 본래 볼 만한 것이 없다. 그런데도 내전의 금밀(禁密)한 곳에 쓰이는 데 이르렀으니 청명(淸明)에 누가 됨이 이미 커졌다. 사신은 (임금의) 말과 행동을 기록하니 그 임무가 매우 중한데, 잡희나 살펴보게 시켰으니 잘못이 심하였다."

〈『명종실록』 27권, 16년 12월 26일〉

소학지희를 공연하는 행사를 사흘 앞두고 임금은 장악원과 의금부에 사관을 보냈다. 장악원에서 기녀와 악공들의 정재(呈才)를, 의금부에서 배우들의 연극 따위를 연습하는 상황을 점검하게 한 것이다. 역사를 기록하는 일은 최고 통치자인 임금도 간섭할 수 없는 막중한 업무이다. 그만큼 사관들의 자부심도 대단하였을 것이다. 그런데 배우의 잡희나 살펴보게 하였으니 역사를 기록하는 사관으로서 언짢은 심경이 보태졌다고 할 수 있다.

정치의 득실과 풍속의 미악을 살핀다는 소학지희의 명분을 흐리게 한 요인은 이미 내재되어 있었다. 날카로운 풍자를 담았다할지라도 소학지희는 웃음을 선사하는 소극이었던 것이다. 어쩌다가 풍자보다는 웃음에 치중한 작품이 공연되기도 하였을 것이고 관객들의 큰 호응을 얻었을 수도 있다. 임금에 따라서는 소학지희의 정치적 풍자보다는 오락적 웃음을 탐닉하기도 하였을 것이다.

당대의 비난이야 어떻든, 궁궐의 뜰에서 임금이 즐긴 코미디는 세 가지 미덕을 갖추고 있었다. 난장놀이를 통하여 벽사진경하는 제의성을 지녔고 현실을 풍자하는 정치성을 지녔으며 근엄한 임금을 웃기는 오락성을 지녔던 것이다. 제의성, 정치성, 오락성은 각각 현실과 밀착되어 있다. 여러 가지 폐단이 지적되기는 하였으나, 궁궐의 뜰에 광대들을 불러들인 관습에서 옛사람들의 여유와 풍류가 엿보인다.

〈소학지희(笑謔之戱)〉 6편

〈당상관놀이〉

무자(戊子)년에 배우 수십명이 나희(儺戱)를 하면서 모두 당상관의 복색을 갖추고 궁궐의 뜰에 입장하여 서로 놀이하며 말하였다.

갑 : 영감은 언제 당상관이 되었길래 복색을 이렇게 차렸소?

을 : 나는 경진년에 무과시험에 급제하고 신사년 겨울에 양전경차관(量田敬差官)이 되었다가 정해년 가을에 이시애를 붙잡아서 마침내 당상관에 이르렀소.

듣는 사람 치고 웃지 않는 사람이 없었다.

〈『예종실록』 4권 33장〉

〈노유희(老儒戱)〉

배우 공길(孔吉)이 노유희를 하며 말하였다.

늙은 유생 : 전하는 요순(堯舜)같은 임금이요 저는 고요(皐陶)같은 신하입니다. 요순은 언제나 있지는 않지만 고요는 언제나 있을 수 있습니다.

또한 『논어』를 외어 말하였다.

늙은 유생 : 임금은 임금다워야 하고 신하는 신하다워야 하고 아비는 아비다워야 하고 자식은 자식다워야 한다. 임금이 임금답지 않고 신하가 신하답지 않으니 비록 곡식이 있은들 먹을 수가 있으랴.

왕은 말이 공경스럽지 못하다고 해서 곤장을 치고 먼 지방으로 귀양을 보냈다.

〈『연산군일기』 60권 22장〉

〈탐관오리놀이〉

중종 때 정평부사(定平府使) 구세장(具世璋)은 탐욕스럽기가 끝이 없었다. 어떤 말안장 파는 사람을 관가의 뜰로 끌고 들어가서 친히 값을 흥정하면서 싸다느니 비싸다느니 따지기를 며칠이나 하다가 끝내 관가의 돈으로 샀다.

배우가 세시에 그 상황을 놀이로 만들었는데, 임금이 묻자 대답하기를, "정평부사가 말안장을 산 일입니다"하였다. 마침내 명을 내려 그를 잡아다가 심문을 하고 처벌을 했다. 배우같은 자도 능히 탐관오리를 규탄하고 공박할 수 있다.

〈어숙권, 『패관잡기』〉

〈도목정사(都目政事)놀이〉

임금이 심기가 불편하였는데 침울함을 참지 못하게 되자 명을 내려 창우희(倡優戲)를 펼치게 하였다. 임금이 조금도 웃음을 보이지 않자 배우가 간청하여 이조와 병조의 도목정사놀이를 행하였다.

자리를 열어 주의(注擬: 급제자와 벼슬 자리를 견주어 연결짓는 일)하는 즈음에 이조판서라고 일컫은 자가 장부를 들고 병조판서더러 말하였다.

이조판서 : 대감은 들으시오. 내게는 조카가 있는데 문과에도 무과에도 쓸만한 재주가 없소이다. 다만 그 숙부인 내가 이조판서로서 조카의 이름 하나를 고쳐주지 못하니 마음에 편안하지 않습니다. 듣자니 사산감역(四山監役)에 빈자리가 있다고 하는데 대감이 배려해주지 않겠소?

병조판서가 눈을 껌벅이고 웃으며 대답했다.

병조판서 : 그렇게 합죠.

곧이어 병조판서가 장부를 들고 이조판서에게 말했다.

병조판서 : 내 셋째사위가 재주와 인물됨이 대감의 조카와 꼭 같은데 내 자리와 위치로도 사위의 이름을 고쳐주지 못하니 일이 심히 못마

땅합니다. 듣자니 선공감역(繕工監役)에 자리가 있다는데 대감께서 배려해 주시오.

이조판서가 웃으며 말했다.

이조판서 : 내가 감히 따르지 않을 수 있겠소.

잠시 후에 망통(望筒)이 내려왔고 임금의 낙점을 받았다. 이조판서가 기뻐하며 병조판서에게 말했다.

이조판서 : 내 조카와 당신의 사위가 모두 벼슬을 얻게 되었구려.

병조판서가 크게 웃으면서 말했다.

병조판서 : 말씀 마시오, 말씀 마시오. 서로 손을 바꿔 하는 일인데 뭐가 어렵겠소, 뭐가 어렵겠소."

임금이 그것으로 인해 크게 웃었다.

〈미상,『지양만록(芝陽漫錄)』〉

〈진상(進上)놀이〉

공헌대왕(恭憲大王; 명종)이 대비전(大妃殿)을 위하여 대궐 내에서 진풍정(進豊呈)을 펼쳤다. 서울의 배우인 귀석(貴石)이 배우희(俳優戲)를 잘하여 진풍정에 나갔다.

풀을 묶어 꾸러미 네 개를 만들었는데 큰 것이 두 개, 중간 것이 하나, 작은 것이 하나였다. 귀석이 자칭 수령이라 하며 동헌에 앉아서 진상을 담당한 아전을 불렀다. 한 배우가 자칭 그 아전이라 하고 무릎으로 기어 앞으로 나왔다. 귀석이 소리를 낮추고 큰 꾸러미 하나를 들어 그에게 주며 말하였다.

수령 : 이것을 이조판서에게 드려라.

다시 큰 꾸러미 하나를 들어 그에게 주며 말하였다.

수령 : 이것은 병조판서에게 드려라.

또한 중간 것 하나를 주며 말하였다.

수령 : 이것은 대사헌에게 드려라.

그리고 나서 작은 꾸러미를 주면서 말하였다.

수령 : 이것은 임금께 진상하여라.

〈유몽인, 『어우야담(於于野談)』〉

〈종실양반(宗室兩班)놀이〉

귀석은 종실의 종이다. 그 주인은 시예(試藝)에 참여하여 품계가 올라 갔다. 그러나 아직 실제 직책이 없었고 녹봉도 더해지지 않은 채 거느리는 종도 없이 여러 왕릉이며 전각의 제관(祭官)으로 뽑혀 거의 겨를이 없었다.

귀석이 진풍정에 들어가 여러 배우와 약속을 하였다. 한 명이 시예 종실(試藝宗室)이라고 하고 비루먹은 말을 탔다. 귀석은 종이 되어 고삐를 쥐고 갔다. 한 명은 재상이 되어 준마를 탔고 가마꾼들이 길을 옹위하며 갔다.

앞선 졸개가 길을 피하라고 외치는데 종실이 걸려들었다. 귀석을 잡아가서 땅에 엎어놓고 곤장을 쳤다. 귀석이 큰 소리로 하소연하며 말하였다.

귀석 : 소인의 주인은 시예 종실로서 관직이 대감보다 낮지 않은데 녹봉도 받지 못하고 거느리는 종도 없이 왕릉이며 전각에 제관으로 뽑혀 한가한 날이 없으니 오히려 시예를 하기 전보다 못합니다. 소인에게 무슨 죄가 있습니까?

재상을 맡은 배우가 놀라고 감탄하여 그를 놓아주었다. 얼마 안 있어 특명이 내려 그 주인에게 실제 직책이 주어졌다.

〈유몽인, 『어우야담(於于野談)』〉

제4장 〈배따라기곡〉의 공연공간과 평양의 누정

1. 평양의 누정과 연회의 전통

평양은 삼국시대부터 정치·군사는 물론이고 문화의 중심지였다. 특히 평양을 안고 흐르는 대동강은 주변의 경관이 빼어나고, 강이 내려다보이는 곳에 흥복사(興福寺)·영명사(永明寺) 등의 고찰이 있을 뿐 아니라 부벽루(浮碧樓), 다경루(多景樓) 등의 누정(樓亭)이 건축되었다. 고려의 서경(西京)이었던 시절에는 이들 사찰과 누정을 중심으로 임금의 유락(遊樂)이 행해졌는데, 윤두수(尹斗壽) 외의 『평양지(平壤誌)』 등의 여러 기록에 고려의 임금들이 대동강에서 선유놀음을 벌인 내용이 많이 나온다. 주로 대동강 위에 용선(龍船) 또는 누선(樓船)이라 이르는 배를 띄우고 그 안에서 연회를 하였다는 기록이다.

고려 예종은 흥복사와 영명사에 가서 누정에 올라 먼발치로 대동강의 풍경을 구경한 후에 직접 배를 타고 대동강에 가서 물고기의 모습을 완상하며 다시 연회를 즐겼으며, 의종은 남포(南浦)에 용선을 띄우고 연회하였고 다른 날 다경루 및 부벽루에서 연회를 하고 수희(水戱)와 농마희(弄馬戱)를 펼친 예능인과 군사들에게 백금 등 물품을 하사하였다. 농마희는 신기군(神騎軍)이 담당한 마상재(馬上才)이며, 수희는 구체적으로 어떤 놀이인지 확인할 수 없으나 어부들이 패를 나누어 노를 젓거나 고기를 잡는 일을 겨루었으리라 여겨진다. 그밖에도 선유놀음 때에는 신하로 하여금 활을 쏘게 하여 구경하는 관사(觀射)가 이루어졌고 임금과 신하가 시를 지어 화답하는 행사가 이루어졌다. 숙종은 평양에 놀러온 감회를 담아

「가을날 서경에서 노닐고 남쪽 강에서 연회를 베풀다(秋日遊鎬京 南河開宴)」 시를 짓고, 신하들에게 이에 차운하도록 하였다. 예종은 영명사에 가서 관조(觀潮)하고 장락전(長樂殿)에서 군신과 연회하는 가운데 「수성명사(壽星明詞)」를 지어 악공으로 하여금 노래 부르게 하였다.

이러한 전통은 조선 건국 이후에도 이어졌는데, 세조가 평양에 가서 부벽루에 올라 시를 짓고 신하로 하여금 차운하게 하였다는 기록이 있다. 그러나 한양이 도읍지가 되면서 임금의 유락처(遊樂處)로서 평양의 역할은 점점 쇠퇴하였다고 할 수 있다. 그 대신 평양은 조선과 중국의 사신이 오가는 길목의 요지로서, 사신들을 접대하는 유락처가 되었다. 이는 평양이 홍범구주(洪範九疇)의 법을 펼친 기자조선(箕子朝鮮)의 고도(古都)로서 우리나라뿐만 아니라 중국의 사신들도 중히 여겼기 때문이다. 평양감사는 평양을 거쳐 가는 사신들을 위하여 명승지를 돌며 연회를 베풀었다.

이와 같은 여러 가지 이유에서, 평양에는 한양에 못지않게 기악(妓樂)이 발달하였다. 특히 인조 이후 공식적으로 경기(京妓) 제도가 폐지되면서 평양 등 지방의 악가무(樂歌舞)는 더욱 성행하였다고 할 수 있다. 서울의 궁중에서 내연(內宴)을 열 경우 선상기(選上妓)를 활용하는 등 지방의 기악(妓樂)에 의존하여야 했기 때문이다. 평양감사는 평양 자체의 연회 및 궁정의 연회를 위하여 악가무를 육성하는 동시에 수시로 공연을 즐길 수 있었다. 이때 공연의 주요 무대는 대동강변의 누정(樓亭)이었다.

누정은 크게 누(樓), 정(亭), 각(閣), 당(堂) 등으로 나뉘는데 누와 정은 기둥과 기둥 사이를 틔어 개방하였으며 당과 각은 기둥과 기둥 사이를 임의로 열고 막을 수 있게 문이 설치되었다고 한다. 이들 공간은 휴식과 연회를 위한 전용 공간으로서 궁궐이나 관아의 정원 및 전국의 명승지에 건축되었는데, 누정은 상층문화 집단이 만나 시를 읊고 연주를 하고 노래와 춤, 연극을 감상하는 다목적형 극장공간이었다. 서양에서는 살롱(salon) 공간을 바탕으로 음악, 미술, 연극 등의 예술이 상층 애호가의 후원과 지원을 받아 발전하였다. 이후 소수 특권층의 문화가 해체되면서 대중을 위한 극장이나 전시장으로 전환되었다고 할 수 있다. 우리나라의 누정 공간 역시 이러한 문화예술 공간으로서 존재하였다고 할 수 있다.

누정은 문학뿐 아니라 음악, 연극 등을 향유한 다목적형 극장공간으로서 그 문화사적 의미를 탐색할 필요가 있다. 누정은 아름다운 자연 환경과 어울리도록 개방적인 건축 구조를 이루고 있다. 이러한 특성은 공연 전용 극장으로서의 면모를 흐리게 하지만 새로운 극장미학을 가능하게 한다. 누정은 폐쇄적인 옥내극장이 아닌 자연을 향하여 열려 있는 개방적인 극장이다. 아름다운 주변 경관을 무대와 객석으로 끌어들인 자연 친화적인 극장공간이라고 할 수 있다.

누정에서 벌어진 공연 현장의 양상을 잘 보여주는 대표적인 기록화로 부벽루의 연회 장면을 그린 작품이 두 점을 들 수 있다. 하나는 미국 피바디에섹스박물관에 소장된 〈평양감사환영도〉 중 〈부벽루연회도〉(그림 13)이며, 다른 하나는 국립중앙박물관에 소장된 〈평양감사향연도〉 중 〈부벽루연회도〉(그림 14)이다. 이들 그림을 통해 대동강변의 누정에서 벌어진 공연 양상을 살필 수 있다.

2. 부벽루 연회의 무대와 객석

부벽루는 대동강에 임한 금수산(錦繡山) 절벽에 있는 누정으로 대동강의 장관을 한 눈에 볼 수 있다. '부벽'이라는 이름은 강가 절벽에 임해 있어 마치 푸른 물 위에 떠 있는 것과 같다고 하여 붙여진 것이다. 건물은 정면 5간 측면 4간의 단층 누(樓)로 기둥과 기둥 사이를 틔어 개방한 건축물이다. 부벽루는 절벽 위에 쌓은 평양성의 성벽 가까이 대동강 쪽을 향하여 서 있다. 남동향인 강 쪽을 정면이라 한다면 건물의 뒤로 넓은 마당이 있으며 마당 한편에 사탑(寺塔)과 부도(浮屠) 등이 세워져 있다. 부벽루가 영명사의 부속 건물로 지어졌다는 사실을 알 수 있다. 아름다운 자연 풍광 속에 서 있는 빈 공간이 평양감사의 연회를 통하여 화려한 극장

그림 14「평양감사향연도」중〈부벽루연회도〉

공간으로 전환된다.

중세 상층의 극장문화에서는 1인
또는 소수를 위한 최고의 객석이 어
디에 위치하는가에 따라 극장공간의
배치가 달라진다.〈평양감사향연도〉
의〈부벽루연회도〉에서는 대동강을
등지고 마당을 향하여 평양감사의
객석이 마련되었다. 사방이 터져 있

는 부벽루 대청의 한 면에 병풍을 둘러치는 것으로 손쉽게 무대와 객석의
방향을 정하였다. 평양감사는 작은 탁자를 앞에 두고 마당의 공연을 관람
하고 있다. 그의 왼쪽 앞으로는 초청 받은 손님들이 앉거나 서서 공연을
관람하고 있다. 건물의 왼쪽 옆에는 편차(便次)가 마련되어 초청객들의

휴식과 담소를 위한 공간으로 쓰이
고 있다. 현대 극장의 로비(lobby)와
같은 구실을 한다고 할 수 있다.

부벽루의 기단은 대청과 마당을
매개하는 공간으로 설정되어 있다.
기단 위에 허리를 구부리고 있는 두
사람은 아전으로 보이는데 객석에

있는 관객의 의사를 받들어 무대에
전달하는 역할을 하게 될 것이다.
기단 아래 마당에는 보계(補階)를 설
비하지 않고 자리를 깔아 무대를 마
련하였다. 무대의 양쪽 모서리에는
공연 절차를 진행하는 집사(執事)의
역할을 맡은 듯한 기녀가 서 있다.

무대 가운데서는 공연이 벌어지고 있으며 무대의 좌우에는 각각 열두 명
의 기녀들이 도열하여 앉아 있다. 무대의 끝단에 삼현육각의 악사석이 있
으며 그 오른쪽 모서리에 집박(執拍) 악사가 서 있다. 무대의 주변에는 평
양감영의 장졸들이 둘러싸고 있다. 의장 및 시위를 담당할 뿐만 아니라
무대를 에워싼 물리적인 장막의 구실도 하고 있다. 주변에는 금란(禁亂)
의 업무를 맡은 포졸들의 모습도 보인다.

　부벽루 주변에는 공식적으로 초청 받은 관객이 아닌 구경꾼들이 운집
해 있다. 의관을 정제한 선비로부터 아기를 들쳐 업은 아낙, 비석에 올라
가 구경하는 아이들에 이르기까지 다양한 인물 군상들이 묘사되어 있다.
화면 왼쪽의 언덕은 부벽루를 굽어볼 수 있는 자연 지형 덕택에 민간 구
경꾼들의 객석이 되었다. 언덕 위 한적한 소나무 그늘 아래서는 평양감사
의 풍류를 배경으로 나름대로의 술자리를 마련한 이들도 있다.

　영명사에서 부벽루로 오르는 비탈길에는 연회의 주안상을 받들어 나르

는 아전들과 아낙들이 보이고 대동
강이 보이는 성곽 근처에서는 역시
작은 술판이 벌어졌다. 목판을 걸고
음식을 파는 아이들이 부벽루와 영
명사 주변을 다니는 모습도 보인다.
평양감사의 연회는 평양성 내 전체
의 잔치이며 큰 볼거리였다는 사실

을 알 수 있다.

화가의 시점에서 볼 때, 국립중앙박물관본이 마당 건너편 언덕 위에서 부벽루 쪽을 바라보고 있다면 피바디에섹스박물관본은 영명사에서 올라가는 비탈길이나 계단에서 부벽루 쪽을 바라보고 있는 것 같다. 공연 현장에서의 무대와 객석의 배치도 다르다. 부벽루의 대청과 마당공간을 모두 무대로 사용하였다는 점도 다르다.

부벽루 대청의 북동쪽에 병풍을 치고 평양감사의 좌석이 마련되었다. 대동강을 왼쪽으로 굽어보고 오른쪽으로는 마당과 언덕이 보이는 위치이다. 평양감사의 앞쪽 좌우에 초청 받은 손님들이 앉아 있다. 대청 가운데 비어 있는 공간이 무대로 쓰이고 있다. 대청의 남서쪽 끝단에는 기녀들이 두 줄로 앉아 도열하고 있다. 악사석은 기녀들의 뒤쪽 기단에 마련되어 있다. 무대의 위치와 방향이 바뀌었으나 기본적인 구조는 변하지 않았다.

마당에서도 한창 공연이 진행되고 있다. 그림이 닳아 없어진 끝으로 간신히 줄타기 장면이 보이고 그 위쪽에 여섯 명의 연기자들이 춤을 추고 있다. 무대공간의 한편에 악사석이 마련되었는데 북, 대금, 해금, 장고, 피리 등으로 구성되었다. 부벽루 대청의 악사들이 평양감영에 소속된 사람들이라면 마당의 악사들은 민간에서 활동하는 사람들로 보인다.

악사들 뒤로는 수많은 구경꾼이 모여 있고 홍의(紅衣)를 입은 포졸들이 금란 행위를 단속하고 있다. 무슨 혼잡이 있었던 듯 긴 막대기를 높이 쳐든 포졸의 위협에 놀라 몇몇 구경꾼이 몸을 피하는 모습도 묘사되었다. 이러한 장면은 강이천(姜彝天, 1769~1801)의 「남성관희자(南城觀戲子)」에 등장하는 "붉은 옷을 입은 액정(掖庭)의 종(紅衣掖庭隷)"의 구절을 연상시킨다. 장터에서 벌어진 민간 놀이패의 흥행 활동에서도 액정서 및 의금부의 군졸들이 금란과 질서 유지를 도맡아 했기 때문이다. 이들은 조선후기 도시의 오락 유흥 문화를 장악했다고 하는 왈자 집단에 속한다.

부벽루는 사방이 터져 있는 건축 구조를 갖고 있으므로 어느 방향에 객석을 마련하더라도 주변의 경관을 두루 즐길 수 있었다. 객석의 위치를 바꾸면서 다양한 무대 경관을 마련하였다는 사실은 매우 흥미롭다. 부벽루의 개방적인 건축 구조는 병풍을 두르는 위치에 따라 사방이 모두 객석이 될 수 있고 무대가 될 수 있었다. 무대는 부벽루의 실내공간에 국한되지 않았기 때문에 주변의 자연 풍광과 어우러진 색다른 무대공간을 연출해낼 수 있었다고 하겠다.

국립중앙박물관의 경우 대동강을 등지고 북서향으로 객석을 마련하였으므로 금수산(錦繡山)과 을밀대(乙密臺)의 모습이 무대 경관으로 나타나게 될 것이다. 피바디에섹스박물관본의 경우 북동쪽을 벽 삼아 남서향으로 객석을 마련하였으므로 영명사와 그 너머 대동강이 무대 경관으로 나타나게 될 것이다. 대동강 쪽을 바라보고 자리를 잡는다면 대동강과 능라도의 모습이 보이게 될 것이다. 〈평양감사환영도〉 및 〈평양감사향연도〉에 묘사된 선유놀음의 경우 스스로 배를 타는 즐거움도 있겠지만 멀리서 그 장관을 바라보는 즐거움도 컸으리라 여겨진다. 이럴 때 부벽루는 거대한 무대인 대동강의 물줄기를 한눈에 굽어볼 수 있는 훌륭한 객석이 되었다고 할 수 있다.

무대와 객석으로 전환된 궁궐의 편전과 내전, 관아의 동헌과 마당, 산과 강, 그리고 명승지의 누정 등은 환경 극장(environmental theatre)의 특성을 지닌다. 환경 극장은 공연을 목적으로 '건축된' 공간이 아니라 자연 환경 및 일상적인 삶의 현장 속에서 '발견된' 공간을 말한다. 근대를 극복하는 입장에서 제기된 이러한 개념들이 이미 우리나라 중세 공연문화의 현장 속에 있었던 것이다.

새삼스럽게 아름다운 자연을 끌어들인 환경 극장을 건축할 것이 아니라 전국 각처의 명승지에 세워진 누정을 적극적으로 활용할 필요가 있다. 아니, 본래적인 누정의 쓰임새를 되찾을 필요가 있다. 누정은 문학, 음악, 연극을 향유한 다목적 극장공간이지 않았는가. 사용자 및 연출자의 기획에 따라 누정 역시 풍치 있는 현대의 극장공간으로 거듭날 수 있다. 누정을 관리하는 지방 자치 단체는 누정의 물리적 보존에 힘쓸 뿐만 아니라 누정의 문화를 되살리는 데 노력을 기울여야 할 것이다.

3. 부벽루 연회의 공연종목

이제 부벽루의 극장공간에서 연출된 공연종목을 살펴보자. 국립중앙박물관본에서는 기녀들의 정재가 공연되고 있다. 기록화의 성격상, 순차적으로 공연된 정재들은 한 화면에 포착하였는데, 공연 내용 가운데 특징적인 장면을 잘 포착하여 안배하였다.

평양감사가 있는 객석 가까이 기단의 바로 아래 〈헌선도(獻仙桃)〉의 공연 모습이 그려졌다. 〈헌선도〉는 서왕모(西王母)가 선계로부터 와서 불노장생의 선도를 바친다는 내용을 담고 있다. 서왕모는 작중인물이지만 선도를 바친다는 행위는 극중공간을 넘어서 일상공간까지 연장된다. 선도를 받는 대상이 다름 아닌 현실 속의 평양감사이기 때문이다. 궁정의 진연에서는 임금이나 왕대비가 선도와 함께 만수무강의 축원을 받게 된다. 이러한 특성 때문에 〈헌선도〉는 언제나 행사의 주인공이 앉아 있는 객석의 바로 앞에서 공연되는 것이다.
궁중에서 공연되는 〈헌선도〉는 당
악(唐樂) 정재로서 죽간자(竹竿子)를
받든 기녀가 등장하여 구호치어(口
號致語)를 바치는 장면이 선행된다.
그러나 여기서는 죽간자의 모습이
보이지 않는다. 또한 한 명이었던

서왕모가 두 명이 되고 선도반(仙桃盤)도 네 개가 사용되는 등 차이를 발
견할 수 있다.

무대 한가운데는 〈포구락(抛毬樂)〉의 장면이 포착되었다. 기녀들이 여
러 패로 나뉘어 '용알'이라 불리는 공을 포구문(抛毬門)의 구멍인 '풍류안
(風流眼)'에 던져 넣는 놀이이다. 연회의 분위기를 돋구는 공놀이로, 연회
의 참석자들은 직접 참석하지 않고 기녀들의 시합을 지켜볼 뿐이다. 『정
재무도홀기(呈才舞圖笏記)』에 의하면, 용알을 풍류안에 넣은 기녀들에게
는 베를 상으로 주었으며 그렇지 못한 기녀들은 오른쪽 뺨에 먹칠을 하였
다고 한다. 〈포구락〉 근처에는 긴 턱이 우스꽝스러운 오방처용(五方處容)
이 한삼을 날리며 춤추는 모습도 보인다.

그 아래로는 〈검무(劍舞)〉와 〈무
고(舞鼓)〉의 공연 장면이 묘사되었
다. 〈검무〉는 오늘날까지 각 지방에
전승되고 있어 그림과 비교할 수 있
다. 전승되는 대부분의 검무가 넷
또는 여덟 명이 출연하는데 비하여
그림에서는 두 명의 검무가 나타난

다. 또한 칼의 모양도 차이가 있는데, 전승 검무에서는 짧은 칼날 여러 개
를 묶어 휘돌릴 수 있게 만든 칼을 사용하는데 그림에서는 진검과 유사한
긴 칼을 사용하고 있다. 『악학궤범』에 의하면 성종 당시 〈무고〉에는 여덟

명의 기녀가 등장하고 여덟 개의 북을 사용하였다고 한다. 『원행을묘정리의궤(園幸乙卯整理儀軌)』(규장각 영인본)에 의하면 정조 때는 두 개의 북을 사용하였는데 북 하나를 둘러싸고 네 명의 기녀가 춤을 추었다. 평양 감사의 향연에서는 북 하나에 네 명의 기녀가 등장하고 있으니 궁중의 정재에 비하여 간소화된 모습이다.

피바디에섹스박물관본에서는 부벽루의 대청과 마당에서 각각 다른 공연 행사가 펼쳐지고 있다. 부벽루의 대청에 마련된 무대에서는 무대 끝단에 여러 명의 기녀가 대기하고 있는 가운데 두 명의 기녀가 춤을 추고 있다. 그림에 묘사되지는 않았지만 국립중앙박물관본을 미루어 볼 때 여러 가지 정재들이 공연되었다고 여겨진다. 이 그림에서 화가는 대청의 공연보다 마당의 공연에 관심을 기울였던 것 같다. 기녀들의 정재가 별다른 특색 없이 그려진 데 비하여 마당의 공연 장면은 매우 세밀하게 묘사하였다. 마당과 언덕에 모여 있는 구경꾼의 시선도 마당의 공연 쪽을 향하고 있다.

마당의 공연 내용을 세심하게 들여다보자. 마당에서는 탈춤이 공연되고 있다. 초록 저고리에 다홍치마를 입고 춤추는 여인은 소무이다. 흰 도포를 입고 망건을 쓰고 담뱃대를 들고서 소무에게 매혹된 듯 서 있는 인물은 샌님이다. 그 아래쪽에 흰 장삼에 흰 고깔을 쓴 네 명은 상좌춤을 추고 있다고 여겨진다. 그 아래로는 줄타기 설비가 가설되어 있고 줄광대가 공연하고 있다.

하얗고 커다란 샌님탈의 생김새, 네 명의 상좌가 등장하는 사실, 상좌의 복식 등을 비교할 때 현전하는 〈봉산탈춤〉의 공연 양상과 가장 흡사하다. 〈봉산탈춤〉의 〈포도부장〉 과장에는 샌님과 소무가 함께 등장하는 장면이 나타난다. 평양에도 탈놀이가 있었다고 하는데 〈봉산탈춤〉과는 다른 것으로 보고되었다. 따라서 부벽루의 탈춤 공연은 가까운 해서지방의 탈춤을 초청하여 이루어졌다고 여겨진다. 대표적인 해서탈춤으로 알려진 〈봉산탈춤〉의 경우 전문 놀이패가 아닌 관아의 이속(吏屬)들이 담당한 것으로 되어 있다. 그러나 관아에 속한 이속들이 다른 지방의 연회에 초청을 받아 공연할 기회를 가질 수 있었을까 의문이 생긴다. 그림에 나오는 탈꾼들은 해서지방의 직업적인 놀이패였으리라 여겨진다.

이 놀이패의 전문성이 엿보이는 장치가 바로 화면 왼쪽 중간쯤에 있는 설치물이다. 커다란 천에 탈을 붙이고 소매와 한삼 자락을 달았다. 안쪽에서 대나무 따위로 탈과 소매를 연결하여 소매가 처지지 않도록 하였을 것이다. 탈의 생김새는 할미탈을 연상시키며 오른손에는 부채를 들었다. 〈봉산탈춤〉 등 해서탈춤에서도 할미가 부채를 들고 나타난다. 그러나 해서탈춤의 할미탈은 얼굴빛이 검어 그림의 할미탈과 다른 점이 나타난다. 할미탈 설치물은 탈춤패를 선전하는 광고물로서 그 기교와 풍류가 돋보인다. 바람이 불어 커다란 천이 흔들릴 때마다 할미탈이 소맷자락을 날리며 춤추도록 고안되었던 것이다. 탈춤패의 길놀이 때 앞세워졌을 춤추는 할미탈은 무대인 부벽루 마당에서는 훌륭한 공연물이자 무대 장치가 되

었다고 할 수 있다.

피바디에섹스박물관본 〈평양감사환영도〉 제1폭은 현전하는 탈춤의 예전 모습을 보여주는 유일한 기록화이다. 김준근의 〈기산풍속도(箕山風俗圖)〉에도 몇 가지의 탈춤 장면이 있으나 삽화의 성격을 지니는 것이지 사실을 묘사한 기록화는 아니다. 〈평양감사환영도〉 제1폭은 탈춤패의 공연 현장을 생생하게 전달해주는 귀중한 자료가 아닐 수 없다. 또한 탈춤의 유통과 향유 방식에 대하여 새로운 논의를 이끌어낼 수 있는 중요한 자료가 된다. 탈춤을 추었던 직업적인 놀이패의 흥행 활동과 예술적 전문성을 더욱 적극적으로 평가할 수 있기 때문이다. 기껏해야 '○○탈춤보존회'라고 새긴 깃발을 세우는 오늘날의 전통극 복원에 대하여, 춤추는 할미탈은 가슴을 뜨겁게 하는 희망이 아닐 수 없다.

4. 〈배따라기곡〉에서 〈선유락〉까지

〈선유락(船遊樂)〉은 커다란 채선(彩船)을 설치하고 많은 인원이 등장하는 성대한 가무극으로서, 조선 후기에 궁정 연회의 공연 종목으로 채택된 작품으로 알려져 있다. 조선 전기의 궁정은 고려시대 정재(呈才)의 전통을 계승하고 재창조하였을 뿐 아니라, 새로운 정재를 많이 창작하였는데 그 내용이 『악학궤범(樂學軌範)』에 전한다. 〈선유락〉은 『악학궤범』에 들어 있지 않고 조선 후기에 이르러서야 궁정의 기록에 나타나게 된다.

지금까지 밝혀진 문헌 가운데 궁정 연회에서 〈선유락〉을 공연한 최초의 기록은 정조 19년(1795) 정조의 화성 능행과 부대 행사를 기록한 『원행을묘정리의궤(園幸乙卯整理儀軌)』로 〈선유락〉의 공연 방식이 그림으로 나타나 있다(그림 15). 또한 같은 행사를 기록화로 그려 만든 병풍 〈화성능행도(華城陵幸圖)〉 가운데 〈봉수당진찬도(奉壽堂進饌圖)〉에서 〈선유락〉의 공연 장면을 찾을 수 있다. 그 이후 발행된 많은 의궤에 〈선유락〉의 정재도(呈才圖)가 실려 있고, 공연에 필요한 정재의장(呈才儀仗), 복색(服

色) 등에 관한 정보가 들
어 있다. 의궤에는 그림
이 실려 있을 뿐 정재 절
차가 기록되어 있지 않
은데, 고종 대에 발행된
여러 종류의 『정재무도
홀기(呈才舞圖笏記)』는
정재 절차가 구체적으로
기록되어 있어 좋은 자
료가 된다. 『정재무도홀
기』의 〈선유락〉은 궁정
연회에서 공연된 대본
이다.

그림 15 『원행을묘정리의궤』 중 〈선유락〉

한편 박지원(朴趾源)의
「막북행정록(漠北行程錄)」에 나오는 〈배따라기곡〉과 정현석(鄭顯奭)의
『교방가요(敎坊歌謠)』에 실린 〈선악(船樂)〉은 『정재무도홀기』의 〈선유락〉
과 공연 내용이 흡사하여 그 변천 양상을 밝혀줄 중요한 연구대상이 된
다. 정현석의 『교방가요』는 민간과 궁정의 공연예술이 교섭하는 공연장
이 되었던 지방 관아에 속한 교방(敎坊)에서 전승한 가무를 수록한 책이
다. 여기에 실린 〈선악(船樂)〉은 지방 관아에서 공연되었던 대본으로 궁
정의 〈선유락〉과 좋은 비교가 될 것이다.

〈배따라기곡〉과 〈선유락〉의 경우, 입장(入場) 과정을 통하여 연회공간
이 공연공간으로 전환된다. 채선을 갖다 놓거나, 동기(童妓)와 여러 기녀
들이 자리를 잡는 일들이 해당된다. 〈선악〉의 경우 입장 과정은 없으나
정재 절차를 진행하는 집사(執事)가 등장함으로써 공연이 시작된다는 암
시를 주게 된다.

공연공간은 다시 극중공간으로 전환되는데, 〈배따라기곡〉과 〈선악〉에

서는 군례 과정을 통하여 극중공간으로 들어간다. 〈선악〉의 대본에 등장하는 집사와 병방은 기녀가 분장한 극중인물이기 때문이다. 〈배따라기곡〉이나 〈선유락〉에서도 동기(童妓)가 소교(小校) 등 무관(武官)으로 분장하고 등장한다. 이들 극중인물이 속한 극중공간의 모습은 언뜻 짐작하기 어렵다. 더욱이 〈배따라기곡〉, 〈선악〉, 〈선유락〉에서 공통적으로 부르는 노래가 「어부사」라는 사실을 상기할 때 젊은 무관의 출현은 낯설지 않을 수 없다.

널리 알려져 있듯이 「어부사」는 고려 말부터 조선 후기에 이르기까지 상층 문화 집단에 의하여 향유된 노래이다. 「어부사」는 강호에서 한적한 삶을 구가하는 어옹(漁翁)의 모습을 제재로 하였으므로 어디에서도 젊은 무관의 자취는 찾을 수 없다. 〈선유락〉류의 작품과 젊은 무관의 관계를 밝혀줄 단서는 〈배따라기곡〉 관련 기록에서 찾을 수 있다.

우리나라는 땅이 좁아 멀리 가며 생이별하는 일이 없으므로 고통을 겪는 것도 심하지 않다. 다만 水路로 중국에 使行 갈 때 가장 고통스런 감정을 얻게 되므로 우리나라의 대악부(大樂府)에 이른바 〈배따라기곡〉이 있는 것이다. (배따라기는) 우리말로는 '배가 떠난다'는 것과 같은데 그 곡이 슬프기 짝이 없다.

자리 위에 화선(畵船)을 놓고, 동기(童妓) 한 쌍을 뽑아 소교(小校)로 꾸미는데, 홍의(紅衣)·주립(朱笠)·패영(貝纓)을 입고 호수(虎鬚)와 백우전(白羽箭)을 꽂으며, 왼손에는 활을 잡고 오른손에는 편초(鞭鞘)를 쥔다. …(중략)…

이것이 우리나라에서 제일 눈물을 많이 흘리는 때이다. 이번에 장복(張福)은, 친속으로는 아비와 아들이 아니고 의리로는 임금과 신하가 아니고 정분으로는 남편과 아내 사이가 아니고 교분으로는 친구 사이가 아니면서도 그 생이별의 고통이 이와 같았으니, 비단 강, 바다, 다리가 이별하는 장소가 될 뿐 아니라 다른 나라이건 다른 고향이건 이별하는 장소가 아닌 곳이 없구나.

아아 슬프다!

〈박지원, 「막북행정록(漠北行程錄)」〉

박지원은 정조 4년(1780) 2월부터 10월까지 진하겸사은사(陳賀兼謝恩使)인 삼종형(三從兄) 박명원(朴明源)을 수행하여 중국에 다녀와 여행의 경험을 『열하일기(熱河日記)』로 남겼다. 위의 기록은 그 가운데 하나의 일기인데, 이별에 관한 단상을 풀어내면서 〈배따라기곡〉의 공연 내용을 묘사하고 있다. 흔히 "수로로 중국에 사행 갈 때 가장 고통스런" 이별의 감정을 갖게 되며, 그 상황을 꾸며 공연한 것이 〈배따라기곡〉이었다고 여겨진다. 그렇다면 뱃길을 떠나면서 뼈아픈 이별을 경험하는 주체는 누구인가. 멀고 험한 여정을 앞두고 있으므로 사신 일행의 가족들이 가장 그 안부를 걱정하게 될 것이다. 그러나 그러한 염려가 "제일 눈물을 많이 흘리는" 상황으로 치닫지는 않는다. 사행 길을 떠나는 것이 가문으로서는 명예스러운 일이기도 하거니와 다시 만날 것을 기약할 수 있기 때문이다.

다음의 자료에는 사행 길에서 만난 젊은 무관과 기녀의 이별 장면이 나타난다.

부윤(府尹)을 작별(作別)ᄒ니　　모든 기생(妓生) ᄒ직ᄒ네
져 기생(妓生)들 모양보쇼　　깁흔 정(情)은 업건마ᄂ
면면(面面)이 손을 줍고　　　우ᄂ 양이 결연(缺然)ᄒ다
그즁의 화홍(花紅)이ᄂ　　　오지마라 부탁(付託)ᄒ여
아니올가 넉엿더이　　　　　기동을 안고셔는
은은이 우ᄂ양은　　　　　　화홍(花紅)이 네왓나야
이화일지(梨花一枝)곳슘이의　봄비을 씌엿고나
오동추야(梧桐秋夜) 조흔달이　구름의 줌겻고나
만리(萬里)의 이 행객(行客)이　상심처(傷心處) 만컨마ᄂ
못볼너라 못볼너라　　　　　너우ᄂ양 못볼너라

잠시(暫時)라도 지체ᄒ면	닉 필경 실례(失禮)혼다
쎄치고 쩌ᄂ가니	인정(人情)이 목석(木石)일다
져 화홍(花紅) 셧ᄂ모양	ᄎ마ᄒ들 도라보랴
행차(行次)가 빅의 올나	직촉슘 나리신다

〈유인목(柳寅睦), 「북행가(北行歌)」〉

이 작품의 작자 유인목(柳寅睦)은 백부인 유후조(柳厚祚)가 고종 3년 (1866) 가례책봉주청사(嘉禮冊封奏請使)로 중국에 갈 때 자제군관(子弟軍 官)이 되어 수행하였다. 유인목은 이 작품에서 객관(客館)에서 만난 기녀 들과의 만남과 이별을 중심으로 사행 길의 긴 여정을 풀어나갔다. 위의 장면은 소곶관(所串舘)에서 만난 기생 화홍(花紅)과 압록강에서 이별하는 장면이다. 그 전날 나루에 나오지 말라고 당부하였으나 화홍이 나와서 울 자 가슴 아파 하는 심정을 표현하였다. 결국 사신의 행차가 배에 오르면 서 젊은 무관과 기녀는 이별하게 된다. 화홍을 만나기 전에도 유인목은 봉산에서 국심(菊心)이라는 동기를 만났었다. 그녀는 황주를 거쳐 평양, 순안, 안주까지 그를 동행하고 청천강을 건널 때 이별한다. 국심 역시 강 나루의 이별 장면에서 많은 눈물을 흘렸다. 이들의 이별이 아픈 것은 다 시 만날 것을 기약할 수 없기 때문이다.

사행 길을 가면서 또는 공무를 수행하기 위하여 지방 관아를 방문하는 관리들과 그곳 관기의 만남과 헤어짐은 많은 에피소드를 만들어 내었고 설화를 거쳐 소설에 수용되었다. 〈선유락〉류 작품의 극중공간 역시 이러 한 경로를 통하여 형상화된 것이라고 여겨진다. 〈배따라기곡〉에 출연한 동기는, 수로(水路)로 사행 길을 떠나면서 이별을 경험하는 극중인물인 젊은 무관으로 전환되었다고 할 수 있다. 그는 "발선포(發船砲)" 등의 명 령을 내리면서 지휘관으로서의 면모를 나타내기도 한다. 채선을 갖추어 놓는 것, 초취·이취·삼취 과정에서 나각(螺角)을 불어 행선의 차비를 차 리는 것, 선포(船砲)를 울려 행선(行船)할 신호를 보내는 것, 대취타(大吹

打)를 연주하여 사행의 기상을 드높이는 것, 군례(軍禮)를 거행하는 것 등이 모두 극중공간의 상황을 연출하는 데 기여하고 있다.

그렇다면 배를 에워싸고 노래하는 여러 기녀들은 무관의 상대역인 여인이 될 수 있다. 그들은 행선 과정에서 배가 떠나갈 때 소교(小校)를 향하여 다음과 같은 노래를 부른다.

닻 들자 배 떠나니
이제 가면 언제 오리
만경 창파에 가는 듯 돌아오소.

뱃길로 님을 떠나보내며 부르는 「배따라기」 노래는 극중인물의 대사로 보아도 무방하다. 이 순간 노래 속의 화자는 이별의 아픔을 토로하며 님의 귀환을 바라는 여인으로서, 출연자인 기녀를 통하여 극중인물로 전환되어 관객의 눈앞에 제시되는 것이다. 그런데 〈배따라기〉의 극중공간에서는 소교 두 명과 여러 명의 기녀가 등장하므로 남녀 주인공이 일대일의 대응을 이루지 못한다. 뱃길을 사이에 두고 이별하는 남자들과 여자들의 모습을 불특정 다수로 형상화하고 있다고 할 수 있다. 일반적으로 정재의 극중공간은 서사적인 줄거리를 형상화하지 않고 서정적인 상황을 연출하는 데 역점을 두기 때문이다.

나루터에 배가 정박해 있고 초취, 이취, 삼취를 외치는 호령 소리와 함께 출항을 알리는 나각(螺角) 소리가 울린다. 거듭 세 번 울리는 나각 소리는 이별의 순간이 점점 다가오는 절박한 상황을 나타낸다. 드디어 포성(砲聲)이 울리고 배는 출항한다. 이 장면에서 배 위의 무관들과 배 바깥에 있는 여러 여인들의 심정이 관객에게 이입되기 시작한다. 선리(船離)의 비장한 정서를 불러일으킬 극중공간의 상황이 연출된 것이다. 이때 「배따라기」 노래가 불리고 관객의 감정은 최대로 증폭된다.

나각(螺角) 소리 세 번에 노래가 목이 메고
금타(金鼉) 소리 울리니 눈물 철철 흐르네.
비단치마 기녀들이 행색을 시작하니
물길 아득하게 중국으로 떠나네.

〈이만용(李晚用), 「이선악가(離船樂歌)」, 『동번집(東樊集)』 2권 7장〉

위의 자료는 이만용(李晚用, 1802~?)의 「이선악가(離船樂歌)」인데, 내용으로 보아 〈배따라기곡〉을 본 느낌을 술회한 작품이다. 관람이 끝나자마자 단숨에 써내려 갔다고 한 만큼 생생한 관극의 경험이 살아 있다고 할 수 있다. '화각삼취(畵角三吹)'는 초취, 이취, 삼취의 절차를 가리키고 '금타일통(金鼉一通)'은 타고(鼉鼓)를 울려 선포(船砲)를 흉내 내는 상황을 나타내었다고 여겨진다. 나각 소리에 이어 선포가 울리자 배가 떠나고 안타까운 이별에 울음을 터뜨리고 마는 극중인물의 심정이 관객에게 이입되었다고 할 수 있다.

그러나 〈배따라기곡〉의 극중공간은 연속적이지 않다. 여러 기녀들의 역할이 다층적이기 때문이다. 여러 기녀들은 극중공간과 공연공간을 넘나들며 관객 앞에 모습을 드러낸다. 기녀들은 젊은 무관을 떠나보내는 극중공간의 여인이었다가, 배를 끌고 회무(回舞)하면서 「어부사」를 부르는 동안 공연공간의 연기자로 되돌아간다. 「어부사」의 화자는 어옹(漁翁) 자신이거나 그의 삶을 바라보는 관찰자이므로 〈배따라기곡〉의 극중인물이 될 수 없다. 따라서 여러 기녀들이 「어부사」를 부르는 상황은 「배따라기」 노래를 부르는 상황과 다를 수밖에 없다. 「어부사」는 다만 뱃노래의 기능을 지닐 뿐이다. 특히 '지국총 지국총 어사와'라는 의성어를 통하여 행선(行船)의 분위기를 자아내는 데 중점을 두었다고 할 수 있다. 이때 여러 기녀들은 극중공간이 아닌 공연공간의 군무와 합창을 수행한다고 할 수 있다.

행선 과정에서 여러 기녀들이 회무(回舞)하고 배가 무대 위에서 도는 장면은 공연공간의 기교가 절정을 이룬다고 할 수 있다. 관객의 눈은, 회전할 수 있게 고안된 채선 및 줄을 잡고 돌면 자연히 배가 돌게 한 안무의 기술 등에 맞추어질 것이다. 이때 안목 있는 관객이라면 공연공간의 층위에서 나타나는 여러 가지 모습들을 극중공간의 상황과 연결시켜 해석할 수 있다.

> 어찌하여 만경창파는
>
> 큰 파도 험한 물결로 배를 못 가게 하는가
>
> …(중략)…
>
> 가자 하나 가지 못해 배가 배회하는데,
>
> 여음 소리 가냘프니 情(정)은 헛되이 얽히네.
>
> 〈이만용(李晩用), 「이선악가(離船樂歌)」, 『동번집(東樊集)』 2권 7장〉

이만용은 「이선악가」에서, 여러 기녀들이 회무하는 모양을 그저 군무로 받아들이지 않고 파도가 넘실대는 모습을 형상화한 것으로 해석하고 있다. 여러 기녀들은 현실 속의 일상공간에서 중국으로 떠나는 사신 일행을 접대하는 예능인이면서, 극중공간에서 젊은 무관과 이별하는 여인이 되었고, 공연공간에서는 파도를 형상화하는 군무를 추었다. 넘실거리는 험한 파도는 배가 순항하지 못하게 하는 자연적인 장애인 동시에 님을 떠나보낼 수 없는 극중인물의 몸부림이라고 할 수 있다. 배를 타고 떠나는 입장 역시 방황하기는 마찬가지이다. 관객은 채선이 회전하는 것을 배가 가지 못해 배회하는 것으로 파악하고 있다. 사실 배가 회전하는 것은, 한정된 공간에서 행선하는 모습을 형상화하는 연출의 기교를 발휘한 것이다. 그러나 그 모습에서 관객은, 뱃길을 떠나야 하나 차마 발길이 떨어지지 않는 극중인물의 심정을 읽어낸 것이다.

행선 과정에 이어 대취타가 끝나고 하선 절차가 이어진다. 극중공간의 상황은 무관이 사행 길을 떠나는 것으로 끝이 나게 되어 있으므로, 하선 절차는 극중공간과 무관하다. 하선을 지켜보면서 관객은 극중인물에 대한 감정 이입의 상태에서 벗어나 다시 공연공간의 연기자와 관객으로 되돌아간다고 할 수 있다.

〈배따라기곡〉의 공연에서, 관객이 쉽게 극중인물의 감정에 이입될 수 있는 것은 극중공간과 공연공간의 배후에 있는 일상공간의 특성 때문이다. 앞서 언급하였듯이 극중공간의 소재가 되었을 사행 가는 무관과 기녀의 만남과 이별은 그것을 경험한 현실 속의 사람들에게 매우 절실한 내용이기 때문이다. 그러한 경험을 하지 않은 사람들에게 있어서도 험한 뱃길을 가는 먼 여정을 앞두고 생기는 두려움 때문에 쉽게 극중인물의 감정과 동화될 수 있었다고 여겨진다. 〈배따라기곡〉은 험한 뱃길을 가는 사신 일행의 무사귀환을 비는 축원을 담은 공연이기 때문이다. 이 작품이 평양 등 서도 지방의 연회에서 사행 가는 일행의 앞에서 공연되었다면 그 감동은 커질 수밖에 없다.

인조 이후 공식적으로 경기(京妓) 제도가 폐지되면서 평양 등 지방의 악가무(樂歌舞)는 더욱 성행하였다고 할 수 있다. 궁중에서 내연(內宴)을 열 경우 선상기(選上妓)를 활용하는 등 지방의 기악(妓樂)에 의존하여야 했기 때문이다. 평양감사 등 서도 지방의 수령들은, 국가적인 행사를 위하여 악가무를 유지하고 육성하는 역할을 수행하여야 하였다.

또한 평양은 우리나라 사신이나 중국 사신이 지나는 길목의 요지로서 각종 악가무가 발달할 요건을 유지하게 된다. 평양감사는 사신의 일행을 맞이하여 각종 연회와 유락으로 사신 일행을 위로하고 환영하였다. 그들은 대동강 일대를 유람하면서 성대한 연회를 즐겼는데, 사신으로서 평양을 거쳐 간 많은 문인들이 대동강 및 명승지의 정취와 연회의 풍류에 대하여 시를 남기고 있다. 평양 뿐 아니라 황주(黃州), 성천(成川), 안주(安州) 등 지방의 관아에서도 사신 일행을 접대하였다. 이들 지역에서 육성된 선상기는 궁정과 지방의 정재가 교류하는 데 매개 역할을 하였다고 할 수 있다.

그림 16 「평양감사향연도」 중 〈연광정연회도〉 부분

〈배따라기곡〉은 바로 이러한 공연 상황 속에서 형성되어 중국으로 떠나는 사신 일행을 위하여 공연되었던 것이다. 「평양감사향연도」 중 〈연광정연희도〉에 〈배따라기곡〉 공연을 위하여 대기 중인 채선(彩船)의 모습이 보인다(그림 16). 박지원이 묘사한 〈배따라기곡〉에 의하면, "여러 기녀들이 「배따라기」를 노래하고 또한 축원한다."고 하였다. 이때 축원이란 바로 먼 뱃길을 떠나는 이들의 안녕을 빌고 무사히 돌아오기를 바라는 기원이라고 할 수 있다. 그렇다면 박지원 역시 사신 일행으로서 평양 등 서도 지방에서 머물다가 그곳 수령이 베푼 연회에서 〈배따라기곡〉의 공연을 관람하였으리라 여겨진다.

〈배따라기곡〉은 세 자료 가운데 〈선유락〉류 작품의 원형이라고 할 수 있다. 이 작품이 궁정 연회의 공연 종목으로 수용되어 『정재무도홀기』의 〈선유락〉으로 나타나게 되었고, 지방 공연 나름대로의 변천 과정을 거쳐 『교방가요』의 〈선악〉으로 나타나게 되었던 것이다. 〈배따라기곡〉이 궁정 연회에 수용될 때는 공연 내용에 변화가 있었다고 할 수 있다.

〈선유락〉의 궁정 공연 내용은 정조 19년(1795) 이전의 기록에는 나타나지 않는다. 정조 이전에 간행된 숙종 45년(1719)의 『진연의궤』와 영조 20년(1744)의 『진연의궤』에는 〈선유락〉이 정재 목록에 나타나지 않는 것이다. 정조 이후에 편찬된 의궤를 볼 때, 외진연을 제외한 대다수의 연회에서 〈선유락〉이 공연되었던 사실과 견주어 볼만하다. 〈선유락〉은 일단 궁중에 들어간 다음부터는 궁정 연회의 고정적인 공연 종목이 되었던 것이다.

가장 큰 변화는 행선 과정의 선리(船離) 장면에서 「배따라기」 노래를 제거하고 「어부사」만을 부른다는 사실이다. 「배따라기」 노래는 멀리 뱃길로 사행을 떠나는 임을 보내는 여인의 정서가 집약되어 있고, 현실적으로는 사신 일행의 무사한 귀환을 비는 축원이 깃들여져 있다. 이 노래가 가져다주는 비장미는, 선리를 경험하고 목격할 수 있는 관객에게는 절실한 미학이었으나 궁정 연회에 참석한 관객에게는 큰 의미가 없었다고 할 수 있다.

궁중의 정재 〈선유락〉은 외연이 아닌 내연에서 주로 공연되었지만 궁정 행사의 의례적인 성격을 준수하여야 하였을 것이다. 따라서 남녀상열지사(男女相悅之詞)에 해당하는 노랫말과 극중인물의 비극적 정조를 제거하는 대신, 임금을 향한 충성심을 지니고 자연과 더불어 사는 어옹의 풍류를 강조하였다고 여겨진다. 〈배따라기곡〉이 궁정연회에 채택되면서 극중공간의 선리가 지닌 비장미를 잃게 되자, 다만 뱃놀이의 풍류를 자랑하는 화려한 볼거리로서 궁중의 〈선유락〉이 되었다고 할 수 있다. 문학, 음악, 무용 및 조형적 아름다움이 총체적으로 결합되지 못하게 된 것이다.

극중인물의 감정이 최고조에 달하는 노래 「배따라기」가 사라진 〈선유락〉에서는 더 이상 극중인물의 존재가 살아남을 수 없었다. 극중인물이었던 젊은 무관의 존재도 그 의미가 점점 퇴색되었던 것이다. 『원행을묘정리의궤』의 정재도만 하더라도 확인할 수 있었던 젊은 무관의 모습이 『순조기축진찬의궤』의 정재도에 이르면 나타나지 않는다. 배에 타고 있는 인물이 융복(戎服)을 입은 무관이 아니라 예쁘게 치장한 동기의 모습으로 바뀌게 된 것이다(그림 17). 초창기 작품에서 배에 탄 젊은 무관은 여인과 이별하는 남자 주인공에 해당한다. 남자 주인공 대신 등장한 어여쁜 어린 기녀로 인하여 궁중의 〈선유락〉은 선리의 극중공간을 완전히 상실하게 되었다.

〈선악〉은 평양이 아닌 다른 지방에서 전승한 〈선유락〉류 작품이라고 할 수 있다. 『교방가요』의 연대가 19세기 중반이니 이미 〈배따라기곡〉이 궁중으로 유입된 이후에 기록되었다고 하겠다. 그러나 〈선악〉은 궁중 정재 〈선유락〉이 아닌 평양의 〈배따라기곡〉을 직접 수

그림 17 『순조기축진찬의궤』 중 〈선유락〉

용하였다고 여겨진다. 〈선악〉에는 「배따라기」 노래가 살아 있고 극중인물인 젊은 무관 역시 존재하기 때문이다. 그러나 배가 떠나는 이별 장면에서 「배따라기」 노래와 함께 「어부사」와 「지화자」를 부르는 것은 달라진 점이다. 기녀들이 배를 끌고 돌면서 춤추는 절정의 장면이 비장미로 승화되는 것이 아니라 뱃놀이의 풍류로 연결되었다고 할 수 있다. 〈배따라기곡〉의 극중공간을 창출하였던 평양 등 서도 지방의 절실한 현실이 멀리 다른 지방까지 유지될 수는 없었던 것이다.

뱃길로 임을 떠나보내는 여인의 정조를 노래한 작품은 『악장가사(樂章歌詞)』와 『시용향악보(時用鄕樂譜)』에 전하는 「서경별곡(西京別曲)」으로 거슬러 올라간다. 고려의 노래로 알려진 이 작품은 실제로 음악, 무용, 문학이 결합된 공연 양식인 정재로 향유되었을 것이다. 정재 〈서경별곡〉에서 그려낼 수 있는 극중공간은 〈선유락〉류 작품의 경우와 매우 흡사하다. 따라서 〈선유락〉류 작품의 기원은 조선시대 이전으로 거슬러 올라갈 수 있을 것이다. 의궤의 설명에 의하면 이 작품이 신라 때부터 전해온 것이라고 추측하고 있기도 하다. 그러나 앞서 살펴보았듯이 〈선유락〉류 작품의 극중공간은 조선 후기의 세태를 반영하고 있으므로 이 대본이 직접 신라 때부터 전해졌다고 할 수는 없다. 다만 채선 따위를 만들어 뱃놀이를

연출한 공연 양식이 신라 때부터 향유되었다고 할 수 있다.

배를 사용하여 놀이를 벌이는 풍속은 시대를 넘어선 보편성을 지닌다. (1) 실제로 강에 배를 띄우고 직접 참여하여 노는 뱃놀이, (2) 연못에 배를 띄워놓고 가상적으로 뱃놀이를 연출하는 공연 양식, (3) 강이나 연못을 떠나 인위적인 무대 위에 채선 등을 올려 놓고 극적 사건을 연출하는 연극 양식 등으로 나타나게 될 것이다. (1)은 일상공간의 뱃놀이, (2)는 공연공간의 뱃놀이, (3)은 극중공간의 뱃놀이에 해당한다. 세 가지 경우 모두 동시대적으로 나타날 수 있으나 대체적으로 (1), (2), (3)의 순서로 이어지는 발전 과정을 추정할 수 있다.

(1)의 경우 생업으로서 어로 활동이 아니므로 왕실이나 상층 상회의 오락 유흥 행사로서 이루어졌다고 할 수 있다. 〈평양감사향연도〉에 나타난 선유(船遊)놀음은 이러한 양상을 잘 드러내 주고 있다. 이러한 뱃놀이의 과정에서 기녀와 광대들이 부르는 노래 가운데는 어옹의 한적한 삶을 표현한 「어부가」 계통의 노래도 있었을 것이다. (2)의 경우 윤선도가 보길도 세연정(洗然亭)에서 벌인 공연 이벤트를 상정할 수 있다. 윤선도는 세연정 앞 연못에 작은 배를 띄우고 가동(歌童)과 기녀(妓女)로 하여금 「어부사시사(漁父四時詞)」를 노래 부르게 하였다. 윤선도 이하 연회에 참석한 초청 인사들은 다만 관객으로서 구경할 뿐이며 실제 뱃놀이에 참여하지는 않았다.

〈선유락〉류의 작품은 (3)의 경우에 해당한다. 이 단계에서는 공연공간이 실제 강이나 연못을 떠나 존재하며 공연용 무대 설비인 채선을 만들어 사용한다. 배가 떠 있는 강이라는 극중공간은 실재하지 않으며 배우와 관객의 암묵적인 약속에 의하여 가상적으로 존재할 뿐이다. 〈선유락〉류 작품의 발생 초기인 〈배따라기곡〉의 단계에서는 이전의 뱃놀이 전통을 계승하되, 뱃길로 사행(使行) 가는 젊은 무관과 그를 떠나보내는 여인을 극중인물로 설정하여 연극성을 확보하기에 이른 것이다. 그러나 궁중의 〈선유락〉으로 채택되면서 선리(船離)의 비장미가 사라지는 대신 뱃놀이의 풍류가 강조되었다고 여겨진다.

〈배따라기곡〉

우리 나라는 땅이 좁아 멀리 가며 생이별하는 일이 없으므로 고통을 겪는 것도 심하지 않다. 다만 수로(水路)로 중국에 사행(使行) 갈 때 가장 고통스런 감정을 얻게 되므로 우리나라의 대악부(大樂府)에 이른바 〈배따라기곡〉이 있는 것이다. 〈배따라기〉는 우리말로는 '배가 떠난다'는 것과 같은데 그 곡이 슬프기 짝이 없다.

자리 위에 화선(畵船)을 놓고, 동기(童妓) 한 쌍을 뽑아 소교(小校)로 꾸미는데, 홍의(紅衣)·주립(朱笠)·패영(貝纓)을 입고 호수(虎鬚)와 백우전(白羽箭)을 꽂으며, 왼손에는 활을 잡고 오른손에는 편초(鞭鞘)를 쥔다. 먼저 군례(軍禮)를 올리고 초취(初吹)를 부르면 뜰 가운데 고각(鼓角) 소리가 울린다. 배 좌우에 있는 여러 기생들이 모두 수놓은 비단 치마를 입고 「어부사(漁夫辭)」를 일제히 부르면 음악이 따라 연주된다. 또 이취(二吹)·삼취(三吹)를 부르는데 처음과 같이 한다. 또한 소교(小校)로 분한 동기(童妓)가 배 위에 서서 "발선포(發船砲)"를 부르면 인하여 닻을 올리고 배를 띄운다. 뭇 기생들이 일제히 노래 부르고 축원하는데, 그 노랫말은 "닻을 올려 배가 떠나는구나! 이제 가면 언제 오려나? 만경창파(萬頃蒼波)에 가시는 듯이 올아오소서."라 하였다.

이것이 우리나라에서 제일 눈물을 많이 흘리는 때이다. 이번에 장복(張福)은, 친속으로는 아비와 아들이 아니고 의리로는 임금과 신하가 아니고 정분으로는 남편과 아내 사이가 아니고 교분으로는 친구 사이가 아니면서도 그 생이별의 고통이 이와 같았으니, 비단 강, 바다, 다리가 이별하는 장소가 될 뿐 아니라 다른 나라이건 다른 고향이건 이별하는 장소가 아닌 곳이 없구나. 아아 슬프다!

―「막북행정록(漠北行程錄)」, 『연암집(燕岩集)』

〈선악(船樂)〉

집사(執事)가 들어와 "병방군관(兵房軍官)이 들어와 알현하오!"라 알리고 순령수(巡令手)를 부른다.【"병방군관현알입(兵房軍官現謁入)"을 부른다】 또 "행보(行步)를 재촉하라!"라 부르면, 순령수가 크게 세 번 소리 지르고 병방(兵房)은 군례(軍禮)를 올리며 나타난다.

집사가 "병방군관이 잘 거행하지 못하면 허물을 적어 올리라."고 취품(取稟)하고는 곧 형리(刑吏)를 부르면 형리가 응답한다.【병방군관이 따라 들어온다】 병방이 "초취(初吹)·이취(二吹)·삼취(三吹)"를 아뢴다. 군물(軍物)이 앞에 널린다. 들어와 "좌기취(坐起吹)"를 아뢰고, 정수(鉦手)를 불러 명금이하(鳴金二下)라 명하면 대취타(大吹打)가 연주된다. 또 명금삼하(鳴金三下)를 아뢰면 취타(吹打)가 그친다.

제기(諸妓)가 배를 끌고 들어와 놓는다. 병방이 "거정포(擧碇砲)"를 아뢰고, 포수(砲手)를 불러 방포일성(放砲一聲)을 명한다. 병방은 배 위에 나뉘어 서서 비단 돛을 올린다. 집사는 배의 앞뒤에 나뉘어 선다.

가기(歌妓)가 배를 에워싸고 모여 서서 일제히 노래 부르는데, "닻을 올려 만경창파(萬頃蒼波)에 배가 떠나는구나! 한밤중에 닻 거두는 소리, 이제 가면 언제 돌아올까? 나는 듯 돌아오소서, 애간장이 녹는구나."라 한다.

또한 「어부사(漁夫辭)」의 초편(初篇)을 부른다.

설빈어옹(雪鬢漁翁)이 주포간(住浦間)ᄒᆞ야
자언거수승거산(自言居水勝居山)을
빈씌여라 빈씌여라
조조재락만조래(早潮纔落晩潮來)라
지국총지국총어사와(至匊忽至匊忽於思臥)ᄒᆞ니
의선어부일견고(倚船漁父一肩高)라

청고엽상양풍기(靑菰葉上涼風起)ᄒᆞ고

홍료화변백로한(紅蔘花邊白鷺閑)을

돗다러라 돗다러라

동정호리가귀풍(洞庭湖裏駕歸風)을

지국총지국총어사와(至匊忽至匊忽於思臥)ᄒᆞ니

범급전산홀후산(帆急前山忽後山)을

진일범주연리거(盡日泛舟煙裏去)

유시요도월중환(有時搖棹月中還)이라

이어라이어라

아심수처자망기(我心隨處自忘機)라

지국총지국총어사와(至匊恩至匊恩於思臥)

고예승류무정기(鼓枻乘流無定期)라

음악이 연주되어 취타가 울리면 행선(行船)한다. 병방은 배 위에서 춤추고 집사는 편초(鞭推)를 가지고 배 앞뒤를 왼쪽으로 돌게 민다. 여러 기생은 왼쪽 소매를 펼쳐 배를 에워싸고 돌며 "지화자(芝花紫)"를 부른다. 배가 다섯 번 돌면 그친다.

음악이 그치면 가기가 모여 서서 「어부사」 중편(中篇)을 부른다.

만사무심일조간(萬事無心一釣竿)

감공불환차강산(三公不換此江山)이라

돗디여라돗디여라

산우계풍권조사(山雨溪風捲釣絲)라

지국총지국총어사와(至匊恩至匊恩於思臥)

일생종적재창랑(一生蹤迹在滄浪)이라

동풍서일초감심(東風西日楚江深)

일편태기만류음(一片苔磯萬柳陰)이라

이퍼라이퍼라

녹평신세백구심(綠萍身世白鷗心)이라

지국총지국총어사와(至匊恩至匊恩於思臥)

격안어촌삼량가(隔岸漁村三兩家)라

탁영가파정주정(濯纓歌罷汀洲靜)

죽경시문(竹逕柴門)을 유미관(猶未關)이라

빈셔여라빈셔여라

야박진회근주가(夜泊秦淮近酒家)로다

지국총지국총어사와(至匊恩至匊恩於思臥)

와구봉저독짐시(瓦甌蓬底獨斟時)라

음악이 연주되어 취타(吹打)가 울리면 다시 행선하는데 오른쪽으로 돈다. 여러 기생이 오른 소매를 펼쳐 다섯 번 돌면 그친다.

가기가 모여 서서 다시 「어부사」 종편(終篇)을 부른다.

취래수저무인환(醉來睡著無人喚)

유하전탄야부지(流下前灘也不知)로다

빈민여라빈민여라

도화유수궐어비(桃花流水鱖魚肥)라

지국총지국총어사와(至匊恩至匊恩於思臥)

만강풍월속어선(滿江風月屬漁船)이라

야래정수한어불식(夜靜水寒魚不食)거늘

만선공재월명귀(滿船空載月明歸)라

닫디여라닫디여라

파조귀래계단봉(罷釣歸來繫短蓬)호리라

지국총지국총어사와(至匊恩至匊恩於思臥)

풍류미필재서시(風流未必載西施)라

일자지간상조주(一自持竿上釣舟)

세간명리진유유(世間名利盡悠悠)라

빈브텨라빈브텨라

계주유유거년흔(繫舟猶有去年痕)이라

지국총지국총어사와(至匊恩至匊恩於思臥)

애내일성산수록(欸乃一聲山水綠)이라

이에 돛을 내리고 배에서 내려오면, 여러 기녀가 배를 끌고 나간다. 음악이 시작되면 집사와 병방이 함께 춤을 추며 절하고 끝난다. 병방이 "파좌취(罷坐吹)"를 아뢰면 명금대취타(鳴金大吹打)가 울리고 그친다. 집사(執事)가 "군물전배퇴(軍物前排退)"를 아뢴다. 또 "병방군관하직(兵房軍官下直)"을 아뢴다.

집사 둘【군복을 입고 의도편(猗刀鞭)을 찬다】

병방군관 둘【융복(戎服)에 도편(刀鞭) 차림이다】

소기(少妓)·동기(童妓)【닻줄을 끈다】

-『교방가요(敎坊歌謠)』

〈선유락(船遊樂)〉

악사(樂師)가 채선(彩船)을 이끌고 들어와 전중(殿中)에 놓고 나간다. 동기(童妓) 2인【닻을 잡은 사람[執碇], 돛을 잡은 사람[執帆]】이 배 가운데에서 좌우로 나뉘어 등지고 앉는다.

내무기(內舞妓) 10인이 안의 줄을 잡고 배를 끌어 차차 좌측으로 연이어 돌아서 선다. 외무기(外舞妓) 34인은 줄을 잡고 배를 끌어 차차 좌측으로 연이어 돌아서 선다.

집사기(執事妓) 2인은 조금 앞으로 나와 북쪽을 향하여 전중에 절을 하고 양 손을 들고는 "초취(初吹)하오!"라 취품(取稟)하고 나간다. 곧바로 남

쪽을 향하여 나수(螺手)를 불러 초취(初吹)를 호령(號令)한다. 【나각(螺角)을 세 번 분다】

집사기가 조금 앞으로 나와 이취(二取)를 취품하고 호령하는데 절차는 앞의 의례와 같이 한다. 집사기가 삼취(三吹)를 취품하는데 절차는 앞의 의례와 같다.

집사기가 다시 들어와 명금이하(鳴金二下)를 취품하고 나간다. 정수(鉦手)를 불러 명금이하를 호령한다. 【징을 두 번 친다】음악이 연주된다. 【취타(吹打)】가 연주된다.

집사기가 들어와 무릎을 꿇고 행선(行船)을 취품한다. 일어나 남쪽을 향하여 순령수(巡令手)를 부른다. 【제기(諸妓)가 응답한다】행선(行船)을 호령한다. 【제기가 응답한다】

제기가 배를 끌면서 회무(回舞)하며 「어부사(漁夫辭)」를 부른다.

설빈어옹(雪鬢漁翁)이 주포간(住浦間)ㅎ야
자언거수승거산(自言居水勝居山)을
빅씌여라 빅씌여라
조조재락만조래(早潮纔落晩潮來)라
지국총지국총어사와(至匊忽至匊忽於思臥)ㅎ니
의선어부일견고(倚船漁父一肩高)라
청고엽상양풍기(靑菰葉上凉風起)ㅎ고
홍료화변백로한(紅蓼花邊白鷺閑)을
돗다러라 돗다러라
동정호리가귀풍(洞庭湖裏駕歸風)을
지국총지국총어사와(至匊忽至匊忽於思臥)ㅎ니
범급전산홀후산(帆急前山忽後山)을

「어부사」가 끝나면 집사기가 들어와 무릎을 꿇고 명금삼하(鳴金三下)를 취품한다. 이어 나가서 정수를 불러 명금삼하를 호령한다.【징을 세 번 친다】음악이 그치면 전원 퇴장한다.

〈『여령각정재무도홀기-신축(女伶各呈才舞圖笏記-辛丑)』〉

제5장 선유놀음의 공연공간과 평양의 대동강

1. 선유놀음의 무대와 객석

선유놀음은 오랜 역사를 지닌 성대한 연회이며 공연 행사였다. 고려시대 임금의 선유놀음에서 조선후기 중간층의 선유놀음에 이르기까지 오랜 전통을 유지하는 가운데 선유놀음의 공연종목은 문화사의 추이를 따라 다양하게 연출되었다고 할 수 있다. 선유놀음에서 공연된 각각의 종목들이 연극사 및 연희사에서 소중한 가치를 지닐 뿐 아니라 선유놀음 자체가 화려한 장관을 연출하는 장대한 공연예술이었다.

대동강은 평양을 끼고 도는데, 그 풍경이 빼어나 풍류의 공간으로 인식되었던 곳이다. 특히 새로 부임한 평양감사를 환영하기 위해서 질펀한 잔치가 대동강 변에서 열렸다. 이때 대동강은 훌륭한 야외무대로 작용하였으며, 그 공연 종목은 강변이라는 공간적 특징을 살린 것이 대부분이었다. 따라서 뱃놀이의 형식을 띤 공연이 대대적으로 행해졌으며, 이는 전통적인 선유(船遊)놀음을 계승한 것이었다.

대동강 선유놀음에서는 강물의 흐름과 강변의 풍광 속에서 무대와 객석 공간이 연출되었다. 대동강에 띄운 수십 척의 배들이 무대와 객석으로 활용되어 새로운 개념의 공연미학을 창출하였다. 강변에 늘어선 구경꾼들의 입장에서 보면 대동강이 거대한 무대이며 선유놀음 자체가 화려한 공연예술일 수 있다. 푸른 강물, 시원한 강바람, 강변의 풍광을 무대와 객석으로 끌어들인 자연 속의 극장공간이 구축되었다.

그림 18 「평양감사환영도병」중 〈대동강 선유도〉

피바디에섹스박물관 소장 〈평양감사환영도〉에는 제5폭에서 밤에 거행된 선유놀음을, 제7폭에서 낮에 거행된 선유놀음을 묘사하고 있다(그림 18). 국립중앙박물관 소장 〈평양감사향연도〉 중 〈월야선유도〉에는 밤에 이루어진 선유놀음의 장면이 담겨 있다(그림 19).

〈월야선유도〉에서는 가로로 긴 화폭을 따라 오른쪽에서 왼쪽으로 배들이 일제히 움직여 가고 있다. 부벽루에서 대동문에 이르기까지 평양성의 모습과 함께 선유놀음에 참여한 대규모의 선단(船團)을 장대하게 나타내었다. 〈평양감사환영도〉 제5폭에서는 화면의 오른쪽 위에서 왼쪽 아래로 배가 움직이는 모습을 묘사하였다. 좁고 긴 화면을 빗겨 자르는 듯한 여러 개의 사선으로 배의 행렬을 표현하였다. 두 그림과 달리 제7폭에서는

그림 19 「평양감사향연도」 중 〈월야선유도〉

선단이 상류에서 하류로 진행하지 않고 강물 위에 자유롭게 표류하고 있다. 세로로 긴 화폭을 최대한 활용하여 연회와 공연이 한창 무르익은 선유놀음의 모습을 역동적으로 나타내었다.

〈평양감사환영도〉 제5폭과 〈월야선유도〉에 의하면 이날 밤 대동강 선유놀음을 거행하면서 평양성과 대동강을 화려한 횃불잔치로 꾸민 사실을 알 수 있다. 평양성의 성곽을 따라 촘촘하게 횃불을 꽂았으며 집집마다 환영의 깃발과 함께 등불을 밝히고 있다. 또한 강변에 구경나온 일반인들도 횃불을 들고 서 있다. 특히 강물 위에 횃불을 담은 그릇을 띄워 배와 함께 흐르게 한 것은 행사 연출자의 기획이 돋보인다. 평양감영의 감독 아래 이루어졌을 이 횃불 잔치는 일반 백성들에게 어느 정도의 고통과 부담을 안겨 주었을 수도 있다. 그러나 달빛 밝은 밤 대동강의 선유놀음의 장관은 성대한 구경거리가 되었을 것이며 평양의 지역 축제이기도 하였을 것이다.

조선후기의 문신 홍양호(洪良浩, 1724~1802)는 정조 15년(1791)에 평안도 관찰사로 부임해 왔다고 하였으니 〈평양감사향연도〉 및 〈평양감사환영도〉에 그려진 행사를 직접 경험하였을 가능성이 있다. 다음은 홍양호가 지은 「부벽루감고사(浮碧樓感古事)」이다.

대동강에 신선의 배를 띄우니

가랑비가 개어 저녁 안개가 걷히네.

일년 중 달 밝은 중원절

한밤중 맑은 바람에 큰불이 흐르네.

기린굴(麒麟窟)이 적벽(赤壁)의 절승보다 어찌 못하랴?

옥소(玉簫) 소리 이제 자첨(子瞻)의 풍류를 이었네.

물에 비친 달이 물결에 부딪혀 별무리가 흐르니

끝없는 강물 위에 삼라만상이 떠 있구나.

〈『평양지』, 3권 20장〉

밤에 벌어진 대동강 선유놀음의 정취를 나타내었다. 선유놀음을 하면서 소식(蘇軾)의 「적벽부(赤壁賦)」를 떠올린 것은 강변과 강물 위에 베풀어진 횃불 잔치 때문이다. 자첨(子瞻)은 소식(蘇軾)의 자(字)인데, 그가 지은 〈적벽부(赤壁賦)〉에 보이는 풍류를, 홍양호 자신이 대동강에서 풍악을 즐기며 시를 짓는 상황과 연결하였다. 밤 공연의 조명을 겸하여 화려한 장관을 연출하기 위하여 마련된 횃불의 장관이 마치 적벽대전의 화공(火攻) 장면을 연상하게 한 것이다. 선유놀음을 거행하면서 대동강 및 주변의 자연 환경이 거대한 극장 공간으로 전환되었다. 강물을 따라 유유히 움직이는 이동식 무대와 객석이 연출된 것이다.

〈월야선유도〉를 보면 평양감사의 좌석은 특별히 제조된 배 위에 마련되었다. 평양감사가 탄 배는 누선(樓船)이라 불리는데 커다란 배 위에 보계판을 깔아 평평하게 만들고 그 위에 누각을 얹었다. 선유놀음과 같은 행사를 위하여 특별히 제작되었다고 할 수 있다. 누각은 삼

면이 트여 있는데 벽이 설치된 쪽에 병풍 따위를 세워 평양감사의 좌석을
마련하였다. 평양감사의 좌석은 보계판 위에 다시 평상 따위를 올려놓아
높이를 다르게 하였다.

　평양감사의 좌석은 대동강 선유놀음이 집중되는 유일한 일등 객석이
다. 평양감사의 곁에는 몇몇 동자들과 측근 및 기녀들이 있다. 기녀들은
아직 공연을 시작하지 않았으며 대기 중인 상태인 것 같다. 누선에는 춤
을 출 만한 공간이 확보되기 어려운 듯 보이므로 배 위의 기녀들은 가기
(歌妓)였다고 여겨진다. 누각의 밖에는 네 명의 악사들이 각각 대금, 생황,
해금, 피리 등의 악기를 연주하고 있다. 누선 위에 배치된 객석과 무대,
악사석 등이 궁정극장의 규범에 충실한 모습을 보여준다.

　다음은 성현(成俔, 1439~1504)이 평양감사에게 접대를 받은 연회를
묘사한 시 「도대동강 감사현덕장래아주중(到大同江 監司玄德璋來迓舟中)」
이다.

　　　　화선(畵船) 타고 북 울리니 푸른 강이 가까워지고
　　　　주인과 손님 권커니 받거니 온갖 진미를 실컷 먹네.
　　　　주발 속 무르고 향긋한 음식은 죽순을 익힌 것이요
　　　　소반 가운데 가느다란 것은 생선회로다.
　　　　붉은 단장 기녀는 모두가 새 얼굴인데
　　　　푸른 소매 술친구는 옛 사람이라네.
　　　　취중이라 귀밑머리 센 것을 잊고서
　　　　다시 미인을 잡아 은근히 끌어안네.

　　　　　　　　　　〈성현(成俔), 『허백당집(虛白堂集)』, 7권 18장〉

　주인과 손님은 화선(畵船)에 마련된 연석(宴席)에 앉아 음식과 술을 즐
기며 누선 밖의 다른 배에서 벌어지는 각종 공연을 관람하게 된다. 누선
의 근처에는 음식을 장만하는 일을 전담하는 선상 주방이 있어 누선의 평

양감사 및 초청 인사들에게 음식과 술을 제공하고 있다.

누선은 선유놀음의 객석이면서 부분적으로 무대의 구실도 하였다. 그러나 선유놀음의 본격적인 공연은 누선 밖의 유선(遊船)에서 이루어진다. 〈평양감사환영도〉

제7폭에는 이러한 유선의 공연 장면이 잘 나타나 있다. 평양감사가 타고 있는 누선에서 빗겨 앞쪽에 있는 유선 위에서 막 공연이 벌어지고 있다. 유선은 적은 배 세 척을 묶어 그 위에 보계판을 깔아 평평한 무대공간을 만들고 차일을 쳤다. 선상 무대를 연출한 것이다. 무대 가운데 두 명의 기녀가 춤을 추고 있으며 대기 중인 기녀들이 둘러앉아 있다.

유선의 한쪽 끝에는 해금, 북, 장고, 대금, 피리 등을 연주하는 악사들이 앉아 있다. 집박 악사가 있는 것으로 보아 평양감영에 소속된 악사

와 기녀들이라고 여겨진다. 다른 쪽 끝에는 화려한 복식으로 꾸민 창우들이 춤추고 있다. 크기가 작은 유선에서는 창우들이 흥겹게 춤을 추며 별도의 공연을 벌이고 있다. 네 명의 악사가 함께 타고 있는데 악사들의 복식과 악기 구성으로 보아 민간서 동원된 악사들인 것 같다.

선유놀음의 극장공간은 무대와 객석이 고정되어 있지 않고 유동적이라는 특성을 지닌다. 무대와 객석이 복수로 존재하며 그 위치도 정해져 있지 않다. 평양감사의 객석이 위치한 누선을 특별히 배려하여 공연 중인 유선은 누선의 앞으로 나서는 등의 원칙이 있을 뿐 강의 흐름 및 노 젓는

속도에 따라 무대와 객석의 위치가 바뀐다고 할 수 있다. 경우에 따라서는 대동강 전체에서 동시 다발적인 공연이 이루어졌을 가능성도 있다. 선상 무대와 선상 객석이 앞서거니 뒤서거니 하며 움직여 가는 동안 객석에서 무대를 바라보는 각도가 달라지고 그러한 차이에 따라 공연을 보는 느낌이 달라질 수 있다. 무대와 객석이 일대일로 대응하지 않으므로 모든 관객이 하나의 공연을 관람하도록 강요받지 않는다. 한자리에 앉은 관객이라 할지라도 전혀 다른 공연을 경험할 수 있는 것이다.

2. 선유놀음의 풍류

대동강 선유놀음과 관련된 흥미로운 고사가 전한다. 협천(陜川) 심용(沈鏽, 1711~1788)은 조선 후기 양반 풍류객으로 기녀(妓女), 가객(歌客), 금객(琴客) 등 예능인들의 후원자였다. 『청구야담』 등에 전하는 고사에 의하면, 그는 당대 최고의 예인들인 가객 이세춘(李世春), 금객 김철석(金哲石), 기생 추월(秋月), 매월(梅月), 계섬(桂蟾) 등을 데리고 평양에 가서 서울 사람들의 풍류를 한껏 떨치고 왔다고 한다. 그 풍류의 대결은 바로 대동강 선유놀음을 통해서 이루어졌다.

> 심공(沈公)이 글오딕 "평양이 단기(檀箕)로부터 뼈 오므로 오천년 번화(繁華)훈 싸이라. 그림 ᄀ온딕 강산(江山)과 거울 속 누딕(樓臺) 국듕(國中) 데일이로딕 내 ᄯᅩ 보지 못훈지라. 내 드르니 기백(箕伯)이 회갑연(回甲宴)을 대동강상의 베플어 도닉(道內) 슈령(首領)을 청ᄒ고 명기가객(名妓歌客)이며 육산주해(肉山酒海)로 노ᄂᆞ 션셩(先聲)이 전파(傳播)하여 장ᄎᆞᆺ 모일(某日)의 개연(開宴)훈다 ᄒᆞ니, 훈번 가면 다만 크게 소창(疎暢)훌 ᄲᅮᆫ이 아니라 ᄯᅩ 반ᄃᆞ시 금은직빅(金銀財帛)을 만니 어드리니 엇지 양쥬학(楊州鶴)이 아니리오."
> 제인(諸人)이 용낙(容諾)ᄒᆞ거늘 드듸여 힝장(行裝)을 출혀 발힝(發行)홀식 금강산힝(金剛山行)니로뼈 일ᄏᆞᆺ고 종적(踪跡)을 감초와 ᄀᆞ만이 평양 외성(外

城) 유벽(幽僻)흔 곳의 니르러 저므니 익일(翌日)은 잔치날이라 드디여 일척 (一隻) 쇼션(小船)을 셰니여 우희 청포장(靑布帳)을 베풀고 좌우를 막아 쥬렴 (珠簾)을 드리우고 기직(妓客)과 관현(管絃)을 굼초고 빈를 능나도(綾羅島) 부벽루(浮碧樓) 즈음의 숨기고 기두리더니 아이(俄而)오 고악(鼓樂)이 훤턴 (喧天)흐고 쥬즙(舟楫)이 폐강(蔽江)흔디 슌상(巡相)이 놉히 누션(樓船) 우희 안자시니 슈령(首領)이 다 모되고 연석(宴席)을 대장(大張)흐매 녹의홍샹(綠 衣紅裳)이 좌우의 나렬(羅列)흐여 청가묘무(淸歌妙舞)로 낙스(樂事)를 도도 니 셩두강변(城頭江邊)의 사름이 산(山) 굿튼지라.

심공이 이의 노를 져허 압흐로 나아가 상망지디(相望之地)예 빈를 머므로 고 셔로 슈관(秀觀)을 결우니 피션(彼船)의셔 검무(劍舞)흐면 츠션(此船)의셔 검무흐고 피션의셔 노릭흐면 츠션의셔 노릭흐여 피츠 결우니 대션상(大船 上) 제인이 괴히 너기지 아니리 업셔 쌘른 빈를 보니여 잡으려 흔즉 심공이 노를 직촉흐여 드르니 능히 쁘르지 못흐여 도라오믹 다시 노를 져어 나오니 쏘 쁘른즉 쏘 도로혀 이굿치 흔 쟈 수삼번이라. 이에 심히 괴이히 너겨 멀니 그 션등을 바라본즉 검광(劍光)이 번기를 번득이고 가셩(歌聲)이 구름을 머 므로니 결연이 심상(尋常)흔 사름이 아니라.

〈『청구야담』 18책〉

워낙 세간에 알려진 평양감사의 풍류인지라 서울의 풍류객인 심용이 자신이 후원하고 있는 예능인들을 데리고 가서 그 솜씨를 겨뤄보고자 하 였다. 솜씨 다툼을 하여 이긴다면 금은보화를 얻게 되면 여러 가지의 욕 망을 모두 갖추어 얻고자 하는 것을 비유한 양주학(楊州鶴)과 같을 것이 라 하였다. 적은 배를 빌려 청포장을 치고 만든 유선의 모습은 앞의 그림 을 통하여 가늠해 볼 수 있다. 부벽루 근방의 대동강 상류에 숨어 있을 때 고취악이 울리며 선유놀음이 시작되었다. 고취악은 공식적인 행진을 위한 음악으로 군악대가 연주한다. 〈평양감사환영도〉 제7폭에 고취악을 연주하는 군악대의 모습이 보인다. 두 척의 배 위에 의장기를 든 의장대

와 고취악대가 타고 있다. 의장기 및 악기의 구성이 같은 것으로 보아, 두 척의 배는 선유놀음이 시작될 때 평양감사의 누선을 양쪽에서 호위하였을 것으로 여겨진다. 대동강의 떠들썩한 분위기가 풍류를 해칠 수 있다고 여겼는지 배 위에 매단 '숙정(肅靜)'이라는 깃발이 눈에 뜬다.

많은 배가 강을 뒤덮은 가운데 평양감사가 누선의 높은 자리에 앉아 연회를 주관하며 기녀들이 늘어서서 공연하고 수많은 구경꾼들이 모여들었다는 고사의 내용 역시 그림의 장면과 일치한다. 기녀들의 공연종목은 "청가묘무(淸歌妙舞)" 한다고 하였으므로 춤과 노래가 기본이 되며, 구체적으로는 검무(劍舞)가 포함된다는 사실을 알 수 있다.

선유놀음은 아니지만 〈평양감사환영도〉 제4폭 선화당 연회 장면에서 평양 검무를 추는 기녀의 모습을 찾을 수 있다. 실내의 무대공간에서 연출된 검무가 당시 선유놀음의 선상 무대로 그대로 옮겨졌을 것이다. 심용이 준비한 배는 무대와 객석을 겸하는 유선이므로 좁은 공간을 활용할 수 있는 검무 등이 공연될 수 있었지만 세 척의 배를 잇대어 만든 유선에서는 더욱 역동적인 종목을 공연할 수 있었을 것이다.

그런데 선유놀음은 대동강에서만 이루어졌던 것은 아니다. 다음은 판소리 사설 「게우사」의 일부로서 대동강이 아닌 한강에서 벌인 선유놀음의 내용을 담고 있으며, 그 공연종목이 상세하게 묘사되어 있다.

밋친 광인 무슉니가 션유긔게 츠릴 적의, 흘강 슈공 쑥셤 슈공 흥인 시겨

급피 불너 유션(遊船) 둘을 무어닉되 광(廣)은 준득 숨십발니요 장(長)은 오
십발식 무어닉되 물 흔 졈 드지 안케 민끈 갓치 줄 무으라 믹 일명 쳔양식
닉여준니 양 셥 스공 돈을 튁셔 쥬야 직촉 빅를 무고 숨남의 제일 광딕 젼인
보 힝급피 불너 슈모슈모 칠팔인을 호스시겨 등딕ᄒ고 좌우편 도감(都監) 포
슈 급피 불너 순두(山臺)노름 긔게 식화복 식탈 션유씩 딕령ᄒ라 이쳔양식
닉여쥬고 졍읍(井邑) 동막 창평(昌平) 화동(河東) 목골 흠열(咸悅) 셩불 일등
그스(居士) 명충 스당(社堂) 골닉 쎅여 이슴십명 급쥬(急走) 노와 불너오고
순두노름ᄒ는 씩는 총영쳥(摠戎廳) 공인(工人) 등딕ᄒ고 노름날 틕일ᄒ냐 츄
칠월(秋七月) 긔망일(旣望日)니라. 봄쥬유어힝션(泛舟遊於行船) 홀 제, 빅포
즁막 셔양포며 몽긔슴승(蒙古三升) 구름 츠일 화빅문셕 쳥스등농 슈팔연을
브려꼿고 숨승돗 고죽 치워 좌우 갈너 쎡 부치고 보긔판(補階板) 빗기 딕어
강승 육지 슴어 노코 좌우슨 망셕(曼碩)츔은 구름 속의 넘노난 듯 스당 그스
집진 쇼리 벽공의 낭즛ᄒ고 관아일셩(款牙一聲) 노피 ᄒ여 어부스(漁父詞)로
화답ᄒ고 셔빙구(西氷庫) 흔강니며 악구경(鴨鷗亭) 도라드러 동젹강(同雀江)
노들(露梁)니며 용순(龍山) 슴H(麻浦) 셔강(西江)니며 양화도(楊花島) ᄒ리
져어 닉슈용용분연니요 슴슨묘묘가외도라, 스쥭(絲竹) 쇼리 곳곳이요, 믹날
이는 아희더른 혹션혹후 닷토난듯, 고기 줍는 어부더른 딕쇼어(大小魚)을 낙
거 닉어 회도 치고 탕도 ᄒ여 슬토록 머근후의, 명충 광딕 각기 소즁(所長)
닉는 북 드려 노코 일등 고슈 슴스인을 팔 가라 쳐 닉갈 제, 우츈딕(虞春大)
화초튼령, 셔덕염의 풍월셩과 최셧황의 닉포쎄, 권오셩의 원담소리, 하언담
(河殷潭)의 옥당소리, 손등명니 짓거리며 방덕희 우레목통, 김흔득의 너울가
지 김셩옥金成玉의 진양조며 고수관(高秀寬)의 안일니며 조관국의 흔거셩과
됴포옥의 고등세목, 권슴득(權三得)의 즁모리며 황희쳥(黃海天)의 즈웅셩(雌
雄聲)과 님만엽의 식소리며 모흥갑(牟興甲)의 아귀셩, 김제철(金齊哲)이 긔
화요초, 신만엽(申萬葉)의 목지쪼며 쥬덕긔(朱德基) 가진 쇼리, 송항록 즁항
셩과 송계학(宋啓學)니 옥규셩을 츠례로 시염홀 제, 송흥녹(宋興祿)의 그동
보소. 소연 힝낙 몹쓸 고싱 빅슈은 난발ᄒ고 희소은 극셩ᄒ되, 긔질은 춤 약

ᄒ냐 긔운은 읍실망졍 노즁 곡귀셩(哭鬼聲)의다 단중셩(斷腸聲) 노푼 소리
쳥쳔빅일니 진동ᄒ다. 명챵 소리 모도 듯고, 십여일 궁산의셔 슬믜즁니 ᄂ게
놀고 각기 쳐ᄒᄒ올 젹의 좌우편 도감포슈 각 쳔양식 쳐ᄒᄒ고, ᄉ당그ᄉ 모
도 불너 ᄆ일명 각 빅양식 치ᄒ 츠려 다 보ᄂ고, 명챵 광ᄃ 모도 불너 욕본
말 치ᄒᄒ고 ᄆ일명 칠빅양식 시ᄒ츠려 다 보ᄂ고 빈반의 먹던 음식 허다ᄒ
음식즁의 ᄉᄉ즁과ᄒ 밥 죠트, 그 갑신들 오즉ᄒ랴. 츌물ᄒ기(出物下記) 슈
을 논니 슴만 슴쳔 오빅양니라. 〈「게우사」〉

「게우사」의 주인공 무숙이가 선유놀음을 벌이기 위하여 준비하는 과
정, 공연 내용, 공연의 보상 등에 관하여 서술되어 있다. 무숙이는 조선후
기 서울의 유흥 오락을 장악하였다고 하는 왈자 집단에 속하는 인물이다.
왈자 집단 등 중간층은 궁정의 공연문화를 해체하여 상업문화로 끌어들
이는 주도적인 역할을 담당하였다. 「게우사」는 사실의 기록이 아니지만
개연성 있는 허구를 창출하였다고 할 때 작품에 나타난 유흥 오락의 내용
을 당대의 세태로 받아들일 수 있다.

위의 인용문에 의하면, 선유놀음 때에 판소리, 사당 거사패의 공연, 산
두놀음(산대놀음) 등이 공연되었다. 기녀의 가무나 악사의 연주뿐만 아니
라 다양한 연극적 공연이 이루어졌던 것이다. '좌우ᄉ 망셕(曼碩)춤'이라
하였으므로 이때의 산대놀음에는 산희(山戲)인 만석중놀이가 공연되었다
고 여겨진다. '만석승무(曼碩僧舞)'는 유득공(1749~?)의 『경도잡지(京都雜
誌)』에 산희의 종목으로 언급되어 있다. 산희란 산대 위에 잡상을 설치하
고 놀리는 인형극 양식이다.

"보긔판(補階板) 빗기 ᄃᆡ어 강슝 육지 숨어 노코 좌우ᄉ 망셕(曼碩)춤은
구름 속의 넘노난 듯"하다는 표현은 유선 위에 산대를 설치하여 공연한
것으로 여겨진다. 그러나 산대를 설치하여 산희를 벌이고 그 앞에서 야희
인 탈춤을 추었던 산대도감패의 흥행 방식을 생각할 때 유선 위에서 산대
놀음을 벌이기는 쉽지 않았을 것 같다. 유선에서는 판소리 명창이나 사당

거사패가 공연하고 산대도감패는 강변에 마련한 넓은 무대공간에서 공연하였다고 추정하는 것이 자연스럽다. 무숙이의 산대놀음은 이전 시기 궁정 공연문화의 전통을 일부 전승하고 있으나 그 본질은 상업문화를 바탕으로 성장한 민간의 연극 양식이라고 할 수 있다. 「게우사」가 정착된 19세기 후반에는 궁정에서 발전시킨 산대의 전통은 이미 쇠퇴하였고 그 일부가 민간의 공연문화로 전환된 상태였다.

대동강 및 주변의 자연 환경을 거대한 극장공간으로 전환할 수 있었던 추진력은 중세적인 지배층의 권력에서 나왔다고 할 수 있다. 그러나 기획 연출의 능력에 따라서는 상업적인 현대문화 안에서도 이러한 공연 행사가 이루어질 수 있다. 화려한 축제 뒤에 가려졌을 민간 백성들의 고통은 안타깝지만 아름다운 자연 환경을 극장공간으로 활용한 공연문화의 전통은 오늘에 되살릴 가치를 지니고 있는 것이다.

여의도와 잠실을 오가는 한강유람선을 바라보면서 문화의 부재를 실감하게 된다. 배를 타고 하는 한강 유람은 다름 아닌 현대의 선유놀음이지만 어떤 풍류도 공연미학적 묘미도 찾을 수가 없다. 강변의 기암절벽이 고속도로 건설로 깎여지고 아름다운 누정이 있던 자리에 아파트 숲이 들어섰다고 해서 한강의 문화마저 포기할 수는 없지 않은가.

먼저 한강유람선을 전통적인 외양을 가미한 누선과 유선으로 개조할 수 있다. 누선에 탄 관객은 우리나라 고유의 음식을 맛보면서 유선에서 벌어지는 공연을 관람할 수 있다. 평양감사의 선유놀음이 그러했듯이, 여러 개의 유선이 누선의 주위를 돌면서 동시다발적인 공연을 벌이는 방식이 매우 중요하다. 공연종목으로는 민속악에서 궁중악까지 다양한 전통 공연예술이 활용될 수 있다. 선유놀음에 참여한 관객은 한강을 유람하면서 스스로 임금이 되고 평양감사가 되어 총체적인 우리 문화를 경험할 수 있는 것이다. 연중행사로 유지하는 것이 어렵다면 봄, 가을의 좋은 때를 정해 정기적인 문화 행사로 개최하는 것도 좋겠다. '어느 때쯤 서울에 가면 오랜 전통의 선유놀음을 직접 체험하고 한국 고유의 음식과 공연예술을 즐길 수 있다!' 이쯤 되면 세계적인 문화관광 상품으로도 손색이 없지 않을까.

3. 〈검무〉에서 〈항장무〉까지

〈검무〉는 선유놀음의 중요 공연 종목이었다. 본래 칼이라는 무기를 들고 추는 검무는 동서를 막론하고 그 유래가 오래된 것이지만, 이때에 공연된 검무는 당시에 새롭게 유행하기 시작한 춤이었다. 그러면 고래의 검무가 어떤 과정을 거쳐 조선후기의 〈검무〉로 자리 잡았나 살펴보도록 한다. 우리나라 검무의 유래에 대하여 다음과 같은 설이 있다.

> 황창랑무(黃昌郎舞)는 다음과 같이 민간에 전한다. 8살 어린 아이가 신라 왕을 위하여 백제에 대한 유감을 풀려고 백제 저자에 가서 검무(劍舞)를 추니 시장의 구경꾼들이 담처럼 에워쌌다. 백제왕이 이를 듣고 궁에 불러들여 춤추게 하니, 창랑은 그 자리에서 왕을 찔러 죽였다. 후세에 가면을 만들어 이를 본떠 처용무(處容舞)와 함께 추었다. 이를 역사 기록에서 살펴보아도 전혀 증험할 수 없는데, 어떤 이는 창랑(昌郎)은 잘못된 것으로 관창(官昌)의 오류라 한다. 〈이첨(李詹), 『동경잡기(東京雜記)』, 관창조(官昌條)〉

고려의 문신 이첨(李詹, 1345~1405)은 1385년에 경주(慶州)에서 동자가 가면을 쓰고 추는 칼춤을 보고 그 유래설로서 신라 화랑 관창(官昌)의 죽음을 들었다. 그런데, 이는 신라 민간에서 공연되었던 가면동자무검(假面童子舞劍)이 고려 말까지 연행되었음을 알 수 있다. 이 기록은 후대에까지 그대로 전해져 『증보문헌비고(增補文獻備考)』 권106, 악고(樂考)17에도 있다.

한편 조선 초기에 기록된 김종직(金宗直, 1431~92)의 〈동도악부(東都樂府)〉의 〈황창랑(黃昌郎)〉의 서문에서는 "이제 그 춤을 보면 빙글빙글 돌고 좌우를 돌아보다가 갑자기 변화하는데 오늘에 이르기까지 늠름하며 아직도 생기(生氣)가 있고 그 절조가 있다."고 하여 조선 초기까지 황창무가 무무(武舞)로서 전승·공연되었음을 기록하였다. 그러나 이후 황창무의 공연현장을 보았다는 기록이 없을 뿐더러 현전하지도 않는다. 아마도 엄격한 유교 이념에 입각해 건국한 조선에서 검을 들고 춤을 추는 황창무의 호전성을 용납하지 않은 듯하다.

검무[황창무]의 변화는 홍석기(洪錫箕, 1606~1680)의 〈관대랑무검(觀大娘舞劍)〉(『晩洲遺集』 권4)에서 그 조짐이 보인다. 제목에서 여성이 검무를 추는 것임을 밝혔고, 아리따운 기녀가 장사(壯士)의 모습으로 칼춤을 추는 것을 역동적으로 묘사하였다. 〈황창무〉는 동자가 주체가 되어 가면무(假面舞)의 형태로 공연된 것인데, 홍석기가 본 것은 가면무의 요소가 탈색된 순수한 검무이다.

또 김만중(金萬重, 1637~1692)의 〈관황창무(觀黃昌舞)〉에 "푸른 눈썹의 소녀가 황창무를 추네(翠眉女兒黃昌舞)."라 하여, 가면 없이 기생들이 연희한 황창무를 묘사하였다. 조선 중기에 이르러 황창무가 변모하여 여기무(女妓舞)가 되었지만, 관습적으로 전통 검무의 명칭인 '황창무'를 그대로 쓴 것으로 보인다.

검무가 황창무와 완전 분리된 것은 18세기에 이르러서인 것으로 보이는데, 다음으로 확인할 수 있다.

(3월) 18일, 맑고 바람이 불었다. 선천(宣川)에서 출발하여 운흥관(雲興館)에 이르러 점심을 먹고 정주(定州)에서 머물렀다. …(중략)… 밤에 가학(駕鶴)과 어린 기생 초옥(楚玉)이 검무를 추었는데, 초옥이 더 빼어나며 나이가 13세라 하였다. 검무는 내가 어릴 때는 못보던 것인데 수십 년래로 점차 성하여 지금은 8도에 크게 유행하고 있다. 기생이 있는 고을에서는 모두 그 복식을 가지고 있어 잔치를 열 때마다 반드시 먼저 이 기예를 올렸다. 이처럼 어린 기생도 이를 출 수 있으니 자못 세태가 변화한 것이다.

〈김창업(金昌業), 『노가재연행일기(老稼齋燕行日記)』, 3월 18일〉

1713년에 김창업은 사행하고 돌아오는 길에 정주에 이르러 밤에 가학(駕鶴)과 초옥(楚玉) 두 기생이 추는 검무(劍舞)를 관람하고는 어릴 적에는 보지 못했는데 근래에 8도에 대유행을 하고 있다고 하였다. 17세기 말까지는 전혀 보이지 않던 검무가 18세기 초에 이르러 대유행을 하였다는 것인데, 김만중이 변화된 황창무를 언급한 것과 상관관계를 지닌다. 즉 17세기 말에 여성무용으로 변화된 황창무는 더 이상 무무의 성격을 띠지 않았을 것이며, 같은 맥락에서 '황창'이라는 남성이름을 고집할 필요가 없어 '검무'로 정착된 것이라 할 수 있다. 또 김창업의 기록은 검무가 두 기생이 짝을 이루어 추는 춤인 점과 무복이 이미 규격화되어 전국 어디에서나 같은 춤을 추었음을 알려준다.

검무의 춤사위와 보급 양상은 박제가(朴齊家, 1750~1805)의 〈검무기(劍舞記)〉에 자세하다. 박제가는 20살 때 장인 이관상(李觀祥)이 영변도호부사로 부임하는 것을 따라 묘향산을 유람하게 되었다. 이때의 유람을 〈묘향산소기(妙香山小記)〉로 기록하고 〈검무기〉를 부록으로 덧붙였다. 부사의 유람이었으므로 여러 악공과 기생이 동행했을 것이고, 박제가는 그때 본 검무를 〈검무기〉에 섬세하게 묘사하였다.

두 기생이 검무를 춘다. 융복(戎服)을 입고 전립(氈笠)을 쓰고, 잠깐 절하고서 빙 돌아 마주 선 채 천천히 일어난다. 귀밑머리 쓸어 올리고 옷깃을 여민다. 버선발 가만히 들어 치마를 툭 차더니 소매를 치켜든다. 검은 앞에 놓였건만 알은 체도 하지 않고 멋지게 회전하며 손끝만을 쳐다본다.

방 모퉁이에서 풍악이 시작되어 북은 둥둥, 피리는 시원스럽다. 그제야 기생 둘이 나란히 앞에 나와 앞서거니 뒤서거니 한참을 논다. 소매를 활짝 펴고 모이더니 어깨를 스치면서 떨어진다. 그러더니 살포시 앉아서는 앞에 놓인 검을 쳐다본다. 집을 듯 집지 않고 아끼는 물건을 조심스레 다루듯, 가까이 가려다가 문득 물러나고, 손을 대려다가 주춤 놀란다. 물건을 줍는 듯, 물건을 버리는 듯, 검의 광채를 잡으려고 얼른 그 곁에서 낚아채기도 하였다.

소매로는 휩쓸어 가려는지, 입으로는 물려는지, 겨드랑이를 깔고 눕다가 등으로 일어나고, 앞으로 기우뚱 뒤로 기우뚱거린다. (후략)

〈박제가, 〈묘향산소기(妙香山小記)〉, 안대회 번역, 『궁핍한 날의 벗』〉

이 기록에 보이는 두 기생이 서로 마주보고 추는 검무의 모습은 신윤복(申潤福, 1758~?)이 그린 〈쌍검무도(雙劍舞圖)〉에서 확인된다. 18세기 초의 김창업이 새로이 유행하는 검무를 인상 깊게 본 후 60여년 뒤, 고도로 세련된 공연물로 정착한 검무의 세세한 부분을 박제가의 글과 신윤복의 그림을 통해서 상상할 수 있다. 그런데 박제가는 〈검무기〉의 말미에 이번에 자신이 본 검무는 극치가 아니고, 근세에 검무를 추는 기생으로 밀양(密陽)의 운심(雲心)을 일컫는데 자신이 본 기생은 그 제자라 덧붙이고 있다. 검무가 평안도 지역뿐 아니라 조선 전역에서 유행하였다는 김창업의 기록과도 상통하는 바이다. 이러한 검무의 유행을 문인들이 인상 깊게 보고 지은 여러 시편을 통해 확인할 수 있다.

그런데 검무는 전국적으로 확대되어 각 지역끼리 경쟁하는 양상을 띠기도 하였다. 앞서 확인한 심용에 대한 기록에서 확인할 수 있듯이, 서울의 풍류객이 평양감사의 뱃놀이에서 가무(歌舞)를 겨루면서 공연 종목으로 검무를 포함되었다는 점에서 그러하다. 검무는 경향(京鄕) 각지에서 대규모 연회에서 빠지지 않고 공연되는 종목으로 보편화되었다고 할 수 있다.

검무의 시대적 변모는 조선 말기에 다시 비약적으로 이루어진다. 검무가 여러 과정을 거쳐 새로운 무용 공연 종목으로 확립된 이후, 여기에 서사가 덧붙여져 〈항장무(項莊舞)〉로 발전하게 된 것이다. 그러나 〈항장무〉의 성립은 지방 관아에서 이루어졌다는 점에서 주목할 만한 일이다. 이는 사행(使行)의 왕래라는 국가외교의 공식적 절차에서 이루어졌다고 볼 수 있다.

중국 사행은 외교적인 교류라는 의미 외에도 사신 일행을 따르는 대규모 상단의 경제 활동이 그에 못지않게 중요하였다. 사행의 노정은 서울-개성(開城)-평양(平壤)-안주(安州)-정주(定州)-선천(宣川)-의주(義州)에 이르며, 이후 연산관(連山關)-요양(遼陽)-광녕(廣寧)-전둔위(前屯衛)-산해관(山海關)-연경(燕京)의 여로로 고정되어 있다. 사행 중에 유숙하는 장소도 일정하게 정해져 있으므로 이들 지역의 관아에서는 사행단을 접대하는 일을 매우 중요하게 여기기도 하였다. 인조 이후 경기(京妓) 제도가 폐지되면서 평양 등 지방의 악가무(樂歌舞)는 성행하였는데, 사행단의 경유 지역에서는 연회가 베풀어지는 횟수가 더욱 많아지고 공연의 양식도 다양화하였을 것이다. 특히 선천(宣川)에서는 검무를 홍문지연(鴻門之宴)의 서사 속에 연출하는 '무극(舞劇)' 형식의 〈항장무〉로 변모시켜 지역적으로 특화된 공연물로 완성시켰다.

〈항장무〉는 홍문지연(鴻門之宴) 모티프를 지니고 있는 무용극이다. 그런데 '홍문지연'의 내용은 매우 극적이고 흥미진진하기 때문에 고대 중국에서부터 연극화한 공연물이 있었다. 중국에서는 육조시대(六朝時代)부터 홍문지연을 모티프로 한 '공막무(公莫舞)/건무(巾舞)'가 있었다. 또 현재 연행되는 경극(京劇) 〈패왕별희(霸王別姬)〉 등을 참조로 할 때 중국에서 이를 소재로 한 대규모 공연이 있었음을 추정할 수 있다. 조선 후기 연행에 참여한 인물들이 연경에서 구경한 바를 기록한 것이 이를 뒷받침한다. 선천의 〈항장무〉에 대한 다른 기록을 들어본다.

① 선천(宣川)에 머물렀다. 의검정(倚劍亭)에 기악을 마련하였고 〈항장무(項莊舞)〉라는 것이 있었는데 홍문연을 크게 벌이고 항우·패공·범증·장량·항백·번쾌가 엄연하게 늘어앉고 옥두(玉斗) 치주(巵酒)와 방패를 들고 곧바로 들어오는 모습이 다 갖추지 않음이 없다. 그 중의 한 건장한 기녀가 가면을 쓰고 검을 차고 춤추기를 청하여 나는 듯이 일어나서 춤을 추는데 검을 번쩍거리며 좌우를 흘겨 보면서 나아갔다 물러났다 하면서 그 뜻이 패공에게 있었다. 항백이 또 일어나서 춤추며 패공을 보호하여 막는다. 또 한 기

녀가 패공의 모습이 되어 한 없이 곤욕을 받다가 춤이 끝나자 발끈 얼굴 빛을 붉히고 말하기를, "이제부터 앞으로는 차라리 죽을지언정 패공이 되기를 원하지 않는다."하며 마치 수치스러운 일인 듯이 말하니, 그 자리에 앉은 모든 사람들이 웃지 않는 사람이 없었다.

〈박사호(朴思浩),『심전고(心田稿)』,
「연계기정」기축년(1829) 3월 17일,『국역연행록선집』9권〉

② 선천(宣川)에 머물렀다. 식사가 끝나자 이어 기악(妓樂)을 벌였고, 기악이 끝나자 소위〈항장무(項莊舞)〉란 것을 하여 패공과 항우가 홍문에서 잔치하는 모양을 흉내 내는데 너무도 괴상하고 졸하며 또한 상식에 벗어남이 말할 수 없다.

〈김경선(金景善),『연원직지(燕轅直指)』,
「출강록」임진년(1832) 11월 9일.『국역연행록선집』10권〉

①은 1829년의 박사호의 기록, ②는 김경선(金景善, 1788～1853)이 1832년 동지사겸사은사 사행의 서장관으로 연경에 다녀온 기록이다. 두 기록 모두 19세기 초의 것으로,〈항장무〉가 기생에 의하여 공연되는 연극임을 보여주는데, 특히 ①에서는 가면을 썼다는 점이 주목된다. 선천의 검무가 홍문지연 모티프를 끌어와〈항장무〉가 된 이면에는, '홍문연(鴻門宴)' 연극이 중국에서 빈번하게 공연된 것에 영향을 받은 것이라 할 수 있다. 또 홍문지연에 필수적으로 검무가 추어지기 때문에 내용의 연계성을 찾을 수도 있다. 마지막으로 전래의 설화가 아닌 중국 설화를 차용한 것은 그 공연물이 자국민만을 위한 것이 아니라 중국 사신 일행에도 제공되기에, 그들에게 익숙한 내용을 끌어 쓴 것이라 하겠다. ②의 기록에서 '해괴'하다고 한 것은 우리 전통공연과 거리가 있는 새로운 공연에 대한 거부감이라 할 수 있다.

여러 지역의 공연물 가운데 선천 지역의 공연물이 더욱 뛰어나서 '선천의 〈항장무〉'로 고정된 것이라 할 수 있다. 하지만 ①에서는 가면극으로 연출하였으며, 2)에서는 다시 여성 분극 형태로 연출한 점으로 미루어, 여러 실험을 거쳐 〈항장무〉를 완성하였음을 알 수 있다. 또 홍순학이 고종 3년(1866)에 가례주청사 서장관으로 북경에 다녀오면서 쓴 〈연행가〉에서도 그러한 사실을 찾아볼 수 있다.

곽산군 중화하고 선천부 숙소하니   물색도 번화하며 색향으로 소문났다
의검정 너른대청 대연을 배설하고   여러기생 불러다가 춤추는 구경하자
맵시있는 입춤이며 시원하다 북춤이요   공교하다 포구락과 처량하다 배따라기
한가하다 헌반도요 우습도다 승무로다   지화자 한소리로 모든기생 병창하다
항장무라 하는것은 이고을서 처음본다   팔년풍진 초한시에 홍문연을 의방하여
초패왕 한피공은 동서로 마주앉아   범증의 세번옥결 눈위에 번듯들어
항장의 처음검무 패공에게 뜻이있어   긴소매 번득이며 검광이 섬섬터니
항백이 대무하여 계교를 잃었구나   장자방의 획책으로 번쾌가 뛰어들어
장검을 두르면서 항우를 보는모양   그아니 장관이냐 우습고 볼만하다

정현석(鄭顯奭)의 『교방가요(敎坊歌謠)』(1872)에 이르면 〈항장무〉가 전국적으로 보급된다. 1867년 진주목사로 부임하여 지은 이 책에 〈항장무〉의 절차가 소상하게 기록되었고 도판도 함께 실려 있어, 〈항장무〉가 지방 교방에 전파된 사정을 알게 해준다. 〈항장무〉는 검무 혁신의 하나로, 여러 실험 형태를 거쳐 19세기 초에 홍문지연 모티프를 차용하여 완성된 후 19세기 말에 지방 교방에까지 전파된 것이라 하겠다.

〈항장무〉는 향악정재(鄕樂呈才)로 궁중에 편입되기도 하는데, 『정재무도홀기』에 의하면 고종 10년(1873)에 궁중 정재로 편입되어 4차례 공연되었다. 정해년(1887) 진찬 때 〈사자무(獅子舞)〉·〈항장무〉의 무도홀기, 신축년(1901) 진찬·야진찬(5월 13일~18일)의 홀기, 같은 해 진연(7월 26일~29일) 중 내진연(內進宴)·야진연(夜進宴) 홀기에서 확인할 수 있다. 또

마지막으로 대략적인 시기만 짐작 가능한『여령각정재무도홀기(女伶各呈才舞圖笏記)』에서도 〈항장무〉가 보인다. 춤의 절차는 앞서 확인한 〈항장무〉와 일치한다. 각 공연마다 등장한 인원은 총 12명으로, 앞에서 제시된 필수적인 7명의 등장인물 외에 항우 옆의 우미인(虞美人)·진평(陳平), 중군(中軍), 내집사(內執事)·외집사(外執事) 5명이 추가로 등장한다.

이에 앞서 〈검무〉도 순조 28년(1828)의『진작의궤(進爵儀軌)』와 29년(1829)의『진찬의궤(進饌儀軌)』에 새로이 창제된 정재 중의 하나로 등장한다.『궁중정재무도홀기(宮中呈才舞圖笏記)』(고종 30년, 1893)에도 검무의 춤사위 및 복식이 소상히 기록되어 있다. 이렇듯 검무는 19세기 초에, 〈항장무〉는 19세기 말에 궁중의 향악정재로 편입되어 각각 공연되었다. 두 춤이 같은 계열에 속해 있기 때문에 동시에 공연되지는 않은 것이다.

근대극적인 극장문화가 시작되자 〈항장무〉는 연극적 요소가 강화된 작품으로 개량된다.

본권번이 본년 이월에 병립ᄒᆞ바 제반신구가무를 열심연습ᄒᆞ야 관람ᄒᆞ신 첨군자의 오락에 공ᄒᆞ옵ᄂᆞᆫ 중 유래 성진무를 개량ᄒᆞ야 구운몽연의를 제작ᄒᆞᆷ과 항장무를 개량ᄒᆞ야 홍문연연의를 저술ᄒᆞᆷ과 춘향전에 옥중가를 실지로 현형ᄒᆞᆷ은 기히 십일간 고평에 갈채를 표ᄒᆞ온바……

〈『매일신보』 1917년 11월 6일〉

권번의 기녀들에 의해 〈항장무〉, 〈성진무〉, 〈춘향전〉 등을 개량하여 극장에서 재연하였다는 기록이다. 이 시기에 전통적인 공연물은 서사성과 재현성을 강화시키는 방향으로 근대극으로의 전이를 모색하였는데, 〈항장무〉도 연극 〈홍문연연의(鴻門宴演義)〉로 거듭난 것이다.

그러나 〈홍문연연의〉도 수명이 길지 못하였다. 무엇보다도 지식인들에 의해 주도된 근대극 운동에 〈항장무〉는 적합하지 않았다. 근대 지식인이 연극운동을 통해 이룩하고자 한 궁극적인 목적은 백성의 교화와 계도에 있었다. 그러므로 전통시대의 연희는 진부한 것으로 치부될 수밖에 없었던 것이다. 〈항장무〉는 근대극의 모색 과정에 〈홍문연연의〉로 살아남았지만, 근대극의 성립과 더불어 지적된 중세적인 요소로 인해 연극사에서 도태된 것이라 하겠다. 반면에 검무는 근대극 시대에 이르러서도 여전히 무용으로 전승되어 오늘날까지 이른다. 〈항장무〉가 근대극으로 편입하기 위해 〈홍문연연의〉로 변신하며 벗어던진 '무(舞)'적 요소가 검무를 오늘에까지 이르게 한 것이라 하겠다.

〈항장무(項莊舞)〉

항우(項羽)가 먼저 들어와 서쪽을 향하여 앉는다. 그 오른쪽에는 범증(范增), 왼쪽에는 우미인(虞美人)이 앉는다. 중군(中軍) 제장(諸將)인 진평(陳平) · 항장(項莊) · 항백(項伯)이 나누어 선다.

외집사(外執事)가 순령수(巡令手)를 불러 호령하면 여러 기녀가 응답한다. 전배(前排) 들어와라 호령하면 여러 기녀가 응답한다. 다시 순령수를 부르면 여러 기녀가 응답한다. 좌우에 훤화(喧嘩)를 금하라 하면 여러 기녀가 응답한다. 다시 순령수를 부르면 여러 기녀가 응답한다. "소개문(小開門) 취타(吹打)를 잡아라." 명령하면 여러 기녀가 응답한다.

내집사(內執事)가 무릎 꿇고 "소취타(小吹打)를 아뢰오."라 하고 나가면 외집사가 정수(鉦手)를 불러 명금이하(鳴金二下)를 명령하고 음악이 시작된다. 내집사가 명금삼하(鳴金三下) 하겠다고 아뢰고 나가면 외집사)가 정수(鉦手)를 불러 명금삼하를 명령하고 음악이 그친다.

진평이 중영소(中營所)의 집사(執事)를 부르면 대답한다. 진평이 중군 군례(軍禮)를 청하면 중군이 군례한다. 다시 중영소의 집사를 부르면 대답한다. "기패관(旗牌官) 군례를 행하라." 하면 기패관이 군례한다.

외집사가 순령수를 불러 호령하면 여러 기녀가 응답한다. 삼반(三班) 고두(叩頭)를 호령하고 여러 기녀가 응답한다. 순령수가 군뢰(軍牢)에게 머리를 조아리고 군뢰와 순령수 둘이 쌍으로 청령기(靑令旗)를 들고 머리를 조아린다. 취고수(吹鼓手)가 머리를 조아리고 고두기(叩頭旗)가 들어와 무릎을 꿇어앉아 "고두하오"라 한다. 외집사가 "일어나라" 말하면 나졸(羅卒)이 "아악"이라 말한다. 군뢰 둘이 쌍의 주장(朱杖)을 가지고 들어와 무릎 꿇고 앉아서 "고두하오."라 한다. 외집사가 "일어나라" 말하면 군뢰가 "아악"이라 말한다. 취고수가 나팔(喇叭)을 가지고 들어와 꿇어앉고는

"고두하오."라 한다. 외집사가 "일어나라." 말하면 취고수가 "아악"이라 말한다.

진평이 중영소 집사를 불러 중군의 아뢴 일을 청한다. 중군이 진평의 방승단포(放陞壇砲)를 가지고 들어온다. 진평이 "그래라." 답하고 중군도 답한다. 내집사가 무릎 꿇고 아뢰기를 "승단포(陞壇砲) 호령하라." 하고 나간다. 외집사가 호포수(號砲手)를 불러 "방포삼성(放砲三聲)하라." 호령하면 북을 세 번 친다.

외집사가 순령수를 부르면 여러 기녀가 응답한다. 대개문(大開門) 취타(吹打)를 잡아라 명령하면 여러 기녀가 응답한다. 내집사가 무릎 꿇고 "대취타(大吹打)하오." 아뢰고 나가면, 정수(鉦手)를 불러 명금이하(鳴金二下)를 명령하고 음악이 시작된다. 내집사가 무릎을 꿇어 "명금삼하(鳴金三下)하오"라 아뢰고 나가면 외집사가 정수(鉦手)를 불러 명금삼하를 명령하고 음악이 그친다.

진평이 중영소 집사를 불러 중군에서 아뢴 일을 철한다. 중군은 진평의 승기(乘旗)를 가져온다. "그래라"라 답하고 중군도 답한다. 내집사가 무릎 꿇고 아뢰기를 "승기 호령하라." 하고 나간다. 외집사가 호포수를 불러 "방포일성(放砲一聲)하라" 호령하면 북을 한 번 친다.

외집사가 나고수(鑼鼓手)를 불러 "뇌고(擂鼓)와 명라(鳴鑼) 모두 삼통(三通)하라" 호령하면 내집사가 무릎 꿇고 "명금이하(鳴金二下)하고 나고(鑼鼓) 그치오." 아뢰고 나간다. 외집사가 정수(鉦手)를 불러 명금이하를 호령한다.

내집사가 "교자(校子) 대령하라." 하면 항우가 교자(校子)에 앉는다. 내집사가 무릎 꿇고 제장관(諸將官)의 군례를 아뢰고 나간다. 외집사가 순령수를 부르면 여러 기녀가 응답한다. 제장관 군례 들여라 호령하면 여러 기녀가 대답한다. 음악이 시작되면 제장관이 들어와 항우 앞에서 군례를 행하고 나가 가지런히 선다. 장량(張良)이 먼저 항우 앞에 들어와 절하고 동쪽을 향해 선다. 패공(沛公)이 들어와 읍(揖)하고 항우가 답례로 읍하면 음악이 그친다.

패공이 말하기를 "신(臣)은 장군과 더불어 진(秦)을 공격하여 남북에서 싸웠습니다. 뜻밖에 관중(關中)에 먼저 들어왔는데, 이제 보건대 장군이 소인(小人)의 말을 믿으셔서, 저와 장군 사이에 틈이 생겼으니 어찌 애석하지 않겠습니까?"라 한다.

항우가 말하기를 "이는 그대의 좌사마(左司馬) 조무상(趙無傷)이 말한 것이오. 그렇지 않다면 내가 어찌 이에 이르렀겠는가? 지난 일은 말하지 말고 오늘은 즐거이 아시는 것이 어떻겠는가?"라 한다.

곧 술상이 패공 앞에 한 상, 항우 앞에 한 상 마련된다. 음악이 시작되면 우미인이 먼저 술잔을 따라 항우에게 석 잔을 올리고, 진평이 술잔을 따라 패공에게 석 잔을 올린다. 범증이 세 번 옥결(玉玦)을 들었으나 항우는 끝내 들지 않는다.

범증이 장막 밖으로 나가 항장에게 말하기를 "너는 장막 안에 들어가 검무(劍舞) 추기를 청하여 패공을 쳐 죽여라"라 하였다. 항장이 곧 장막 안에 들어가 무릎 꿇고 청하기를 "군중에 오락으로 삼을 만한 것이 없으니 검무를 청합니다."라 하였다. 항우가 "좋다."라 허락하였다. 항장의 춤이 시작되었는데, 패공을 죽이고자 한 것이다.

장량이 급히 세 번이나 장 밖으로 나가 항백에게 말하기를 "군중이 위급하니 너는 들어가 마주하여 추면서 패공을 보호하라."고 한다.

항백이 곧 장중에 들어가 무릎 꿇고 마주하여 출 것을 청하자 항우가 허락하였다. 항백이 춤추기 시작하자 장량은 다시 나가 번쾌(樊噲)에게 말하기를 "항장이 칼을 빼들고 춤추는 것은 그 뜻이 패공에게 있소."라 말한다. 번쾌가 칼을 들고 방패를 끼고 군중에 돌입하면 음악이 그친다.

번쾌가 항우에게 말하기를 "패공은 강한 진(秦)나라를 깨뜨려서 함양(咸陽)에 들어왔습니다. 그러나 부녀를 손 댄 바가 없고 재물도 취한 바가 없으며, 곳집을 봉하고 관문(關門)을 닫고는 장군(將軍)을 기다렸습니다. 공이 높음이 이와 같은데 봉작(封爵)의 상은 있지 않고 소인(小人)의 말만 듣고 공이 있는 사람을 죽이고자 하니 이는 망한 진나라를 잇는 것일 따름입니다. 저으기 장군을 위하여 취하지 마소서."라 한다.

항우가 말하기를 "장사(壯士)로구나! 치주(巵酒)를 주어라"라 한다. 곧 한 말의 치주를 주니 번쾌는 이를 다 마신다. 항우가 말하기를 "장사는 다시 마실 수 있는가?"라 하자 번쾌가 말하기를 "신은 죽음도 또한 피하지 않는데, 치주를 어찌 사양하겠습니까?"라 한다.

번쾌가 패공을 돌아보자 패공은 그 뜻을 알고 나가 자신의 군영(軍營)으로 돌아갔다. 음악이 시작되면 번쾌가 춤을 추기 시작하고 나가면 음악이 그친다.

항우가 좌우에게 묻기를 "패공은 어디에 있는가?"라 하자, 진평이 답하기를 "측간에 갔습니다."라 한다. 항우가 말하기를 "네가 나가서 함께 돌아와라."라 하였다. 진평이 장외에 나가 장량에게 묻기를 "패공(沛公)은 어디에 있는가? 패왕(霸王)께서 받들어 청합니다."라 한다.

장량은 곧 진평과 더불어 장중에 들어가 항우를 뵙고 사배(四拜) 후에 말하기를 "패공께서는 과다한 술자리를 이기지 못하고 인사를 못 드리고 가시면서 신(臣)에게 시켜서 받들어 아뢸 것과 백벽(白璧) 한 쌍을 대왕께 바치고 옥두(玉斗) 한 쌍을 범증 대장군(大將軍)에게 바치도록 하셨습니다."라 한다.

항우가 그대로 받으나 범증은 옥두를 땅에 던지면서 말하기를 "철부지하고는 대사(大事)를 의논하지 못하겠구나! 항왕(項王)의 천지가 오히려 패공의 천지가 되겠구나."라 한다.

음악이 시작되면 두 기녀가 검무를 추고 춤이 끝나면 음악이 그친다. 내집사가 무릎 꿇어 "낙기(落旗)하오."를 아뢴다. 외집사가 나고수를 불러 "뇌고와 명라 모두 삼통(三通)하라." 호령한다. 후에 내집사가 무릎 꿇고 "명금일하(鳴金一下)하오."를 아뢰고 나가며 정수에게 명금일하를 호령한다. 순령수를 부르면 여러 기녀가 응답하고, "전배(前排) 물리라." 하면 여러 기녀가 응답한다.

연회를 파한다.

〈『정재무도홀기(呈才舞圖笏記)』〉

제6장 〈산대놀이〉의 공연공간과 서울의 광화문

1. 광화문 네거리의 산대

기암괴석의 산이 땅 위를 움직여 간다(그림 20). 바위 위에서는 여인이 춤을 추고 남자가 낚싯대를 던지고 있다. 수레 위에 바위산 모양의 산대(山臺)를 꾸미고 놀이를 벌이고 있는 것이다. 그림에 보이듯이 산대는 산 모양을 본떠 만들어 기암괴석과 기화요초 등으로 장식하였다. 산대를 세우는 전통은 고려시대부터 비롯된 것으로 알려져 있으며 연구자에 따라서는 신라시대를 언급하기도 한다.

조선시대에는 산대를 세우고 재인들이 잡희를 벌이는 행사를 산대 나례(儺禮)라고 불렀다. 나례는 일반적으로 잡귀를 쫓는 의식으로 알려져 있다. 방상시(方相氏)와 십이지신(十二支神) 등이 등장하여 귀신을 쫓는 구나(驅儺) 의식은 중국에서 전래한 것으로 고려 이후 조선후기까지 지속되었다. 그러나 산

그림 20 움직이는 기암괴석의 산

대 나례는 연말의 구나 의식과 달리 재인들의 잡희를 베풀어 임금의 행차를 환영하는 의전(儀典) 행사였다. 임금이 궁궐 밖에서 여러 가지 의식을 치르고 환궁할 때 광화문 앞 좌우 연도에 산대를 세우고 잡희를 펼쳤던 것이다.

출궁할 때 없는 산대 나례를 환궁할 때만 거행한 것은, 본래적인 나례의 '잡귀를 쫓는 의식'과도 연관된다. 나례의 잡희는 임금이 궁궐 밖에서 국가적인 의식을 치르고 돌아갈 때 '동티'가 나지 않도록 '잡귀를 풀어먹이는' 난장놀이의 성격을 지녔다고 할 수 있다. 이 난장놀이는 세속공간인 민간에 나왔다가 다시 신성공간인 궁궐로 돌아가는 임금의 몸과 마음에 잡귀가 따라붙지 못하도록 한다는 의미를 지녔다고 하겠다. 따라서 신성공간인 궁궐과 세속공간인 민간을 경계 짓는 커다란 대문인 광화문 앞에서 산대 나례를 거행하였던 것이다.

산대 나례에는 임금의 덕을 칭송하고 큰 경사를 만방에 자랑한다는 뜻이 담겨 있었다. 화려한 볼거리와 떠들썩한 분위기를 연출하여 온 백성의 기쁨과 왕실의 번성한 모습을 나타내었던 것이다. 임금을 높이고 경사를 축하하는 뜻을 담아 세운 거대한 기념물이 바로 산대이다. 그래서 산대의 모습은 하늘을 향하여 높이 솟아있고 온갖 장식으로 화려함을 추구하였다. 산대는 중세 궁정문화의 상징이었다고 할 수 있다.

조선시대 선조 때의 사례를 보면 봄산[春山], 여름산[夏山], 가을산[秋山], 눈 덮인 겨울산[雪山] 등 사계절 산의 모습을 형상화한 산대를 세웠다.

의금부(義禁府)에서 계를 올렸다. "예조에서는 등극(登極) 조사(詔使)가 올 때 채붕(綵棚)을 만드는 일에 대하여 비망기(備忘記)에 따라서 본 의금부에 공문을 띄웠습니다. 여러 신하들이 군기시(軍器寺)와 함께 여러 번 상의하고 함께 대책을 세워 처리하고자 합니다. 호조에 보관하고 있는 채붕 만드는 격식[綵棚式]을 가져다 살펴보고 임오년(1582) 중국 사신이 올 때의 산대도감 하인을 찾아가서 물어보았더니 채붕에 들어가는 허다한 물품들은 말할 것도 없고 그 당시 도감의 하인으로는 서리, 서원, 사령이 각 한 명씩 남아 있을 뿐입니다. 자세히 물어보니 이들이 말하는 바, 좌우변에 각각 봄산春山, 여름산夏山, 가을산秋山, 눈 덮인 겨울산雪山을 만드는 데 산마다 상죽(上竹) 셋, 차죽(次竹) 여섯이 들어갑니다. 상죽은 길이가 각각 90척이고 차죽의 길이는 각각 80척인데 양변의 산대를 계산하면 사용할 상죽이 24주(柱), 차죽이 48주이며 이밖에 들어가야 할 기둥 나무가 셀 수 없을 정도로 많습니다. 가장 짧은 나무라고 해도 20척 아래로 내려가는 것이 없습니다. …(중략)… 또한 산대를 만드는 역군들은 이전부터 수군(水軍)으로 정하였는데 의금부에 1,400명, 군기시에 1,300명을 배치하였다고 합니다. …….."

〈『광해군일기』 12년 9월 3일〉

중국사신을 접대하는 산대 나례의 규모를 논의하는 가운데 선조 당시의 전례를 알 수 있는 기록이다. 광화문 앞 좌우의 연도에 사계절의 산대를 각각 세웠으니 모두 여덟 좌인 셈이다. 산대 하나를 만들기 위하여 90척 높이의 상죽(上竹)이 세 개씩, 80척 높이의 차죽이 여섯 개씩 들어가고 수많은 기둥 나무가 필요하다고 하였다. 기둥 나무로 중심을 세우고 유연한 대나무인 상죽과 차죽으로 산의 외형을 만들었던 것 같다. 외형을 만든 다음에는 장인을 동원하여 기암괴석과 기화요초를 장식하게 될 것이다. 이러한 대산대는 광화문 앞에 고정하여 가설하였다가 행사가 끝나면 해체하였다. 한번 세우고 반복하여 사용할 수 있는 것이 아니었기 때문에 많은 인력과 물력이 소모되었다.

전국에서 목재 등의 물자를 징발하고 재인 및 장인들을 동원하는 일은 나례도감에서 맡아 하였다. 산대를 만드는 일이 가장 중요한 업무였으므로 나례도감은 산대도감이라고도 불렸다. 나례도감은 좌우변으로 나뉘어져 있었는데 의금부가 좌변 나례도감을 군기시가 우변 나례도감을 맡았다. 산대를 광화문 밖 좌우 연도에 나누어 세우기 때문에 의금부와 군기시가 각각 한편의 산대를 책임진 것이다. 앞의 인용문에 의하면 산대를 만드는 역군을 의금부에 1,400명, 군기시에 1,300명 배치하였다고 하였다. 의금부는 평상시 서울의 배우인 경중우인(京中優人)들을 관리하고 있으면서 왕실 내부적인 공연 행사를 주관하기도 하였다.

중국사신이 도성에 입성하거나 궁궐에 들어올 때도 산대 나례를 거행하였다. 앞서 소개한 그림은 1725년 중국사신을 환영하는 산대 나례의 장면이다. 청나라 사신으로 왔던 아극돈(阿克敦)이 당시 우리나라의 풍습과 풍경을 담아 〈봉사도(奉使圖)〉라는 20폭의 화첩을 남겼는데 그 중 제7폭이다. 현재로서는 산대의 모습을 보여주는 유일한 그림으로 큰 가치를 지닌다. 그러나 그림에 나타난 것은 대산대가 아닌 예산대(曳山臺)이다.

예산대는 수레 위에 산대를 꾸며 거리를 행진할 수 있도록 고안되었으므로 임금이나 중국사신의 행차를 전도하면서 화려한 장관을 연출하였다고 여겨진다. 중국이나 일본의 연희 전통에서도 발견되는 산거(山車)와 같은 이동식 무대라고 할 수 있다. 유럽의 중세연극사에 나타나는 수레무대(pageant wagon)와도 상통하는 면모를 보인다. 궁궐이나 사찰, 교회가 위치한 도시의 중심부를 행진하면서 정치·종교적인 지배 이념을 과시했던 행렬 의식은 중세 사회의 공통적인 문화 현상이라고 할 수 있다. 조선시대의 경우 광화문 앞 대로에서 산대 나례를 거행하면서 양쪽의 연도에 거대한 기념물인 대산대를 세우고 길 가운데로 이동식 무대인 예산대를 움직여 가면서 장관을 연출하였던 것이다.

중세 궁정문화의 상징이었던 산대는 중세 사회가 붕괴되어감에 따라 서서히 그 규모와 의미가 축소되기 시작한다. 우리나라의 경우 이러한 변화는 임진왜란과 병자호란 등 대규모의 전란과 맞물려 일어났다. 왕실의 권위가 추락하고 재정이 궁핍해졌으므로 더 이상 대산대를 세우는 관습을 유지할 수 없었던 것이다. 때맞추어 민간의 연극문화가 성장함에 따라 오히려 궁정 연극문화가 해체되고 전환되는 변화가 일어나게 된다.

예산대는 대산대에 비하여 규모가 작을 뿐 아니라 보관하였다가 다시 쓸 수 있는 장점이 있어 물력과 인력의 낭비를 줄일 수 있었다. 따라서

대산대가 사라진 이후에도 예산
대의 전통은 그대로 남아 중세
연극문화의 명맥을 유지하였다.
〈봉사도〉의 장면은 이러한 변천
과정에서 남겨진 예산대의 모습
을 보여준다. 그러나 이 시기에
이르면 산대 나례는 더 이상 궁
정 연극문화의 산물이라 할 수
없다. 병자호란 이후 중국사신
을 접대하는 산대 나례는 재인
들의 자치 조직인 재인청에서
주관하게 되었기 때문이다. 중
세 궁정문화의 전통을 해체하여

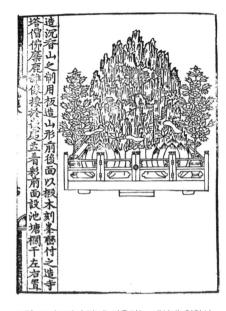

그림 21 〈교방가요〉에 사용하는 예산대 침향산

근대 이행기의 시민문화로 만들어 가는 모습을 산대 문화의 변천을 통하
여 확인할 수 있다.

2. 산대 위에 펼쳐진 옛이야기

봉사도에 나타난 산대의 모습을 다시 살펴보자. 기암괴석의 산에는 절
간이며 누정과 같이 산에 있음직한 건물들이 세워져 있고 소나무가 꾸며
져 있다. 바위 사이에는 동굴처럼 몇 개의 빈 공간이 마련되어 있다. 왼쪽
에는 한 여인이 분홍저고리에 다홍치마를 입고 춤추는 동작을 보이고 있
다. 오른쪽에는 한 남자가 삿갓을 쓰고 도포를 입고 낚싯대를 던지는 모
습을 하고 있다. 여인의 위쪽 공간에는 원숭이가 나무에 매달려 있는 모
습이 나타난다.

그림 속에 나타난 여인과 남자는 어떤 내용을 보여주는 것일까. 산대
위의 인물과 짐승은 실제가 아니라 잡상(雜像)이다. 산대 위에 잡상을 설

치한 기록은 여러 곳에서 발견된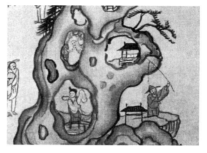
다. 『중종실록』 34년 5월 6일 기사
에 의하면 중국사신을 맞이하기 위
하여 세운 산대에 공자(孔子)의 잡
상을 만들어 설치하였다가 조정의
논란이 일었던 사건이 있었다. 예
의가 있는 국가로서 성인의 형상을 잡희 속에 만들어 설치하여 체면을 떨
어뜨렸다는 것이다. 이 사건으로 나례도감의 실무를 맡은 의금부 낭관 등
이 처벌을 받았다.

산대에 잡상을 설치하는 놀이는 인물과 잡상을 늘어놓는 데 그치지 않
고 어떠한 상황을 연출하여 보여주었다.

…… 왕은 대비를 위한답시고 경회루 연못에 관사(官私)의 배들을 가져다
가 가로로 연결하고 그 위에 판자를 깔아 평지와 같이 만든 다음 채붕(綵棚)
을 설치하여 바다 가운데 있는 세 산의 모습을 꾸몄다. 가운데는 '만세(萬
歲)', 왼쪽은 '영충(迎忠)', 오른쪽은 '진사(鎭邪)'라 불렀는데, 그 위에 전우(殿
宇), 사관(寺觀), 인물의 잡상을 벌여 놓아 기교를 다하였다. 연못 가운데는
비단을 잘라 꽃을 만들어 줄줄이 심고 용주(龍舟)와 화함(畫艦)을 띄워 서로
휘황하게 비추었다. 왼쪽 산엔 조정에 있는 선비들이 득의 양양해 하는 형상
을 만들고 오른쪽엔 귀양간 사람들이 근심하고 괴로워하는 형상을 만들었
다. 왕은 스스로 시를 지어 걸고 또 문사들에게도 짓게 하였는데, 모두 세 산
의 이름이 지닌 뜻을 서술한 것이었다. 날마다 즐겁게 마시며 놀다가 화초와
인물의 형상이 비를 맞아 더러워지면 곧 새 것으로 바꾸었다.

〈『연산군일기』 12년 9월 2일〉

경회루 연못에 관사(官私)의 배들을 가져다가 가로로 연결하고 그 위에
판자를 깔아 평지처럼 만들고 채붕을 만들었으며, 바다 가운데 있는 세

산을 꾸며 가운데는 만세산(萬歲山), 왼쪽은 영충산(迎忠山), 오른쪽은 진사산(鎭邪山)이라 이름 붙였다고 한다. 세 산은 이른바 산대이다. 만세산은 만수무강을 기원한다는 뜻으로 임금을 상징하고, 영충산은 충성스런 마음을 맞이한다는 뜻으로 임금에게 충성을 바치는 신하들을 상징하며, 진사산은 사악함을 진압한다는 뜻으로 임금을 거역하는 신하들을 상징한다.

산대 위에는 전각과 사찰, 인물 등의 잡상을 벌여 놓아 기교를 다하였는데 각각 세 산이 상징하는 바에 따라 표현하는 내용이 다르게 된다. 『연산군일기』12년 4월 8일과 12일의 기사를 보면 만세산에는 봉래궁(蓬萊宮), 일궁(日宮), 월궁(月宮), 예주궁(蘂珠宮), 벽운궁(碧雲宮)을 만들어 금은과 비단으로 꾸미고 청란(靑鸞), 자봉(紫鳳), 금오(金烏), 옥토(玉兎), 은즉(銀鯽), 황룡(黃龍) 등 신비한 동물들의 잡상을 등(燈)으로 설치하였다. 영충산엔 조정에 있는 선비들의 득의양양한 모양을 만들고 진사산엔 귀양 간 사람들의 근심되고 괴로운 모양을 만든 것이다. 연산군은 직접 놀이를 연출하여 전자는 노래와 춤으로 연악(宴樂)하는 모양을 꾸미고, 후자는 의복이 남루하고 용모가 초췌하여 초가집에서 궁하게 살며 굶주려 쓰러져 있고 처자가 매달려 울부짖는 모양을 꾸미도록 하였다. 서사적인 줄거리를 확인할 수는 없지만 인형의 표정과 동작이 강조되는 극적인 모습이었으리라 여겨진다. 산대 위의 잡상들은 전형성을 띠는 상황이나 세간에 잘 알려진 이야기의 한 장면을 재현하였다고 할 수 있다.

〈봉사도〉의 잡상 가운데 낚시꾼은 위수(渭水)에 곧은 낚시를 드리고 세월을 낚았다는 강태공일 가능성이 크다. 이 모습은 조선시대 민화에도 자주 등장한다(그림 22). 이야기를 시각적으로 재현한다는 측면에서 산대 잡상 놀이와 민화의 원리가 상통한다. 실제로 산대의 잡상을 꾸미는 데 있어 당대에 널리 유통된 민화의 장면이 유용하게 쓰였을 것이다.

강태공 이야기는 설화로도 널리 퍼져 있고 중국소설을 번안한 〈강태공전〉도 유통되었다. 낚시를 드리우는 강태공 인형을 보고 관객들은 그와 관련된 여러 가지 이야기들을 떠올리게 될 것이다. 구미호로 변신한 달기

(妲己)를 물리치는 이야기나 낚시를 일삼다가 부인과 갈등이 생기는 이야기가 특히 세간의 관심을 끌었다. 그렇다면 〈봉사도〉에서 강태공의 근처에 있는 여인은 달기일 가능성도 있고 강태공의 부인일 가능성도 있다. 물론 여인은 또 다른 이야기 속에 등장하는 주인공일 수도 있다. 기암괴석 사이의 빈 공간마다 다른 이야기의 장면들을 표현할 수 있기 때문이다.

적어도 대산대에서는 산골짜기의 구비마다 각기 다른 이야기의 장면들을 연출하였을 것이

그림 22 곧은 낚시를 드리운 강태공

다. 같은 이야기에 나오는 여러 장면을 순서대로 늘어놓는 방식도 고려해볼 수 있다. 대산대는 사람들이 걸어 올라가 잡상을 만져보고 구경할 만큼 규모가 컸기 때문이다. 『중종실록』 34년 2월 6일 기사에는 평양에서 중국사신이 산대에 올라가 잡상을 구경하였다는 기록이 있고, 『인종실록』 1년 5월 11일의 기사에는 산대가 무너지는 바람에 그 위에 올라가 구경하던 사람들 가운데 수십 명이 죽었다는 기록이 있다.

산대 위에 설치된 인물 잡상은 조작하여 움직이는 인형이었을 가능성이 크다. 이만영(李晩永)의 『재물보(才物譜)』에서 의하면 오산(鰲山)은 산대이며 오붕(鰲棚), 산붕(山棚) 등으로도 불린다고 하였는데, 오산을 설명하면서 "산처럼 붕(棚)을 엮어 그 안에서 놀이를 베푼다(結棚如山, 設戲其中)."고 하였다. 인물 잡상을 설치하기만 하였다면 '놀이를 베푼다'고 말할 수 없었을 것이다. 또한 『정조실록』 22년 2월 19일 기사에 의하면 우리나

라 사신이 중국의 궁정 연회에서 오산을 구경한 내용이 나오는데 오산의 인형은 기관(機關)의 조작으로 움직인다고 하였다. 바위와 골짜기가 높고 널찍하며 누각과 기화요초가 산속에 있는 봉래산의 모양을 꾸몄다고 하는데 그 안에는 기관을 설치하여 밖에서 노끈만 잡아당기면 신선과 미녀가 골짜기에서 나오고 아름다운 깃발과 덮개 장식이 하늘에서 내려왔다고 한다. 이때의 신선과 미인도 옛이야기 속에 등장하는 인물이었을 것이다.

〈봉사도〉의 여인과 강태공도 잡상 내부에 기관을 설치하여 움직이도록 고안되었다고 할 수 있다. 노끈을 잡아당기면 인물이 기암괴석 사이로 나타나거나 단순한 동작, 예컨대 여인이 팔을 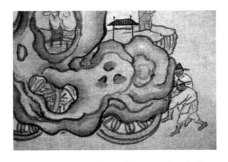 움직여 춤을 추거나 강태공이 낚싯대를 들었다 내렸다 하는 동작 따위를 반복하게 할 수 있었을 것이다. 〈봉사도〉에서 낚시꾼이 서 있는 바위 아래쪽 바퀴 근처에 있는 두 사람은 인형 조종자일 가능성이 있다. 수레 안쪽의 바퀴 근처에도 등을 구부린 자세로 있는 두 사람이 보인다. 이들 역시 인형 조종자로서 여인의 인형이 춤을 추도록 조종하고 있는 것 같다.

산대의 잡상을 움직이게 하는 또 다른 방식은 바퀴의 회전을 이용하는 것이다. 예산대가 움직여 갈 때 바퀴가 회전하는 동력을 수평 혹은 수직의 동력으로 바꾸어 인형을 움직이게 할 수 있기 때문이다. 그렇다면 바퀴 근처의 네 사람은 인형을 조종하는 것이 아니라 인형의 기관 조작을 점검하는 정도로 파악할 수 있다. 예산대가 거리를 행진하면서 장관을 연출하는데 목적이 있었다고 한다면 후자의 조작 방식이 더욱 설득력이 있다.

3. 바다 위 신선이 사는 봉래산

중세적인 산대 혹은 산거의 전통은 산을 숭배한 민간 신앙과도 관련이 있을 것이고 불교에서 전하는 상상 속의 수미산(須彌山)과도 연관이 있을 것이다. 불교가 융성했던 고려시대의 산대는 특히 불교적 색채가 짙었으리라 여겨진다. 고려 말 이후 조선시대까지 남아 있는 산대 관련 기록 가운데서는 신선사상과 관련된 내용들이 눈에 띤다. 대표적인 기록으로 고려말 이색(李穡)의 칠언시인 〈동대문에서 궐문 앞까지 산대잡극은 전에 보지 못하던 바라〉를 들 수 있다.

산대를 맺은 것이 봉래산 같으니, 과일을 바치는 선인이 바다에서 왔네.
놀이꾼의 풍악 소리 천지를 진동하고, 처용의 소맷자락은 바람을 따라 휘돈다.
장대에 의지한 사내는 평지를 가듯 움직이고, 터지는 불꽃 하늘을 찌르니 날랜 번개와 같구나.
태평스런 참 기상을 그려내고자 하나, 늙은 신하의 붓이 글재주 없어 부끄럽도다.

첫머리에서 "산대를 맺은 것이 봉래산 같"다고 하였는데 봉래산은 삼신산(三神山) 또는 오신산(五神山)의 하나로 신선이 살며 장생불사의 약초가 난다는 선계(仙界)이다. 여기서 봉래산은 단지 신비한 산의 모습을 비유하기 위한 수사적 표현이 아니다. 뒤이은 구절에서 "과일을 바치는 선인이 바다에서 왔"다고 하였기 때문이다. 과일을 바치는 선인은 봉래산에 사는 신선으로 장생불사의 과일을 바치러 온 것이고 이때의 산대는 분명히 전설 속의 봉래산을 염두에 두고 제작되었다고 하겠다.

현실적인 공연공간을 재구해 보자면, 당대의 연출자는 산대를 봉래산으로 만들기 위하여 고서나 설화 등에 전승된 봉래산의 모습을 표현하였을 것이다. 『사기(史記)』「봉선서(封禪書)」및 다른 신선 설화에 의하면, 봉래산을 포함한 삼신산은 모든 사물과 짐승들이 다 희고 금은과 주옥으로 궁궐을 지었다고 하였다. 또한 그 산에는 주간수(珠玕樹)가 어디에나 자라고 있는데 꽃과 열매가 다 맛이 있으며 이것을 먹으면 죽지 않는다고 하였다. 신선이 장생불사의 과일을 바치러온 장면을 연출함으로써 봉래산의 이미지가 더욱 명확해졌다고 할 수 있다.

신선이 과일을 바치는 장면은 산대 위에 잡상을 만들어 형상화하였을 수도 있고, 지금까지 알려진 바대로, 서왕모(西王母)가 선도(仙桃)를 바치는 모습을 표현한 정재(呈才) 〈헌선도(獻仙桃)〉를 공연하였을 수도 있다. 서왕모가 거처하는 선계는 봉래산이 아닌 곤륜산(崑崙山)이라는 사실을 염두에 둔다면, 봉래산에서 온 신선이 등장하는 다른 작품을 상정할 수도 있다. 화려하고 신비롭게 꾸며진 봉래산이 동대문에서 궁궐에 이르는 길가에 세워져 있고 그 앞에서는 바다 건너 봉래산에서 온 듯 신선의 모습으로 분장한 배우가 장생불사의 과일을 바치는 연극을 공연하는 장면을 상상해볼 수 있다.

신선이 과일을 바치는 대상은 당대의 임금이었을 것이다. 최고의 권력자이면서도 극복할 수 없는 것은 생명의 유한성이었으므로 임금을 향한 최고의 축원은 만수무강 혹은 장생불사였다고 할 수 있다. 그래서 중세 궁정문화의 상징인 산대가 봉래산이 될 수 있었고 신비한 과일을 바치는 신선의 모습이 연출될 수 있었다. 진시황은 방사(方士)들을 보내어 봉래산의 불사약을 얻고자 하였지만 후대의 임금들은 아예 신선이 사는 봉래산을 궁궐로 가져온 것이다. 신선이 장생불사의 과일을 가지고 와서 임금에게 바친다는 설정을 통하여 임금의 만수무강을 기원하는 뜻을 담았다고 하겠다.

연산군이 경회루 연못 위에 만들었다는 세 산을 다시 떠올려 보자. 세 산은 바다 가운데 있다는 전설 속의 삼신산(三神山)에 해당한다. 연못에 띄운 배 위에 산대를 만들었으므로 자연스럽게 바다에 떠 있는 삼신산의 모습이 표현되었다. 삼신산이란 본래 봉래산(蓬萊山), 방장산(方丈山), 영주산(瀛洲山)으로 신선이 사는 이상향이다. 연산군은 산대를 세우는 전통에 따라 신선이 사는 삼신산을 구현하되 정치적인 입장을 담아 변용을 추구하였다. 만세산은 봉래산의 이미지를 그대로 활용하여 임금의 권위와 만수무강을 상징하게 하였으나 영충산과 진사산은 속세의 공간으로 설정하여 각각 임금이 총애하는 신하들과 버림받은 신하들의 모습을 표현하게 한 것이다.

작자 미상의 『기완별록(奇玩別錄)』에 의하면 1865년 경복궁 중건 당시 임금의 경복궁 친림을 경축하는 행사 때 역시 〈신선놀이〉 및 〈상산사호놀이〉라 하여 산대 위에 신선의 모습을 만들어 꾸몄다. 다음은 〈신선놀이〉의 모습이다.

어늬 픽(牌) 신선노리 빈포(排布)가 방불(彷佛)ㅎ다
연봉난간(蓮欄干) 치칙판(彩色板)에 화가산(花假山) 괴셕(怪石)이며
송쥭긔화(松竹奇花) 불노초(不老草)와 황학(黃鶴) 청학(靑鶴) 스슴이라
언연히(偃然) 안즌 신션(神仙) 풍칙(風采)가 단정(端正)ㅎ다
머리에 와룡관(臥龍冠)과 몸의는 학창의(鶴氅衣)라
벽오동(碧梧桐) 검은고를 술상에 빗기 노코
우슈(右手)로 어로만져 율(律) 고르는 줄소리요
빅셜(白雪) 갓튼 빅우션(白羽扇)을 좌슈(左手)에 쥐어쓰니
비(譬)컨듸 여동빈(呂洞賓)이 옥경(玉京)으로 향ㅎ는 듯
압히 안즌 즈근 동즈(童子) 칙등거리 쌍상토에
호로병(葫蘆瓶) 엽히 츠고 풍노(風爐)에 츠(茶)를 다려
유리종(琉璃鐘)에 부어 들고 꾸러 안즈 드리는 양
션녀(仙女) 일인(一人) 모셔쓰니 즈질(資質)도 요라ㅎ다
화관봉잠(花冠鳳簪) 귀에꼴과 문라치삼(文羅彩衫) 슈의상(繡衣裳)에
무빈도 슌슌하고 도시도 연연ㅎ다

천도(天桃)를 반(盤)에 밧쳐 쌍슈(雙手)로 고이 들고

고H)를 반만 슉여 눈도 아니 드러보늬

요지연(瑤池宴) 마다ᄒ고 어듸로 향ᄒ눈고

알푸로 지ᄂ갈 졔 향취가 옹울(蓊鬱)ᄒᄂ

한편에 셧는 거슨 유ᄌ손이 분명ᄒ다

파쵸션(芭蕉扇)에 상모 다라 조심ᄒ야 드러쓰니

틔쓸을 붓치는지 ᄒ빗츨 가리는가

ᄌ도지족(自頭至足) 풀은 외에 의복(衣服)조ᄎ 풀으도다

머리 우히 풀은 버들 가지가지 느러지고

풀은 얼골 흰 눈이요 풀은 허리 홍호로(紅葫蘆)라

젼신이 다 풀은 중 눈과 호로(葫蘆) 이색(二色)지니

형상(形狀)도 흉긔(凶奇)ᄒ고 거지(擧止)도 희괴(駭怪)ᄒ다

귀신(鬼神)이 아니라도 요괴(妖怪)가 졍녕(丁寧)ᄒ니

조화(造化)도 신긔(神奇)ᄒ고 인교(人巧)도 층냥(測量) 업다

"연봉난간(蓮-欄干) 치식판(彩色板)에 화가산(花假山) 괴석(怪石)이며 송죽긔화(松竹奇花) 불노초(不老草)와 황학(黃鶴) 청학(靑鶴) ᄉ슴이라"는 구절에서 〈봉사도〉의 그림과 같은 산대의 모습을 추정할 수 있다. 그러나 '화가산(花假山)'이라 하였으므로 꽃 장식이 많은 화려한 산대였을 것이다. 연꽃무늬 난간과 채색판 위에 산대를 꾸민 모습은 『악학궤범(樂學軌範)』의 「교방가요(敎坊歌謠)」에 나오는 침향산(沈香山)을 연상시킨다. 기화요초며 불노초가 나고 청학(靑鶴)과 황학(黃鶴), 사슴이 뛰어 노는 상상 속의 선계를 표현하였다고 여겨진다.

산대의 잡상은 신선, 동자, 선녀, 유자손 등 네 명이다. 신선은 와룡관(臥龍冠)과 학창의(鶴氅衣)를 입고 술상 앞에 앉아 오른손으로 벽오동 거문고의 줄을 고르고 왼손으로 백우선(白羽扇)을 들고 있다. 동자는 색등거리를 입고 쌍상투를 틀었으며 호로병을 차고 풍로에 차를 다려 신선에

게 올리고 있다. 선녀는 화관봉잠(花冠鳳簪)과 귀고리, 문라채삼(文羅彩衫)의 비단옷을 입고 두 손으로 공손하게 천도(天桃)를 바치고 있다. 유자손은 머리 위에 푸른 버들이 가지가지 늘어졌다는 표현으로 보아 '유자손(柳子孫)', 곧 버들의 자손으로 볼 수 있을 것 같다. 파초선(芭蕉扇)에 상모를 달아 들고 서 있는데 온통 푸른 가운데 눈이 희고 허리에 찬 호로병만 붉다고 하였다.

"알푸로 지ᄂ갈 졔 향취가 옹울(翁鬱)ᄒ닉"라고 표현에서 〈신선놀이〉의 산대 역시 바퀴를 달아 움직인 예산대였다는 사실을 알 수 있다. 당대의 관객인 글쓴이의 앞으로 예산대가 지나가자 선녀의 향취를 느꼈다는 표현이기 때문이다. 또한 관객은 예산대에 꾸며진 잡상을 보고 "여동빈(呂洞賓)이 옥경(玉京)으로 향ᄒᄂ 듯"하다고 하여 당나라의 도사로 50세에 신선이 되었다는 여동빈의 고사를 연상하였다. 또한 천도를 들고 있는 선녀를 보고는 곤륜산의 서왕모가 베푸는 요지연(瑤池宴)의 고사를 연상하였다.

곤륜산의 서왕모가 주(周)나라 목왕(穆王)을 위하여 베풀었다는 요지연에 참석하기 위하여 여동빈 및 여러 신선들이 곤륜산으로 향하는 모습 역시 회화의 소재로 빈번하게 쓰였다. 산대에 꾸며진 작중공간에서 여동빈 일행은 바다 위를 날아 곤륜산을 향해 가고 있었다. 그러나 현실 속의 공연공간에서는 이들을 태운 예산대가 도성의 거리를 움직여 가고 있었다. 따라서 이때의 관객은 "요지연(瑤池宴) 마다ᄒ고 어듸로 향ᄒᄂ고"라고 하고 반문한 것이다. 작중공간과 공연공간의 차이를 음미할 줄 아는 감상 태도라고 하겠다.

〈상산사호놀이〉는 진시황 때 상산(商山)에 숨어 신선처럼 살아간 네 노인의 고사를 놀이로 연출한 것이다. 등장인물은 네 명의 신선, 선녀, 동자 3명, 유자손 등이다. 『기완별록』의 묘사에 의하면 네 노인은 한창 바둑을 두고 있는 중이다. 흑사건(黑沙巾)에 황의(黃衣)를 입은 신선은 백기(白碁)를 판에 내려놓고 있다. 홍의(紅衣)를 입고 흰 수염을 날리는 신선은 흑기

(黑碁)를 들고 수(數)를 읽고 있다. 황건(黃巾) 쓰고 청의(靑衣)를 입은 신선은 눈을 감고 졸고 있다. 청사건(靑紗巾)에 백의(白衣)를 입은 신선은 청려장(靑藜杖)에 몸을 의지하여 바둑을 구경하고 있다. 선녀는 술을 권하고 한 동자는 차를 다리고 있다. 또한 좌우에 선 동자 2명은 생황과 피리를 불고 있다. 『기완별록』의 묘사 내용이 민화 〈상산사호도〉와 아주 흡사하여 산대 잡상이 민화의 장면을 차용하였을 가능성을 다시금 확인하게 한다.

〈봉사도〉의 강태공 역시 도술을 부리고 산중에 은거하는 등 신선의 면모를 지니고 있다. 중국 명대 소설인 「봉신연의(封神演義)」에는 강태공이 곤륜산에서 40년간 수도한 것으로 나타난다. 강태공이 은거한 위수, 네 명의 늙은이가 숨어 산 상산, 서왕모가 사는 곤륜산, 봉래산을 포함한 삼신산은 모두 안식처 또는 이상향으로서 산대 위에 표현된 신성공간이라고 할 수 있다. 고려 말 산대잡극에서 1865년 왕조가 끝나갈 무렵의 산대 나례에 이르기까지 산대 위에 신선의 이야기를 연출하는 전통이 유지되었던 것이다.

그러나 조선후기 산대에 묘사된 신선의 모습은 더 이상 중세 군주의 만수무강을 기원하지 않는다. 〈봉사도〉의 강태공, 〈신선놀이〉의 여동빈 혹은 서왕모, 〈상산사호놀이〉의 네 늙은이 등 신선의 모습은 이미 민화의 유통을 통하여 서민층까지 파고들었기 때문이다. 서민층 누구나 신선의 모습을 빌어 장생불사의 원초적 소망을 꿈꾸게 된 것이다. 경복궁 중건 행사 때 신선의 이야기를 재현한 산대 잡상은 시장의 그림 가게에서 팔리는 민화와 같은 위상으로 이해할 수 있다.

4. 금강산 봉우리의 성진과 팔선녀

산대 위에 신선의 이야기를 재현한 것은 신선이 살고 불노초가 난다는 봉래산(蓬萊山)의 고사와 밀접한 관련이 있다고 하였다. 봉래산은 자라가

등에 지고 다닌다 하여 오산이
라고도 불렀다. 오산이라 불리
는 무대 또는 설치물을 만들어
신선의 이야기를 재현하는 전
통은 한국과 중국, 일본 등에
두루 퍼져 있었다(그림 23). 이
러한 전통은 중세 보편주의 문
화에 해당한다. 한국, 중국, 일
본은 이러한 중세적 보편성을
함께 추구하되 한편으로는 자
국의 문화에 알맞은 고유의 연
극문화로 발전시켰던 것이다.

그림 23 중국 명나라 때 오산(鼇山)

조선후기의 산대 잡상은 여
전히 신선의 이야기를 다루고
있지만 중세적인 산대에서 많은 변화를 거쳤다. 신선의 이야기가 민화나
설화의 형태로 민간에 널리 퍼져 초월적인 선계가 인간 세상에 한층 더
가까워졌다. 『기완별록(奇玩別錄)』에 의하면 산대 위에 김만중의 소설
「구운몽(九雲夢)」의 주인공인 성진과 팔선녀를 등장시켰다.

한 곳슬 바라보니 금강순(金剛山)이 온다 ᄒᆞ늬
허황(虛荒)흔 말이로다 순이 어이 움즉이랴
틀 우히 가순(假山) 꾸며 군인(軍人)들이 메여 오늬
가에ᄂᆞᆫ 곡곡쥬란(曲曲朱欄) 가온듸ᄂᆞᆫ 첩첩청순(疊疊靑山)
암셕(巖石)도 의연ᄒᆞ고 송쥭(松竹)도 시로와라
순속에 절이 잇고 동구(洞口) 밧게 홍문(紅門)이라
셩진(性眞)이라 ᄒᆞᄂᆞᆫ 즁은 가스츅복(袈裟着服) 합장(合掌)ᄒᆞ고
팔선녀(八仙女) 바라보고 셕인(石人) 갓치 셧ᄂᆞᆫ 거동

우읍다 저 화상(和尚)이 숨혼칠빅(三魂七魄) 일허쏘다

순봉(山峰)마다 셧는 션녀(仙女) 화안셩모(花顔盛貌) 즈랑ᄒᆞᆫ듸

낭즈에 가화(假花) 곳고 화관(花冠)에 금봉추(金鳳釵)며

쌍환녹운(雙鬟綠雲) 두 귀 밋ᄒᆡ 귀에골이 흔들니ᄂᆡ

능나의상(綾羅衣裳) 츌ᄂᆞᆫᄒᆞ고 금슈원슘(錦繡圓衫) 화려(華麗)ᄒᆞ다

깁붓치와 곳가지로 반(半)만 츠면(遮面) ᄒᆞ락말낙

션년히(嬋然) 고은 즈틱(姿態) 구룸으로 나려온 듯

셩진(性眞)의 놉푼 도힝(道行) 속졀이 젼혀 업ᄂᆡ

윤회(輪廻)에 괴로움을 흔번 면키 얼여웨라

이 순 일홈 금강순(金剛山)이 번연히 의졔(擬製)로세

셩진(性眞)과 팔션녀(八仙女가) 형순(衡山)에셔 만나쓰니

남악(南嶽)에 금강순(金剛山)이 잇쓸 니가 만무ᄒᆞ다

움직이는 금강산은 틀 뒤에 가산(假山)을 꾸민 예산대, 곧 산거이다. 아래쪽 둘레에 붉은 난간을 만들고 그 가운데 첩첩한 청산의 모습을 꾸몄는데, 청산은 암석과 송죽으로 꾸며 자연스러운 산의 모습을 연출하였고 산속에 있음직한 절과 동구 밖의 홍살문까지 꾸며 놓았다. 〈봉사도〉나 〈신선놀이〉의 산대를 연상해도 좋을 것이다. 금강산 위에 있는 팔선녀도 신선이므로 산대 위에 신선의 이야기를 재현한 전통을 이었다고 할 수 있다. 성진처럼 불도를 닦는 스님도 신선과 같은 초월적인 존재들이다.

그러나 〈금강산놀이〉는 이전 시기 혹은 동시대의 산대 잡상 놀이와 구별되는 뚜렷한 변화를 드러내고 있다. 먼저 전설 속의 봉래산이 우리나라에 실재하는 금강산이 된 사실에 주목할 필요가 있다. 진경산수를 그려낸 산수화의 발전과 흡사한 양상이다. 물론 강원도의 금강산이 봉래산이라는 별명을 가진 사실을 들어 금강산이 곧 봉래산이 아니냐는 반문이 있을 수도 있다. 그러나 『기완별록』의 글쓴이는 "셩진(性眞)과 팔션녀(八仙女가) 형순(衡山)에셔 만나쓰니 남악(南嶽)에 금강순(金剛山)이 잇쓸 니가 만

무호다"라고 하여 금강산의 지리적 위치를 잘 인식하고 있었다.

또한 중국의 신선 이야기에 나오는 인물들 대신 우리 소설 속의 주인공이 나타난 사실에 주목할 필요가 있다. 소설 「구운몽」은 물론 중국 일대를 배경으로 하고 있으나 성진과 팔선녀는 우리나라 작가의 상상력에 의하여 창출된 인물인 것이다. 더구나 작가인 김만중은 국문 기록문학의 필요성을 역설하는 등 자국어 문학에 대한 앞선 인식을 지니고 있었다. 자국어 문학에 대한 관심은 중세적인 보편성을 벗어나 근대 이행기로 들어서는 표지가 된다.

금강산 위에 서 있는 성진과 팔선녀 역시 실제 사람이 아니라 잡상이라고 여겨진다. 한편에는 가사를 입고 합장한 채 팔선녀를 바라보며 돌처럼 서 있는 성진의 인형을 만들어 놓고 다른 한편에는 산봉우리마다 아름다운 자태를 자랑하는 팔선녀의 잡상을 만들어 놓았다. 인형으로 만들어 놓았기에 꼼짝 못하고 서 있는 성진의 모습을 보고 관객은 "우읍다 저 화상(和尙)이 삼혼칠빅(三魂七魄) 일허쏘다" 또는 "셩진(性眞)의 놉푼 도힝(道行) 속절이 전혀 업닉, 윤회(輪廻)에 괴로움을 흔번 면키 얼여웨라" 라는 수용 태도를 보였다. 잘 알려진 소설의 서사적 줄거리를 바탕으로 하였으므로 관객으로 하여금 연극을 본 것과 같은 정서적 반응을 불러일으키게 하였던 것이다. 성진과 팔선녀가 석교 위에서 만나 희롱하는 장면 역시 조선시대 민화에서 친근하게 접할 수 있다(그림 24).

『기완별록』에 의하면 「구운몽」의 성진과 팔선녀는 산대 잡상으로 재현되었을 뿐 아니라 마당에서 배우가 연기한 〈팔선녀놀이〉로 연출되었다.

어닉 픠 팔선녀(八仙女)는 복식(服色)이 션명호야
단장(丹粧)도 가려호고 슈식(首飾)도 황홀호다
은호(銀河)에 즉녀(織女)러냐 월궁(月宮)의 항아(姮娥)러냐
무숀(巫山)을 향호느냐 낙포(落浦)로 가랴나냐
아츰에 구룸 되고 져녁에 비가 도여

초왕(楚王)의 어린 혼(魂)을 양디(陽臺) 꿈의 스르다가

진세(塵世)에 하강(下降)키는 양소유(陽少遊)를 츠즈미느

장천(長天)이 구만니(九萬里)에 신고히(辛苦-) 오는 쓰시

인연(因緣)도 즁커니와 부역(赴役)을 위호미라

소화상(小和尙) 성진이는 육환디스 제즈(弟子)로셔

셕교(石橋)에 선녀(仙女) 만느 곳츨 더져 희롱(戱弄)하고

일시정욕(一時情慾) 부졀업시 십년슈힝(十年修行) 허亽(虛事)되니

스승의게 득죄(得罪)호야 환싱인간(還生人間) 호는 길의

경복궁(景福宮) 영건(營建) 소식 뉘게 듣고 예 왓는고

그림 24 석교에서 만난 성진과 팔선녀

빅신(百神)이 다 돕는듸 션불(仙佛)인들 안연(晏然)하랴

구운몽(九雲夢) 칙즈상(冊子上에) 亽적(事蹟)만 드러써니

의희(依稀)혼 거동(擧動)이요 방불(彷佛)혼 의亽(意思)로다

관객인 글쓴이는 성진과 팔선녀의 모습을 책 속의 이야기로만 알았다가 실제와 방불한 거동과 의사로 눈앞에 나타나게 되어 감탄하고 있다. 산대 잡상으로 표현한 〈금강산놀이〉 역시 책 속의 주인공을 인형으로 재현하였지만 실제와 방불한 거동과 의사를 보일 수는 없었을 것이다.

또한 관객은 작중공간의 상황을 현실공간의 상황과 결부시켜 수용하고 있다. 팔선녀가 영건 사업이 한창 진행되고 있는 경복궁 앞에 나타난 것은 인간으로 환생한 성진, 즉 양소유를 찾으려는 것이지만 그보다 앞서 경복궁 영건 사업에 부역을 자원하러 왔다고 하였다. 성진 역시 인간 세상에 환생하는 길에 영건 현장에 나타났다고 하였다. 소설 속의 성진과 팔선녀가 연극적으로 재현된 사실을, 초월계의 그들이 인간 세상에 환생한 내용과 일치시켰다.

유득공(1749~?)은 당시의 연극에 산희(山戲)와 야희(野戲)의 두 부류가 있다고 하였는데 산대에서 잡상을 놀린 〈금강산놀이〉는 산희에 해당하고 마당에서 배우가 연기한 〈팔선녀놀이〉는 야희에 해당한다. 같은 소재를 다룬 산희와 야희를 함께 공연하면 상관적인 공연미학을 창출할 수 있다. 고려말 산대잡극에서도 봉래산으로 꾸민 산대와 그 앞의 공연이 한데 어울려, 봉래산에서 날아와 과일을 바치는 신선의 모습이 연출될 수 있었다.

금강산으로 꾸며진 산대는 〈팔선녀놀이〉의 무대 장치로 활용될 수 있다. 산대 위의 장면은 마당에서 벌어지는 극적 사건의 전제로 이해될 수도 있다. 산대 위에는 성진과 팔선녀가 돌다리에서 만나 희롱하는 장면을 꾸며 놓았고 마당에서는 팔선녀가 인간 세상에 환생하여 성진을 만나는 내용을 담고 있기 때문이다. 반면 마당의 역동적인 공연을 통하여 산대 위의 인물들이 잡상에 머무르지 않고 극중인물로 되살아날 수 있다. 산대 위의 잡상들이 마당으로 내려와 대사와 동작을 주고받는 듯한 효과를 주기 때문이다.

『기완별록』에는 공교롭게도 「구운몽」에서 소재를 채택한 작품이 세 개나 된다. 그 가운데 야희로 파악되는 작품은 〈팔선녀놀이〉 하나이며 산희로 파악되는 작품은 〈금강산놀이〉와 또 다른 〈팔선녀놀이〉이다. 같은 소재를 다룬 산희와 야희를 한 공간에서 공연하는 것이 정해진 원칙이었다고 볼 수는 없다. 대산대나 예산대에서 이루어진 산희는 그 자체로서 완결된 공연물의 성격을 지니고 있었기 때문이다. 다만 마당 공간의 야희와 연계하였을 때 복합적이고 다층적인 의미를 파생할 수 있었기에 놀이패에 따라서는 산희와 야희를 결합하여 상보적인 효과를 기대하기도 하였다고 여겨진다.

5. 금강산에서 내려온 노장 스님

〈금강산놀이〉와 〈팔선녀놀이〉는 모두 「구운몽」에서 소재를 채택했으면서 산희와 야희로 그 공연방식을 달리 설정하였기 때문에 미학적 지향점이 달랐다. 수직으로 하늘을 향하는 산대는 초월적인 신성공간이라면 수평으로 넓게 퍼진 마당은 인간적인 세속공간이다. 산희는 산대 위에 인형으로 연출하였으므로 정적이라면, 야희는 마당에서 배우들이 연기하였으므로 동적이다. 산희에서 기관 조작으로 인형을 움직였다 할지라도 그 움직임은 제한될 수밖에 없다. 그래서 봉래산에 거처하는 신선의 모습이나 남악 형산에서 만난 성진과 팔선녀의 모습은 산대 위에 잡상으로 재현되었고, 신선이 임금에게 과일을 바치러 온 사건이나 성진과 팔선녀가 속세로 내려온 사건은 마당에서 배우가 연기하였던 것이다.

산대는 신성공간을 상징하고 마당은 세속공간을 상징하므로 야희인 〈팔선녀놀이〉는 산희인 〈금강산놀이〉에 비하여 많은 변화의 가능성을 내포하고 있다. 세속공간에서는 각양각색의 인정물태를 묘사하는 것이 자연스럽기 때문이다. 또한 산대와 인형으로 표현한 산희는 처음에 설정된 대로 인물과 사건이 고정되어 있지만 배우가 연기하는 야희는 어떤 요인에 의해서건 쉽게 달라질 수 있다. 산희에서 재현된 팔선녀는 초월적인 신성공간의 선녀로 머물러 있지만 야희에서 재현된 팔선녀는 더욱 인간적인 모습으로 바뀔 수 있는 것이다.

소설 「구운몽」에 의하면 인간 세상에 내려온 성진과 팔선녀는 환생하여 양소유와 여덟 부인으로 만나며 온갖 부귀와 공명을 누리다가 다시 남악의 신성공간으로 복귀하게 된다. 그러나 〈팔선녀놀이〉에서 인간 세상

에 내려온 성진과 팔선녀는 끊임없이 세속화될 뿐이다. 1928년 정인섭이
채록한 〈진주오광대〉 제7경에는 세속화된 성진과 팔선녀, 그리고 육관대
사가 등장한다.

> 단진장에 맞추어 팔선녀가 들어서 춤을 춘다. 그리고 또 한편에서는 육관
> 대사, 성진이 중옷을 입고 상좌 한 사람을 데리고 나와서 팔선녀와는 같이
> 놀지 못하고 다른 곳에서 춤을 추고 있다. 양반광대와 옹생원 차생원은 팔선
> 녀들과 같이 합하여 춤을 춘다.
> 말뚝이 : 쉬 쉬! 새앤님 각씨 나온다.
> 할미광대 : (허리가 길고 참허리를 낸 채로 입에는 담뱃대를 물고 춤추며
> 　　　　　나온다)
> 말뚝이 : 쉬! 쉬! 여보 샌님 내말 들으소. 샌님을 찾을라꼬 안동박꼴 주작
> 　　　　꼴 …(중략)… 남사정(亭) 썩 나서서 강소(瀨)를 바래보니 일엽편
> 　　　　주 저어부는 사풍세우불수귀(斜風細雨不須歸)라. 상률전 하률전
> 　　　　에 녹음은 우거지고 꾀꼬리 벗부르니 백빈주(白濱洲) 갈매기는
> 　　　　오락가락 넘놀 적에 배반이 낭자하여 풍악성 들리고나. (이러는
> 　　　　가운데 중은 팔선녀와 수작을 하다가 남모르게 살짝 그 여자들을
> 　　　　데리고 도망간다. 그리고 말뚝이가 길게 말하는 동안에 옹생원
> 　　　　차생원은 양반광대 따라서 말을 가끔 응한다)

팔선녀가 양반광대와 어울려 춤을 추고 있다. 성진과 육관대사는 다른
곳에서 춤을 추면서 팔선녀를 훔쳐보고만 있다. 속세로 내려온 팔선녀는
다만 남성들의 눈길을 끄는 아름다운 미인일 뿐이며 노장을 파계시킨 소
무와 같은 성격을 지닌다. 역시 속세로 내려와 팔선녀와 수작을 벌이는
성진과 육관대사는 소무에게 매혹된 파계승일 뿐이다. 팔선녀는, 양반광
대를 두고 할미광대와 갈등을 벌이는 첩의 성격도 지닌다. 〈동래야류〉와
〈통영오광대〉에서 원양반의 대사에 의하면 팔선녀는 색주가의 기생으로

나타난다. 팔선녀는 신선의 이미지를 잃었을 뿐 아니라 서민층 여인으로 전락하게 된 것이다. 「구운몽」에서는 팔선녀가 황제의 여동생, 용왕이나 어사의 딸 등으로 환생하였다. 이름난 기녀가 된 두 명의 선녀 역시 상층 사회에 속해 있었다고 할 수 있다.

〈금강산놀이〉와 〈팔선녀놀이〉, 〈진주오광대〉의 제7경을 상관적으로 분석할 때, 〈팔선녀놀이〉의 성진과 팔선녀는 금강산(실제로는 남악 형산)에서 내려온 신성한 인물들이다. 소설 「구운몽」처럼 나중에 복귀할 수 있는 신성공간이 확보되었을 때 이들의 신성성은 지속될 수 있다. 〈팔선녀놀이〉가 공연되는 동안 무대공간의 한편에 서 있었을 산대 금강산은 바로 이러한 신성공간으로서 의미를 지녔다고 하겠다. 그러나 〈진주오광대〉의 제7경은 산대이든 산 모양의 무대 배경이든 가시적인 신성공간을 갖고 있지 않았다. 성진과 팔선녀는 그들이 복귀할 신성공간을 잃어버리게 된 것이다. 성진과 팔선녀라는 이름 외에 모든 서사적 맥락에서 이탈한 그들은 미색에 빠진 파계승과 색주가의 여인 등 세속적인 인간형으로 쉽게 전환될 수 있었다.

1930년 경성제국대학 조선어문학연구실에서 조종순이 구술한 「산대도감극각본」에서도 산대 금강산의 자취를 확인할 수 있다. 병자호란 이후 중국사신들이 금강산을 보고 싶어 하였는데 직접 유람을 시켜주는 대신 산대 금강산을 만들어 놀이를 보였다는 내용이다. 산대의 전통이 병자호란 이후부터 시작되었다고 하는 것이라면 그 유래는 틀린 것이다. 그러나 '금강산'이라고 이름 붙인 산대놀이가 그때 비로소 시작되었다고 하는 것이라면 납득할 만하다. 병자호란 이후부터 중국사신을 접대하는 산대 나례가 재인들의 자치 조직인 재인청에 이관되었으므로 이전부터 있어온 산대의 전통과 구별될 수 있기 때문이다.

지금 전승되는 〈산대도감극〉은 금강산을 세우지 않는다. 산대 금강산이 있었다는 사실조차 알려지지 않았다. 『기완별록』의 〈금강산놀이〉를 통하여 〈산대도감극〉에 포함된 산대의 존재를 확인할 수 있었다. 공연 내용 어디를 보아도 산대의 모습을 찾을 수 없는 탈춤에 '산대도감극'이니 '산대놀이'니 하는 이름이 붙은 까닭이 비로소 밝혀진다. 〈산대도감극〉에는 산대가 있었던 것이다.

〈금강산놀이〉에서 확인할 수 있듯이 〈산대도감극〉의 산대인 금강산에도 옛 이야기의 장면을 재현한 잡상을 설치하였을 것이다. 〈금강산놀이〉와 〈산대도감극〉의 두 금강산이 같다거나 다르다거나 단정할 근거는 없다. 성진과 팔선녀가 금강산에 어울리는 인물이 아닌 사실로 미루어 볼 때, 초창기의 금강산에는 그곳에 어울릴 만한 인물 잡상을 설치하였으리라 여겨진다. 재정적인 한계 때문에 공연 때마다 산대 잡상의 내용을 바꾸기란 어려웠을 것이나 산대도감패를 자처한 놀이패마다 고유한 레퍼토리를 갖추었을 수 있다. 〈금강산놀이〉, 〈신선놀이〉, 〈상산사호놀이〉의 인물들, 유득공이 언급한 산희에 나오는 만석중, 사자, 호랑이, 〈봉사도〉에 나타난 강태공과 여인, 원숭이 등은 모두 산희에 등장하는 잡상들이다. 강이천(1769~1801)의 한시 「남성관희자(南城觀戲子)」에도 산희로 연출된 다양한 잡상들이 묘사되어 있다.

산희와 야희가 상보적인 관계에 있었다는 가정을 전제로 할 때 유득공이 언급한 산희가 〈산대도감극〉의 금강산에 가장 어울린다고 할 수 있다. 유득공은 산희로 만석중 등을 언급하고 야희로 소매와 당녀를 열거하였는데 소매와 당녀는 〈산대도감극〉에 나오는 소무와 왜장녀이기 때문이다. 현재 〈산대도감극〉은 야희인 탈춤만을 전승하였기 때문에 만석중 등의 산희를 보완하면 18세기 중반 〈산대도감극〉의 모습을 재구할 수 있다.

산대를 만드는 전통에 따라 금강산에 사자와 호랑이 등 산짐승의 잡상을 설치하고 산에 있음직한 소나무며 암자를 꾸며 놓는다. 암자 근처에는 불도를 닦고 있는 만석중의 잡상이 설치되어 있다. 전설에 따라 그가 지족선사(知足禪師)이든 아니든 오랜 수행을 지속해온 선승의 모습이다. 만석중이 도를 닦는 산속 암자는 신성공간이므로 산대 위에 재현되었다. 산대 잡상을 놀리는 산희가 끝나고 산대 앞의 마당 공간에서 야희가 펼쳐졌을 것이다. 불도를 닦던 만석중이 젊은 미인에 매혹되는 장면이 연출되었다. 어쩌면 그는 전형적인 인물로서 늙은 스님일 수도 있는데 관객의 입장에서는 산희의 내용을 연상하여 그를 만석중이라 인식하였을 수 있다. 신성공간인 금강산에서 내려온 만석중은 이제 파계승이 된 것이다.

조수삼(1762~1849)은 「추재기이(秋齋紀異)」에서 나례도감의 우두머리인 탁문환(卓文煥)이 공연한 〈만석중놀이〉를 묘사하였다.

> 진낭(眞娘)은 사뿐사뿐 걸어 나와 아미를 여미고
> 만석은 비틀비틀 장삼을 날리며 춤춘다.
> 번작신마(旛綽新磨) 그 어떤 자일까?
> 반두 탁동지를 먼저 헤아리더라.

진랑이 사뿐사뿐 걸어 나오고 만석중이 장삼을 날리며 춤추는 동작을 통하여 탈춤의 한 장면을 상상할 수 있다. 탁문환은 〈만석중놀이〉를 잘하는 배우이면서 나례도감의 우두머리라고 하였다. 여기서 말하는 나례도감이란 산대도감, 즉 산대도감패를 말하는 것 같다. 나례도감의 일은 의금부와 군기시가 맡아 하였는데, 배우이면서 이들 관청의 우두머리가 될 수는 없기 때문이다. 위 공연은 18세기 후반에서 19세기 초반 산대도감패의 공연이라 할 수 있으니 진랑과 만석중은 〈산대도감극〉의 젊은 소무와 노장 스님인 것이다.

「산대도감극각본」의 대사에는 희미하나마 산대 금강산의 흔적이 나타난다. 목중의 노랫가락 가운데 "금강산(金剛山)이 좋단 말은 풍편(風便)에 언뜻 듣고 장안사(長安寺) 쩍 들어가니 난데없는 검은 중이"라는 대목이 있는 것이다. 그밖에 "녹수청산(綠水靑山) 깊은 골에 청룡(靑龍), 황룡(黃龍)이 꿈틀어졌다."는 대목도 산과 관련된다. 〈산대도감극〉이 산희와 야희를 함께 전승하던 시절에는 야희인 탈춤을 공연하는 한편에 산대인 금강산을 세워두었을 것이므로 노랫가락 속의 '금강산'은 탈춤의 극중공간

속에 실재하였다고 할 수 있다. 장안사와 노장의 잡상이 설치된 금강산을 가리키며 위의 노래를 불렀다면 더욱 실감나는 장면이 연출되었으리라 여겨진다. 산대 위에 잡상으로 있던 노장이 산에서 내려와 탈춤을 추는 공연공간에 나타난다면 이 장면 역시 산희와 야희의 상관적인 공연미학을 창출하게 될 것이다.

〈산대도감극〉에서 산대가 사라진 이유는 제일 먼저 재정적인 문제를 들 수 있다. 보관하여 거듭 사용할 수 있는 예산대라 할 지라도 보수하여 유지하는 비용이 들기 때문이다. 또한 높고 화려한 산대가 중세적인 이념을 상징한다고 할 때, 중세를 지난 근대 이행기의 연극문화에서는 산대가 거추장스러울 수밖에 없었다. 놀이패에 따라서는 산대를 단순한 인형극 무대로 전환시키거나 산대 및 산희를 완전히 포기하였을 것으로 여겨진다.

금강산이 사라지면서 노장 스님 역시 돌아가 불도에 정진할 도량을 잃어버리게 되었다. 성진이나 팔선녀가 그랬듯이, 신성공간으로 복귀할 수 없었던 스님은 더욱 세속화되었다. 그는 두 명의 소무와 온갖 "오입쟁이 짓"을 다할 뿐만 아니라 소무들에게 줄 신발을 외상으로 사는 수단 좋은 시정 사람이 된 것이다.

산희와 야희가 함께 어우러진 〈산대도감극〉을 통하여 민간 백성들의 일상적인 삶이 중세적 이념으로 결집될 수 있었고 초월적인 신성공간이 세속공간으로 다가설 수 있었다. 중세 궁정에서 산대 나례와 같은 행사를 거행할 때는 전자의 미학을 기대하였을 것이다. 그러나 근대 이행기에 들어서면서 연극문화의 담당층은 후자의 미학을 발전시켜 산대 위의 초월적인 존재들을 인간적인 세속공간으로 끌어내리게 되었다.

그 사이 바다 위 신선이 사는 봉래산이 강원도의 금강산이 되었고 남악 형산의 성진과 팔선녀가 미색에 빠진 파계승과 색주가의 기생이 되었다. 금강산에서 내려온 노장 스님은 오입쟁이에 수단 좋은 시정 사람이 되었다. 거기에 중세 궁정의 산대에는 없던 샌님과 말뚝이, 쇠뚝이가 등장하게 되었고 서울의 왈자패인 포도부장이 나타나 가장 강력한 주인공으로 행세하게 되었다. 양반과 하인의 등장은 〈하회별신굿놀이〉와 같은 농촌 탈춤의 영향을 받았다면 포도부장의 등장은 서울의 상업지역을 기반으로 하는 오락 유흥 문화에서 비롯되었다고 할 수 있다. 결국 중세 궁정문화를 해체하여 근대 이행기의 시민문화를 구축하는 과정에서 서울지역의 연극 〈산대도감극〉이 형성된 것이다.

6. 〈양주산대놀이〉의 전승

1) 〈양주산대놀이〉의 유래

〈양주산대놀이〉는 양주 일원에 전승하는 탈놀이로 서울의 〈산대도감극〉에서 파생되었다. 서울의 녹번(碌磻)·애오개(아현동)·가믄돌(玄石)·사직(社稷)골 등지의 〈산대도감극〉을 본산대라 하는 데 대해 〈양주산대놀이〉를 별산대라 한다. 1964년 12월 7일 중요무형문화재 제2호로 지정되었다.

〈양주산대놀이〉의 유래에 대해서는 이설이 있는데, 양주지역의 민속놀이에서 유래하였을 것으로 추정된다. 양주지역은 이미 18세기 전후에 해마다 4월 초파일이나 5월 단오에 서울의 사직골 딱딱이패를 초청하여 산대놀이를 놀게 하였다고 한다. 이 놀이패는 바로 본산대에 해당한다고 할 수 있으며 주로 백정(白丁), 상두군, 건달로 구성되었는데, 여기저기를 돌아다니며 공연하기 때문에 일시를 못 맞추는 경우가 많았다고 한다. 이에 불편을 느낀 양주 백성들이 신명이 많은 이을축(李乙丑)을 중심으로 자발적으로 모여 사직골 딱딱이패를 본떠 가면과 기타의 도구를 만들고 직접 공연하게 되었는데, 그 결과가 훌륭하여서 그 뒤부터 이를 발전시켜 내려왔다고 한다. 여기에 참여한 연희자들은 주로 관아의 아전과 하리(下吏)들이었다. 후에는 양주 목사(牧使)가 주재하던 객문동(客門洞)을 중심으로 그 지역 사람만이 연희할 수 있는 독자적인 놀이로 전승되었다.

양주는 현재 행정 구역으로는 경기도 양주군 주내면(州內面) 유양리(維楊里)에 속하지만, 조선시대에는 군(郡) 행정을 담당하는 중요한 고장이었다. 남으로 서울, 북으로 상수역(湘水驛)-적성(積城)-마전(麻田)-연천(漣川) 방면, 동북으로 동두천(東豆川)-영평(永平) 방면, 동으로 송우리(松隅里)-포천(抱川) 방면으로 통하는 교통의 요지이며 서울로 들어오는 길목에 해당한다. 따라서 물류 이동의 중심지로서 행인도 많고 자연히 큰 규모의 저자거리가 형성되어 한강 이북으로는 가장 큰 고을이었다. 또한 유양팔경(維楊八景), 사찰(寺刹), 향교(鄕校)가 현전하고 있으며, 임꺽정의 전설도 바로 이곳을 배경으로 하고 있다. 그런데 양주는 조선후기에 보다 비약적으로 성장하는데, 이는 조선후기의 상업 활동과 밀접한 관계를 맺고 있다. 서울의 상권을 육의전(六矣廛)을 위시한 특권적 상업을 독점하고 있는 상인이 장악하고 있을 때, 이에 대항하는 사상도고(私商都賈)들은 서울 근교에 자리를 잡고 서울에 들어오는 상품을 중간에서 사 모아 서울의 특권적 상업에 대해 커다란 위협을 가했는데, 이러한 상인들이 자리를 잡은 곳 중의 하나가 양주였다. 양주 상인들은 이미 18세기에 서울의 특권적 상인의 경제력을 능가하였다는 기록도 확인된다.

여기서 북청사자놀음의 북청(北淸)이나 송파산대놀이의 송파(松坡) 역시 중요한 상업 지역이었던 점을 상기하면 〈양주산대놀이〉의 형성과 양주지역의 상업적 발달과의 상관성을 유추할 수 있다. 즉 조서후기에 상업이 특정한 집단에 의해 주도되지 않고 자유롭게 행해지고, 이를 지속적으로 행하면서 시장이 형성되고, 시장은 생업을 위한 활동무대이면서도 많은 행인이 오가며 정보를 교환하는 공간으로 인식되고, 나아가 이들을 중심으로 기존의 것이 아닌 새로운 문화 활동에 대한 욕구가 일어났던 것으로 보인다. 양주는 이미 행정도시로서 뿐만 아니라 상업도시로서도 중요한 입지를 확보하고 있었는데, 관아의 행정 담당자인 아전과 상업 담당자인 상인들을 중심으로 지방의 독자적인 별산대놀이가 형성되었다고 추정할 수 있다. 놀이판이 형성되면 수많은 사람들이 몰려들기 때문에 곧 고객을 보다 확보할 수 있었으며, 이러한 이유로 상인은 놀이판을 후원하였다고 볼 수 있다.

또한 앞서 언급한대로, 〈양주산대놀이〉는 관아의 아전이 직접 참여하였다는 점을 상기할 필요가 있다. 본래 이속(吏屬)은 상인과 이해관계를 같이하는 집단이다. 이들 집단은 양반도 아니며 서민과도 구별되어, 양반의 고답적이면서도 엄숙한 놀이문화에는 거부감을 나타내고, 일반 백성의 민속놀이에도 싫증을 내었다고 할 수 있다. 따라서 별산대놀이는 상인과 이속이 양반과 달리 체면을 무시하고 춤추며 노래하고 신명풀이를 하는 계기를 마련하였던 것이다. 이는 봉산탈춤의 중요 연희자가 아전들이었던 점에서도 확인되는 바이다.

안동 하회마을의 하회별신굿과 하회탈놀이가 마을의 전통적 민속신앙에서 발생한 농촌가면극인 반면에, 〈양주산대놀이〉는 상업도시를 배경으로 하는 도시탈춤이라 할 수 있으며, 이러한 발생 배경의 차이점으로 인해 그 극의 내용 또한 차이를 지닌다고 볼 수 있다. 〈양주산대놀이〉는 도시탈춤으로서 상인과 이속의 경제력과 생활의 여유를 배경으로 자라난 놀이라 할 수 있다.

2) 〈양주산대놀이〉의 무대와 객석

〈양주산대놀이〉는 마을의 북서쪽 불곡산(佛谷山) 아래의 사직(社稷)골에서 행해졌다. 조선시대에는 서울의 사직단(社稷壇) 외에도 지방의 중요 고을에도 사직단을 설치하여 농사의 신에게 제사를 올리고 풍년을 기원하였다. 양주도 사직단을 가지고 있는 큰 규모의 지방관아였고 이곳이 〈양주산대놀이〉의 무대와 객석이 된 것이다. 일반적으로 민속극이 마을 민간신앙의 제의적인 성격을 지니고 있어서 성황당과 같은 민간신앙의 공간에서 행해졌던 것을 감안한다면, 사직단에서 놀이판을 벌렸다는 것은 여러 가지 의미를 지닌다. 앞서 확인한바 〈양주산대놀이〉의 연희자가

그림 25 〈양주산대놀이〉 전수회관의 놀이판 1

관아에 소속된 아전 집단이었던 점을 상기한다면, 〈양주산대놀이〉가 순
수한 민간차원에서 이루어진 놀이가 아니라 행정기관과 밀접한 관련을
맺어 형성되고 전승되었음을 추정할 수 있다.

본래는 사직단 앞에 당(堂)이 있어 놀이에 소용되는 도구를 보관하고
그 앞마당에서 산대놀이가 벌어졌다고 한다. 현재는 당도 헐리고 사직단
앞마당도 없어졌으며, 도구의 보관과 연희공간으로 전수회관(傳授會館)이
이용되고 있다(그림 25, 그림 26).

〈양주산대놀이〉는 4월 초파일, 5월 단오, 8월 추석에 주로 공연되고 기
타 크고 작은 명절 외에 가뭄 때의 기우제(祈雨祭)와 같이 마을공동체의
단합이 필요한 경우에 공연되었다. 또 제석(除夕)에는 관아와 육방(六房)
을 돌아 축사(逐邪)하는 의식을 가졌다. 비용은 마을의 유지나 부잣집, 또
는 상인들이 추렴하지만, 연희자는 원칙적으로 무보수로 참여하였다고
한다. 경우에 따라서는 다른 지방의 초청에 응하여 순연(巡演)하기도 하
였는데, 이때는 곡식과 돈 등을 대접받기도 하였다.

그림 26 〈양주산대놀이〉 전수회관의 놀이판 2

그림 27 〈양주산대놀이〉 고사 장면

놀이 전에 탈고사를 지내는 것이 상례인데 고사에는 조라(산제에 쓰는 술, 祭酒)와 떡과 삼색과일·소머리·돼지다리 등 푸짐한 제물이 준비된다(그림 27). 제물과 제주를 음복하여 취기가 돌면 앞놀이[길놀이]가 시작되는데, 서낭대와 탈들을 앞세우고 풍물을 울리며 마을을 순회한다. 이러한 과정은 〈양주산대놀이〉가 마을의 안녕과 풍년을 비는 마을굿의 성격도 띠고 있었음을 의미하는 것이기도 하다.

공연공간은 불곡산 기슭의 비탈진 곳에 관객석이 마련되는데, 차일(遮日)이 쳐지기도 하였다. 그 앞의 넓은 공간이 놀이판이 되며, 관객석과 놀이판 사이에 악사석(樂士席)이라 할 수 있는 삼현청(三絃廳)이 마련되고, 그 맞은편에 개복청(改複廳)이 설치된다. 삼현청과 개복청은 일종의 대기실 역할을 하게 된다. 불곡산 계곡 입구의 사방이 자연으로 이루어진 무대 구실을 하였으며, 공연 진행을 위해 개복청과 삼현청을 따로 분리하여 설치한 것이다. 조명 역시 모닥불이나 기름불로 밝히며 밑에서 위로 비추는 방법을 사용하였다 한다.

본격적인 탈놀이는 삼현육각(三絃六角)의 반주로 시작된다. 등장인물은 상좌 2명과 먹중 4명과 완보(完甫), 옴중, 소무(小巫), 연잎, 눈끔적이, 샌님, 취발이, 말뚝이, 쇠뚝이, 왜장녀, 애사당, 원숭이, 포도부장, 도령, 해산모(解産母), 신주부, 신할아비, 미얄할미, 도끼, 도끼누이 등이다. 탈은 대개 바가지탈로 현재 22개의 탈이 있지만, 모든 역할의 담당자가 있었던 것은 아니고 한 사람이 경우에 따라 여러 역을 겸용하기도 한다.

놀이는 모두 8마당 9거리로 짜여졌으며 제1마당은 상좌마당, 제2마당은 옴중마당, 제3마당은 먹중마당, 제4마당은 연잎·눈끔적이마당, 제5마당은 팔먹중마당, 제6마당은 노장마당, 제7마당은 샌님마당, 제8마당은 신할아비·미얄할미마당이다. 연희의 내용은 산대도감 계통의 공통된 내용으로 조선조 서민문학(庶民文學)의 특성을 그대로 드러낸다. 남녀의 갈등, 양반에 대한 풍자·모욕, 서민생활의 빈곤상 등 당시의 현실 폭로와 특권계급에 대한 반항정신을 나타내는 것들이다. 특히 파계승과 몰락한

그림 28 〈양주산대놀이〉 노장 과장의 장면

양반과 같이 과실이나 무능으로 인해 권위를 상실한 인물을 하인을 비롯한 서민들이 풍자하는 내용이 희극적으로 그려지고 있다. 놀이의 공연자와 향유자의 공감을 얻어내는 내용을 축제적인 분위기 속에서 즐길 수 있었던 점이 〈양주산대놀이〉를 오늘날까지 전승되게 한 원동력이라 할 수 있다. 그 주제는 크게 다음과 같이 들 수 있다.

1) 벽사(辟邪)의 의식무(儀式舞)와 굿
2) 파계승에 대한 풍자

3) 양반에 대한 모욕

4) 남녀의 대립과 갈등

5) 서민생활의 실상(實相) 등을 보여 주는 것

위의 내용은 당시의 특권계층과 형식 도덕에 대한 일종의 비판정신을 구체적으로 연출하는 민중극이다. 이것은 세계 어느 나라의 민속극에서도 공통적으로 볼 수 있는 것으로, 인간의 약점이나 시류(時流)의 악폐(惡弊), 당시에 호사를 부리는 계층에 대한 날카로운 풍자와 패러디(parody)인 바, 이러한 서민문학 상(相)은 임진, 병자의 양란이후 새로 일어난 서민문화를 주류를 이룬 사조로서 서민예술의 하나인 산대놀이도 예외일 수 없었던 것이다.

〈양주산대놀이〉는 위의 내용을 탈놀이의 형태로 공연하였다. 따라서 다른 가면극의 경우와 마찬가지로 음악반주가 따르는 춤이 주가 되며 거기에 묵극(默劇: 팬터마임)적인 몸짓과 동작·사설, 그리고 노래가 곁들여져 가무적인 부분과 연극적인 부분으로 이루어진다.

대사는 봉산탈춤이 비교적 운문적(韻文的)이라면 별산대놀이는 평범한 일상 회화로 비어(卑語)를 쓰며 동작은 하나의 전기적인 역할을 한다. 그리고 옴과 취발이와 말뚝이의 대사는 이 놀이의 대사 중 백미(白眉)로서 관중의 흥미를 끈다. 그러나 상좌, 연잎과 눈끔적이, 왜장녀, 애사당, 소무(小巫), 노장, 원숭이, 해산모, 포도부장, 미얄할미역(役)은 대사 없이 춤과 몸짓(mime)과 동작으로만 연기한다. 노장의 팬터마임이 가장 우수한 것으로 시종 대사한마디 없이 춤과 몸짓으로만 소무와의 파계 과정과 농희(弄戲)를 훌륭히 한 마당의 놀이로 성립시키고 있다.

춤사위는 한국 민속가면극 중 가장 분화·발전된 것으로 몸의 마디마디 속에 멋[神]을 집어넣은 염불장단의 거(그)드름춤과 멋을 풀어내는 타령장단의 깨끼춤으로 구분되어 몸짓 또는 동작이 유연한 형식미를 갖추었다. 본래 산대춤은 봉산 탈춤이나 오광대(五廣大)놀이의 덧배기춤에 비

그림 29 〈양주산대놀이〉 중 애사당법고놀이 장면

하여 비교적 전아(典雅)한 맛이 있고 형식미를 갖추고 있다. 이것은 아마 경기인의 기질이나 궁중무(宮中舞)의 영향 등에서 온 것으로 추정된다. 특히 〈양주산대놀이〉에서 보이는 거(그)드름식 춤과 깨끼식 춤의 두 종류의 춤은 독특한 춤사위를 보여준다.

노래는 장단을 청하는 짤막한 불림과 그밖에 매화타령(梅花打令), 백구타령(白鷗打令), 천자(千字)풀이, 덕담(德談) 등으로 가짓수가 많은 편은 못되며, 그것도 덕담 외에는 처음의 허두만 조금 부르다 곧 재담이나 춤으로 바꾸어버려 동작의 신호적인 큐의 역할을 한다. 반주악기는 삼현육각, 즉 피리2·젓대1·해금1·장구1·북1 등인데, 꽹과리·호적 등을 추가하는 경우도 있으며 반주 장단에는 완중(緩重)한 염불, 리듬이 명확한 타령, 유장(悠長)한 굿거리곡 등을 사용한다.

〈양주산대놀이〉의 연희자도 다른 탈춤의 경우와 같이 대부분 반농반예(半農半藝)의 비직업적인 연희자들로 구성되어 왔으며, 이속과 무부(巫夫)

가 많았다. 일반인들은 탈을 쓰면 조상의 넋이 겁을 내어 제사를 못 지낸다고 하여 꺼려왔기 때문이기도 하다. 연출 시간에는 제한이 없어 보통 저녁에 시작하면 다음날 새벽까지 계속되었으며, 그때그때의 흥(興)과 형편에 따라 3~4시간으로 줄이는 수도 있었다. 공연상황에 따라 자유롭게 연출할 수 있는 것은 민속공연이 가지고 있는 특징인바, 연희자와 관객이 신분적으로 분리되지 않았기 때문에 가능한 것이었다 할 수 있다.

〈양주산대놀이〉는 서울이 아닌 지방에서 이루어진 대표적인 산대도감 계통의 놀이이다. 따라서 산대놀이가 가지고 세련미와 조직적 완성도가 높다고 볼 수 있다. 그런데 이러한 놀이를 지역 주민이 자발적으로 형성하고 그 놀이가 양주 지역에서만 전승되었다는 사실은, 양주가 조선 후기의 중요한 상업도시로 이미 자리 잡고 이에 따라 도시상인과 거부 및 서민들이 새로운 문화 소비층으로 대두되기 시작한 예라 할 수 있다.

〈양주산대놀이〉 연희본(1930년본)

[속표지]

1930년 춘삼월 17일(一九三〇年 春三月 十七日)
산대도감극 각본(山臺都監劇 脚本)
경성제국대학 조선문학연구실(京城帝國大學 朝鮮文學硏究室)

[속표지 뒷장]

조종순 구술(趙鐘洵 口述)
김지연 필사(金志淵 筆寫)

[본문]

산대도감극(山臺都監劇)

A. 산대도감극(山臺都監劇)의 유래 : 4천 년 전 석(昔), 은(殷)의 걸주(桀紂)가 여와씨(女媧氏)의 사당(祠堂)에 일 년에 춘추(春秋) 2회 거동을 하였습니다. 여와씨(女媧氏) 즉천하일색(則天下一色)이라, 그 화상을 보고 주(紂)가 흠모하여 내심에 왈(曰)"오평생(吾平生)에 원취여차지녀(願娶如此之女)하여 작배동거(作配同居)하였으면"하니, 여와지신(女媧之神)이 노이욕징차망상(怒而欲懲此妄想)하여 명구미호(命九尾狐) 왈(曰) "방금(方今) 소가지녀(蘇哥之女) 달기(妲己)가 일색(一色)인즉 피필구혼우차녀의(彼必求婚于此女矣)리니 여(汝)가 달기(妲己)를 잡아먹고 그 형용을 뒤집어써서

가피후수오지명(嫁彼後守吾之命)하여 작만반지화(作萬般之禍)하라."

주취달기(紂娶妲己)하니 달기(妲己) 청주작제반악사(請紂作諸般惡事)하여 살충신(殺忠臣) 열동주사신포주등(熱銅柱使臣抱柱等)하니, 비간(比干)의 간이사(諫而死)가 역차시(亦此時也)라. 원사제혼(冤死諸魂)이 화위요귀(化爲妖鬼)하여 작난(作亂)이 막심(莫甚)하니, 강태공(姜太公)이 차(此)를 제어키 위하여 주천지살성등(做天地殺星等)하여 희축요귀(戲逐妖鬼)하였으니, 차(此)가 원인(遠因)이고,

고려말년(高麗末年)에 승신동(僧辛旽)이 도승(道僧)이 되려 할 시(時)에 백성 중 호사자등(好事者等)이 비방왈(誹謗曰) "차하도긍(此何道僧)고 필이 여색(必以女色)으로 시이파기공부(試而罷其工夫)하리라"하고 이소무당(以小巫黨)으로 혹(惑)케 하니 무십벌지목(無十伐之木)이라. 신(辛)의 방탕이 무조부지(無所不至)하니, 차즉(此則) 소무당등(小巫黨等)이 유지왈(誘之曰) "도승(道僧)과 첩등(妾等)이 수유여하동작(雖有如何動作)이나 타인(他人)이 부득견(不得見) 즉종심지지소락(則從心志之所樂)이 미유불가(未有不可)라"하여, 혹은 중인회합지석(衆人會合之席)에 작추태(作醜態)하며, 혹은 휴지오천(携至汚川) 왈(曰) "차즉청승지지야(此即淸勝之地也)라"하여, 어산어수(於山於水)에 방욕회유(放慾回遊)하니, 소무당(小巫黨)은 달기(妲己)의 행세를 하고 도승(道僧)은 주(紂)의 행세를 하였다.

본국(本國) 이조(李朝) 병자호란(丙子胡亂)에 속우지나(屬于支那)하여, 이어가례시(移御嘉禮時)에는 상부사(上府使) 즉청사신(即淸使臣)가 필래(必來)하여 원견금강산(願見金剛山)하니, 유견식지재상등(有見識之宰相等)이 상의안출상대도감유희(相議案出山臺都監遊戲)하여 이대금강유람(以代金剛遊覽)하니, 차즉성폐지정신(此即省弊之精神)이라. 청사내시(淸使來時)에 산대역인등(山臺役人等) 무학현(舞鶴峴)에서 영이전배입성(迎而前倍入城)하니, 차(此)ㅣ 이조상유산대도감유희지원인야(李朝尙有山臺都監遊戲之源因也)오. 후(後)에 청사(淸使)가 차(此)를 보기 싫다고 하는 자 있어 산대전지례(山臺代錢之例)도 유(有)함.

B. 계방(契房)의 유래(由來) : 산두역원(山頭役員) 등 생활비(生活費)로 하기 위하여 생(生)한 자(者)니, 동(道), 군(郡), 면(面), 동(洞), 점막(店幕), 포구(浦口), 사찰(寺刹)에 배(舟) 배 추렴 같이 세납(稅納)과 여(如)히 금품(金品) 혹은 곡물(穀物)을 수렴(收斂)하니, 국(國)으로부터 허가빙고품(許可憑考品)은 즉도거인야(即圖書印也). 춘(春)에는 선인(蟬印), 추(秋)에는 호인(虎印)을 용(用)하야 차인(此印)을 날거(捺去) 즉소아(則少兒)에게라도 추렴을 출급(出給)하다. 액수(額數)는 당시(當時) 해군수(該郡守)가 정(定)함.

부록(附錄)

1. 산대유흥시(山臺遊興時) : 춘(春), 하-녹음방초시(夏-綠陰芳草時), 추-구월황국시(秋-九月黃菊時) 삼기야(三期也)

2. 소재지(所在地) : 경성(京城), 양주(楊州)

3. 역원(役員)의 문벌(門閥) : 양주 이배(楊州) 이배(吏輩)니, 여(與) 꼭두각시, 사당 등 역원(役員)으로 별이우지(別而遇之)하느니라.

4. 역원(役員) 소재지(所在地) : 1은 남대문(南大門) 큰고개, 2는 고양군(高陽郡) 은평면(恩平面) 녹본이라.

서막(序幕)-고사

삼종(三種) 과실, 소머리, 돼지다리 등을 놓고, 주상(酒床)도 있음. 연잎과 눈꿈적이가 중요한 자이기 때문에 가운데 둔다. 아무든지 나와서 고사하는 어구는 여좌(如左)함. "각인각성(各人各姓) 열에 열 명이 다니시더라도 뉘도 탈도 보지 마시고 적적(寂寂)히 흠향하시고 도와주소서."

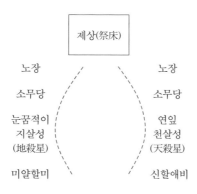

	제상(祭床)	
노장		노장
소무당		소무당
눈꿈적이		연잎
지살성		천살성
(地殺星)		(天殺星)
미얄할미		신할애비

제1과정

(상좌(上佐)가 나와서 하나님께 절을 하고 춤을 추는데, 타령 장단을 친다.)

무(舞)의 종류

돌단 : 도는 것.

곱사위 : 장고 앞에서 뒤로 물러나는 것.

화장 : 새면 앞에서 손을 한 번 돌리어 어깨에 대고 또 한편 손도 그렇게 한다.

여닫이 : 새면 앞에서 곱사위해 나오다가 손을 1차 돌려서 사타구니에 대고, 다른 손도 그렇게 하다가 전면에 손을 한 목 들었다가 팔을 좌우로 벌리면서 장고 있는 데로 들어간다.

멍석말이 : 장고를 향하여 멍석 말듯 말면서 전진.

제2과정 (옴 등장)

옴 : 여러 해포만에 왔더니 정신이 띵하다. 옛날 하던 지저귀나 한 번 해 볼까. (양봉(兩棒)을 딱딱 치면 상좌가 빼앗아 간다.)

옴 : 사람이 백절 치듯 한데 적혈(賊穴)에 들어왔군. 막대기를 빼앗아갈 제는 쇠끝을 내놓으면 큰일 나겠군. (재팔이를 치며 상좌 앞으로 돈다. 상좌가 와서 또 빼앗고, 그 제금을 옴의 가슴과 등에 대어, 치는 형용을 한다.)

옴 : 적반하장(賊反荷杖)도 분수가 있지. 남의 물건을 뺏어가고 사람까지 쳐. 너 요 녀석들 하던 지랄이나 다 했나? (상좌가 박수이립(拍手而立)[장고 치라는 신호] 상좌(上佐)가 옴을 마주보고 춤을 춘다. 옴이 상좌(上佐)를 숙시(熟視)하니 상좌가 엉덩이를 두른다. 옴이 상좌(上佐)를 한 번 때리고.)

옴 : 요 녀석 어른보다 군포오졸(군(軍)包五卒)을 더 두르느냐? (옴의 인사.) 대방에 휘몰아예소. "절수절수 지화자 저리절수" (하며 옴이 춤춘다. 타령 춤.)

제3과정

묵승 : 어이어이

옴 : (들고 있던 홰기로 묵승의 얼굴을 치며,) 네밀 할 놈 대방(大方) 노름판에 나와서 무얼 어이어이 하니?

묵승 : 남 채 나오지도 않아서. (앉는다.)

옴 : (우 하고 꾸부리고 앉는다.) 나오지 안 한 놈이 저렇게 커?

묵승 : 니 어쩬 말이냐? 나오기는 한 60년 되었지만 노름판에를 인제 나왔단 말이야. (묵승이 옴을 찾으러 다니다가 옴을 벙거지째 잡고서) 예끼 놈 이 녀석을 인제 만났구나. (묵승이 "아나야" 하니 옴은 "아나야" 하고 응답.)

묵승 : 너 쓴 게 무엇이냐?

옴 : 내가 너한테 쓰기는 무엇을 써?

묵승 : 저놈이 평생 가난한 것은 알아볼 거야. 남의 일수(日收)나 월수

(月收)만 써 버릇하여서 말대답도 그렇게 하느냐? 너 머리에 쓴 것 말이다.

옴 : 옳것다. 내 머리에 쓰신 것 말이지? 이것은 의관(衣冠)인데, 이름이 여러 가지다. 저 선 백목전(白木廛)에서 깔고 앉은 초방석(草方席)도 같고, 대국천자(大國天子)가 사송(使送)하신 뇌승(繩)l 벙거지라고도 하고, 저 동대문(東大門) 밖 썩 나서서 청량리(淸凉里) 지나서 떡전 거리쯤 가면, 한 팔십 먹은 마나님이 녹두 반되 드르르 갈고 미나리 한 십전어치 사서 숭덩숭덩 썰어서 부친 덜 굳은 빈대떡이라고 한다.

묵승 : 야, 그 두 가지는 그만두고, 나중 말한 것이 무어야?

옴 : 응 빈대떡.

묵승 : 내 밥맛 본 지 한 사날 된다. 좀 먹어야겠다.

옴 : 예끼 들에 아들놈, 의관도 먹더냐?

묵승 : 이놈아, 네가 빈대떡이라기에 먹겠댔지. 의관이라고 하는데 먹을 리가 있느냐? 어라 이놈, 네 얼굴이 노릇노릇하고 발긋발긋하고 우툴우툴한 것은 무엇이냐?

옴 : 내 얼굴이 우툴우툴하고 발긋발긋하기는 다름이 아니라 하남(河南)서 나오신 호구별성(戶口別星)이 잠깐 전좌(殿座)해 계시다.

묵승 : 야, 호구별성(戶口別星)이 고렇게 전좌하실 데도 없더냐? 네 누추한 상판대기에 전좌하시더냐?

옴 : 호구별성(戶口別星)이 가구(家口)적간 인물추심(人物推尋) 다니실 때 상하 물론(勿論)하고 전좌 안 하시겠느냐?

묵승 : 야, 호구별성(戶口別星)이라니 다시 좀 보자. (손으로 옴의 얼굴을 만진다.)

옴 : 야, 마마 어이진다.

묵승 : 이놈이 어서 진옴을 잔뜩 올려 가지고 마마니 역신(疫神)이니 그래? 어이고 가려워. (물러선다.) 너하고 말도 하고 싶지도 않다.

옴 : 이놈이 뭘 올려?

묵승 : 이놈이 옴을 올려.

옴 : 이놈이 뭘 올려?

묵승 : 이놈이 옴을 올려.

옴 : 이놈이 뭘 올려?

묵승 : 이놈이 옴을 올려.

(옴이 목중 앞에 왔다.)

묵승 : 이놈 네 얼굴이 대패질한 것보다 더 빤빤하다.

옴 : 아이고, 묽기는 한량없는 놈이로구나.

묵승 : 너 하던 지랄이나 다 했니? (서로 맞춤 추고 있다가,) 이놈이 어
　　　른보다 군포오졸(軍包五卒)을 더 두는구나. (옴이 물러 새면 앞에
　　　앉고,) 대방에 휘몰아예소. (唱) "절수절수 지화자 절수" (춤춘다.)

제4과정

(연잎[蓮葉]·눈꿈적이 등장)

(연잎은 앞에서 부채로 얼굴을 가리고 눈꿈적이는 그 뒤에서 장삼으로
얼굴을 가린다. 상좌가 곱사위 무(舞)를 추고 연잎 앞에 가서 규시(窺視)
할 제 연잎이 부채를 떼면 상좌가 놀라서 들어간다. 다음 상좌도 같다.)

옴 : (나오면서) 아따 요 어린 녀석들이 뭘 보고 그렇게 방정맞게 그러
　　　느냐?

묵승 : (歌) "소상반죽(瀟湘斑竹) 열 두 마디 후리쳐 덤석 타"

(곱사위 춤으로 들어가다가 상좌를 보고 돌아서면서) 어이쿠 이게 뭐
　　　야? (제 자리로 돌아간다.)

옴 : 아따, 그 자식들 무엇을 가보고 그렇게 기절경풍(氣絶驚風)을 하느
　　　냐?

묵승 : 오냐, 나가봐라. 너밖에 죽을 놈 없다. (옴이 춤추며 나와서 눈꿈

적이 얼굴 가린 것을 홱 벗겨 눈끔적이 눈을 끔쩍끔쩍하며 옴을 쫓아간다. 연잎이 새면 앞에 가서 부채를 한번 들면, 염불타령을 친다. 눈끔적이는 돌단으로 세 번 돌고 나서 연잎은 새면 앞에 가서 부채를 앞에 대고 3차 몸을 잰다. 눈끔적이가 세 번 돌면 연잎이 새면을 뒤로 하고 부채로 잔등이를 치면 타령을 친다. 연잎이 곱사 위 멍석말이 추고 들어간다. 눈끔적이도 여닫이하고 퇴장.)

제5과정 (팔목과정)

(팔목 중이 나와서 새면 앞에 전부 앉는다. 상좌가 일어나서 박수하고 춤추며[타령장단] 한 편에 서고 그 다음 상좌 역시 일반. 이하 이와 같다.)

옴 : (歌) "소상반죽(瀟湘斑竹) 열 두 마디
　　　후리쳐 덥석 타." (나온다.)

중 1 : (歌) "금강산(金剛山)이 좋단 말은 풍변에 언뜻 듣고
　　　장안사(長安寺) 쩍 들어가니 난데없는 검은 중이" (무(舞)) (나가 선다)

중 2 : (歌) "녹수청산(綠水靑山) 깊은 골에
　　　청룡(靑龍), 황룡(黃龍)이 꿈틀어졌다." (무(舞)) (나가 선다.)

중 3 : (歌) "양양조아 제백수학니
　　　난가장천 배동제라." (나가 선다.)

중 4 : (歌) "달아달아 밝은 달아
　　　이태백(李太白)이 노던 달아 태백(太白)이
　　　비상천후(飛上天後)에 나와 사잤더니." (나가 선다.)

(이렇게 해서 전부 일렬로 서고 완보만 남아 있다.)

완보 : (앉아서) 이놈에 집안이 어찌 되야 벌겋게 앉았더니 모두 어디로 갔나? 집안 개새끼가 나가도 찾는다는데 나가 찾아봐야겠군. ("금강산……" 등 노래를 부르고 갈 제, 돌단으로 춤추고 중 선 데를 빙

돌다가 다시 새면 있는 데로 왔다가, 중들을 보고 다시 화장을 춤 추며 향하여 간다.) 너들 명색이 무어냐?

중 : 우리가 중이다.

완보 : 중이면 절간에 있지 여염집에 왜 왔느냐?

중 : (××)에서 산대도감을 한다기에 구경 왔다. (××는 장소)

완보 : 이애 그렇지 않다. 암만 구경은 왔다 해도 우리가 중 행세를 해 야 할 테니까, 우리 염불이나 한마디 해보자. (모두 인도 소리를 하 고 관 쓴 사람이 하나 열 밖에 서 있다.) 나무아미타불 (이런 소리 를 여러 중이 따라 한다.)

관 쓴 사람 : 나무할미도타불, 나무에미도타불, 나무애비도타불 (완보가 가서 그를 [즉, 관쓴 중=여기서는 편의상 "관중"이라고 쓰겠다.] 물 끄러미 들여다보다가 꽹과리채로 "관중"의 얼굴을 친다.)

완보 : 이 잡놈아, 이게 무슨 짓이냐?

관중 : 이놈아, 몹쓸 놈아, 남에게 이렇게 적악을 하느냐. 내가 도통이 다 돼서 생불이 거진 됐는데, 남의 도를 이렇게 깨뜨려 주는 수도 있느냐?

완보 : 너 이놈 무얼로 도통이 다 됐다는 것이냐?

관중 : 너는 나무아미타불만 불렀지? 나는 그보다도 몇 가지 더 불렀는 데.

완보 : 네가 몇 가지를 더 불렀어?

관중 : 몇 가지를 더 부른 말을 들어라. 나무할미도타불. 나무할애비도 타불. 나무애비도타불.

완보 : 옳것다. 다른 사람보다 세 가지 네 가지 더 불렀으니까 그렇겠 다.

중 : (나와서 완보를 보고,) 여 우리가 겉으로 중이지. 속도 중일 리가 있느냐. 염불인지 무엇인지 다 그만 내버려두고 우리 가사나 한번 하여 보자.

중 2 : 얘 그거 좋은 말이다. (완보, 관 중, 전부 일렬로 서고, 완보가 꽹
　　　과리를 치면 장고도 장단을 맞춘다.)

전부 : (歌) "매화야 너 있던 곳에……" (완보 옆에는 관중이 상좌를 침
　　　으로 찌르면 상좌가 춤추고 새면 앞에 가 앉는다.)

　　　(歌) "봄철이 돌아를 온다."

(관중이 옴을 침 주면, 옴은 춤추고 상좌같이 한다.)

완보 : 마라, 마라.

옴 : 남이 신이 나는데 그래.

중 3 : (나오면서) 얘, 그놈의 자식들은 딴 놈의 자식이로구나. 그놈들
　　　다 나갔으니 빼고 우리끼리나 잘 놀아보자.

완보 : 얘, 그거 좋은 말이다.

전부 : (거(歌)) "그물을 매세, 매세."

(중 하나가 또 침을 맞고서 전과 같이 나간다.)

중 : 그놈은 딴 놈의 자식이니 무어니 하더니 저놈은 왜 미처 나가느냐?

완보 : 우리는 다시 잘 놀아보세.

전부 : (歌) "오색당사(五色唐絲)로 그물을 매세."

(한 중이 또 나간다.)

중 : 그놈도 잡놈이루구나.

완보 : 얘 이번엔 우리 꼼짝 말고 잘 놀자.

전부 : (歌) "치세, 치세 그물을 치세."

(또 하나 나간다.)

　　　(歌) "부벽루하(浮碧樓下)에 그물을 치세"

(또 하나 나간다. 완보와 침쟁이만 남았다.)

완보 : 얘, 그 잡자식들은 멀쩡한 미친 녀석들이니 우리 둘이 잘 놀아보
　　　자.

중 1 : (새면 앞에 앉았던 중이 두 사람 앞으로 나오면서,) 네 말이 우리
　　　는 다 미친놈이라고 했으니 너 두 놈은 장승 번으로 서서 죽어라.

만일 나오면 개자식이다. (다시 가서 앉는다.)

완보 : 저놈이 와서 우리를 꼼짝도 못하게 하니, 이것을 어떻게 하면 좋
  으냐?

관중 : 우리야 점잖은 사람이 그럴 도리야 있느냐! 우리 잘 놀아보자.

완보·관중 : (歌) "북경사신(北京使臣) 역관(譯官)들아"

(관중이 마저 노래하며 춤추며 새면 앞으로 나간다.)

완보 : 원 그녀석도 그녀석이로구나. 뭘 점잖으니 어쩌니 하더니 마저
  미처 나갔으니 이것을 어떻게 해야 하나? 나는 춤을 한번 추어야
  겠다. (노래를 부르고 춤추면서 새면 앞으로 간다.)

(염불놀이 종(終))

(중이 상좌, 옴, 목중 3인을 새면 앞에 세운다.)

중 : 사고무친(四顧無親)한데 나와서 이런 옹색한 꼴을 당하니 어떻게
  하나. 혹(或) 이 사람이나 여기 왔을까. (완보 앞에 가서) 아나야이.

완보 : 어이꾸 아와이 (일어선다.) 자네 이새 드문드문하이 그려?

중 : 드문드문 옌장 할. 건둥건둥하이 그려.

완보 : 족통이나 아니 났느냐?

중 : 아이고 그런 효자야.

완보 : 소재라는 게 오줌 앉힌 재?

중 : 그것은 소재지. 효자란 말이다. 애, 그러나저러나 안 될 일이 있어
  서 너를 찾았다. 자식 손자 어린것들이 여기서 산두를 논다니까 산
  두 구경을 왔더니, 무얼 먹고 관격이 되어서 다 죽게 되었은즉 이
  걸 어찌하면 좋으냐?

완보 : 내 의사가 아니고, 나 역 너와 마찬가지가 아니냐.

중 : 너는 나보다 지식이 있고 하니까, 이 일을 돼야지 어떻게 한단 말
  이냐.

완보 : 야 그것 봐. 한즉 뭐 음식 먹고 관격이 된 것 같지 않고 내 마음
  에는 신명이 체한 것 같다. 널더러 안 할 말이다마는 너 집에 혹시

신명(神明)의 붙이로 부리가 있느냐?

중 : 옳것다. 우리 집에 그런 일이 있다. 무당의 부리 말이야. 우리 집에
　　한 삼대째 증조모(曾祖母), 조모(祖母), 모(母) 모두 무당이다.

완보 : 옳다 인제 고쳤다. (3인 앞에 가서 백구사(白鷗詞)를 한다.)

(歌)"백구야 펄펄 날지 마라.

　　너 잡을 내 아닌데.

　　성상(聖上)이 버리시니 너를 좇아 여기 왔다.

　　오류춘광경(五柳春光景) 좋은데

　　백마금편(白馬金鞭) 화류(花柳) 가자……"

중 : 화류(花柳)? 에미 먹감나무는 아니구? (춤춘다.)

완보 : 마라, 마라. 이놈아 사람을 셋씩이나 쥐여 놓고 무에 좋아 뛰노
　　느냐?

(歌)"삼청동(三淸洞) 화개동(花開洞)에 도화동(桃花洞) 옥류동(玉流洞)에

　　동소문(東小門)밖 썩 내달아 안암동도 동이로다.

　　충청도 나려가서 경상도 돌아오니

　　안동도 동이로다.

　　모시 닷 동 베 닷 동 미영 닷 동 명주 닷 동

　　사오 이십 스무 동을 동동 그러니 말에 메고

　　문경새재를 넘어가니 난데없는 도적놈이……"

중 : 난데없는 도적놈이 (춤춘다.)

완보 : 얘 마라, 마라. 이놈아 큰일 났다. 아까는 애들이 꼼짝꼼짝 하더
　　니 영 아주 죽었다. 나는 모른다. 네가 매장군을 디려서 갖다 묻든
　　지, 불에다 사르든지, 생각대로 해라, 나는 모른다.

중 : 애애, 그렇지 않다. (쫓아가 붙든다.)

완보 : (붙잡혀 오면서,) 네가 이렇게 애걸을 하니 내가 이왕에 들으니
　　까 먼지골 살다가 잿골로 간 신주부라는 의원이 있으니 가서 그를
　　청해 오너라.

중 : 가랴?

완보 : 가려무나.

중 : 그 사람이 집에 있을까?

완보 : 그건 가봐야 알지.

중 : 아 정말 갈까?

완보 : 이놈아 사람을 셋이나 쥑이고 뭘 이렇게 지체하느냐? 어서 빨리 불러 오너라.

중 : (가다가 다시 와서,) 나는 그 녀석들이 죄 죽어도 못 가겠다. 잿골 병문에를 간즉 열댓 살 먹은 아해가 하나 잇기에 "먼지골 살다가 잿골로 온 신주부댁이 어디냐?" 물은즉 "요 아래 가 물어 보아라." 어린 녀석이 그렇게 말하니까 그 녀석들이 죄 죽어도 못가겠네.

완보 : 애, 그 아이가 몇 살이나 돼 보이더냐?

중 : 열댓 살 되더라.

완보 : 머리 깎았더냐?

중 : 머리 깎았더라.

완보 : 머리 깎았으면 보통학교 졸업은 마쳤을 테고 중학교생은 될테야. (이것은 후세 삽입.) (손으로 중의 머리를 만져보니까 맨머리다.) 네가 이 모양을 하고 병문에 가 물은즉, 평생 남의 집 하인이지 무에냐? 의관 쓴 내가 물어볼 게 보아라. (나가면서) 애 먼지골서 살다가 잿골로 오실 신주부댁이 어디냐?

중 : 요 아래 가서 물어 보시오.

완보 : 이것 봐라. (중을 본다.) 의관 쓴 양반이 물어보니까. 네 귀구멍 없느냐?

중 : (신주부 집에 간 모양) 여 신주부.

신주부 : 누 네미 할 놈이 신주부야?

중 : 어찌 듣는 말씀이오. 성이 신씨(辛氏)래 신주부가 아니라 새로 났으니까 신주부야.

신주부 : 그러면 와야.

완보 : (왈칵 달려들며) 의사인 줄 알았더니 수왈치(매사냥꾼) 새끼로구
　　　나.

중 : (신주부를 데리고 오면서) 신주부 청함은 다름이 아니라, 내 아들,
　　손자, 증손 이렇게 데리고 산두 구경을 왔다 어린 것들이 무얼 먹
　　고 관격이 되었는지 죽게 되어서 왔소.

신 : 너 알로 몇 대냐?

중 : 나 알로 사대요.

신주부 : 그럼 난 오대조다.

완보 : (덤비면서) 나는 육대조다.

(신주부를 데리고 온 모양.)

중 : 그 녀석들이 어디 있느냐?

중 : 저 빙소(죽은 송장 있는 방) 방에 있소.

신 : 빙소 방이라니 다 죽었단 말이냐?

중 : 죽을 줄 알고 미리 빙소 방으로 정했소.

(신주부가 옴의 손을 쥐고 새끼손가락을 집는다.)

완보 : (쫓아가서 손을 잡아떼고) 이건 의사냐? 맥 보는 법 삼리절곡(三
　　　理絕曲)·방광맥(膀胱脉)이라든지, 새끼손가락 맥 보는 것은 금시
　　　초견(今時初見)이다.

신 : 이 무식한 놈아, 이전에는 삼리절곡(三理絕曲)·방광혈(膀胱血)이
　　라든지 그렇게 맥을 보았지마는 지금은 신식으로 맥을 치걷어 보
　　는 게다.

완보 : 얘, 그럼 맹문(盲問)은 아니로구나.

신 : (다시 옴의 손을 쥐고) (완보를 향하여) 어딜 주랴?

완보 : 이런 녀석의 의원이 어디 있나? 그런 내가 주게, 그럼 그 녀석을
　　　아주 줄띠를 끊어 버려라.

중 : (완보를 보고) 본즉 애들이 경망한 듯하니 붙잡아라.

(3인에게 침을 준다. 옴 등이 소생하여 노래하고 춤춘다.)

완보 : 야 의사 없어도 못 살게로구나.

(침놀이 종(終))

제6과정 (애사당놀이)

(중이 일렬로 서고 제금을 치면서 애사당을 청하면, 왜장녀가 장삼 두
개를 걸머지고 애사당을 데리고 나와 산다. 왜장녀가 막대기로 중의 얼굴
을 때리며,)

왜장녀 : 얘, 얘.

묵승(墨僧) : 이년이, 얘가 누구냐.

왜장녀 : 여보, 여보. (애사당을 가리키며) 얘, 내 딸이다.

중 : 너의 집에 또 있느냐?

왜장녀 : 우리 집에 또 있다.

중 : 너 집에 저런 게 또 있으면 집안 망하긴 똑 알맞겠다.

(왜장녀가 가진 장삼을 관 쓴 목중이 뺏어 새면 앞에 가서 풀고, 그 중
     에 작은 장삼 하나를 꺼내어 목중이 입는다. 장고 등을 치고 사당
     을 놀릴 제, 왜장녀, 애사당 춤춘다)

관중 : 사당, 돈이야! (왜장녀가 돈을 받으러 간다.) 이년아, 저리 가거
     라. (또 그런다.) 이 육실할 년아, 저리가. (관 중이 왜장녀 손을 잡
     는다.)

중 : (唱) "등장 가세, 가세, 하나님한테로 등장 가세.

     무삼 연유로 등장을 가나?

     늙으신 노인은 구기지 말고, 젊으신 청년은 늙지 말게.

     하나님한테로 등장 가세

     얼시구 절시구, 기정(기장) 자로 찧는다.

     아무리 찧어도 헛방아만 찧는다."

관중 : (두 손가락을 동그랗게 해서 돈이라는 표시를 하고, 두 번 팔을
　　　벌여 두 쾌라는 것을 보인다.)

왜장녀 : (애사당 뺨을 만지며) 저 저 양반이 두 쾌만 주마고 그러니 가
　　　자. (애사당이 왜장녀 뺨을 친다. 왜장녀가 분이 나서 관 쓴 중 앞
　　　에 가서 뺨을 치고 발로 복장을 친다. 관 중이 다시 왜장녀 등을
　　　툭툭 두드린다.)

관중 : 돈 한 쾌만 더해서 세 쾌를 줄게, 이 편지를 갖다가 애사당을 주
　　　어라.

왜장녀 : (편지를 갖다가 애사당을 주고 얼굴을 어루만지며,) 돈 한 쾌
　　　를 더 주마고 그래고 편지를 주니 보아라.

(애사당이 편지를 보고 미소하고 왜장녀를 따라간다.)

관중 : (애사당과 동좌(同坐)한다.) 애, 주안상 한 상 차려오너라.

(왜장녀가 북에다가 꽹가리를 얹어 이고서 가지고 와서 관 중과 애사당
　　　앞에 놓을 제, 중들이 죽 돌아선다.)

중들 : 이년아 어서 술 데라. (왜장녀가 꽹과리 안에 손을 넣고 두른다.)
　　　이년아 너 먼저 먹을라. (왜장녀 먹는다.) 이년아 너가 먹는단 말
　　　야? (왜장녀 또 덴다.)

완보 : (아무 중이나 가리키며) 저 양반 먼저 드려라. (왜장녀가 그것을
　　　관 중을 준다. 완보가 북[주상(酒床)]을 발로 차 엎지르고,) 자아.

중들 : 자아.

관중 : 자아. (관중이 애사당을 업고 한 손을 흔들며.)

(여러 중들이 물러서서 새면 앞에 앉는다. 애사당은 소장삼(小長衫), 왜
　　　장녀는 대장삼(大長衫)을 입고 마주 서서 타령 장단에 맞추어 대무
　　　를 춘다. 대무(對舞), 삼진삼퇴(三進三退) 후에 애사당이 새면 앞에
　　　앉으면 왜장녀가 돌단을 추고 멍석말이, 곱사위하고 퇴장, 애사당
　　　이 일어나 여닫이 후에 화장을 하고 그만둔다. 목중 2인이 북을 들
　　　고 서면 장단은 굿거리. 애사당이 버꾸를 치고 한창 재미있게 노는

중에 목중 1인이 덤벼서 버꾸를 뺏는다.)

묵승 : 요년 요 요망 방정스런 년아, 남의 크나큰 놀음에 나와서 계집
　　　아이년이 무엇을 콩콩 꽹꽹 하느냐?

(애사당을 가서 안고, 목중이 버꾸를 뺏어 들고 친다. 완보가 북 뒤에
　　　가서 슬그머니 북을 잡아당기자 중은 헛손질을 한다.)

완보 : 아따 그놈은 남을 타박을 치더니, 밥을 굶었는지 헛손질 잘하고
　　　섰다.

중 : 남 재미있게 노는 데 이게 무슨 짓이냐?

완보 : 너는 왜 남 잘 치는 데 타박을 왜 주라더냐?

중 : 얘 그렇지 않다. 좀 잘 들어라. 우리 좀 잘 놀아보자.

완보 : 그래라. (북을 머리에 인다.)

중 : 그것을 어떻게 치란 말이냐?

완보 : 이놈아 물구나무서서 못 치느냐?

중 : 그렇지 않다, 잘 들어라. (완보가 두상에 북을 높이 든다.) 이놈아
　　　높아서 어떻게 치느냐?

완보 : 이놈아 사닥다리 놓고 못 치느냐?

중 : 얘. 너무 높으니 조곰 조곰, 조곰 조곰, 조곰 조곰…… (완보가 차
　　　츰차츰 내려든다.) 고만 (완보가 북을 땅에 놓는다.) 네게 땅에 노
　　　라더냐?

완보 : 이놈아 조곰 조곰 하다가 땅에 닿기에 놨지.

중 : 얘 안 되겠다. (북을 밀방을 하고 완보에게 지운다.)

완보 : 이런 대처를 나왔으니 좋은 물건이나 팔아 볼까.

(歌)"헌 가마솥 봉 받치올까 으르르……"

　　　사람은 백차일 치듯 한데 흥정은 오리 치도 없구나.

중 : 게가 구멍을 찾지, 구멍이 게를 찾더냐.

완보 : 올겄다. 게가 구멍을 찾지, 구멍은 게를 안 찾는 법이라.

(歌)"헌 무쇠 가마솥 봉 받치려"

(중이 일어나 북을 꽝 친다.)

어이쿠 나와 계시우?

중 : 자네 이새 드문드문해 그려.

완보 : 드문드문? 네미 경둥경둥 아니고? 족통이나 안 났느냐?

중 : 아이고 그런 효자야.

완보 : 소재라는 게 오줌 앉힌 재?

중 : 어찌 듣는 말이냐? 효자란 말이다. 자네 요새 들으니까 영업이 대
단히 크다데 그려.

완보 : 내 요새 영업이 대단히 크이. 영업차 서양 각국이든지 일본이든
지 많이 다녔다.

중 : 그 무슨 물건이란 말인가?

완보 : 물건은 한 가지로되 이름은 여러 가질세.

중 : 그 무슨 물건 이름이 여러 가지란 말인가?

완보 : 그 이름 알면 끔직끔직하다. 고동지라고 하고, 북이라고도 하고,
버꾸라고도 한다.

중 : 버꾸면 치기도 허겠구나.

완보 : 치면 천지가 진동하고 도무지 기가 막힌다.

중 : 우리 한 번 치고 놀아보면 어떻겠느냐?

완보 : 글낭은 그래라. (중이 버꾸를 치는데, 완보가 돌아다니며,) 좋지.

중 : 얘 그 딴은 좋다. (다시 친다.)

완보 : 쩌르르…… (남으로 나가니 중이 헛손질을 한다.) 왜 이놈아 귀
게(헛게) 들었느냐? 왜 헛손질을 하느냐?

중 : 얘 얘.

완보 : 왜 그러느냐?

중 : 너 이번에 남쪽으로 갔으니 남쪽으로 가면 네 모(母)를 나를 주느
니라.

완보 : 남쪽으로 안 가면 그 욕은 네가 먹느니라.

중 : 너만 그래. (중이 북을 또 친다. 완보는 북으로 가면 그는 못치고 헛손질을 한다.) 너 이게 무슨 짓이냐?

완보 : 남으로 가는 맹세했으니까 북으로 가지 않았니.

중 : 너 북쪽이나 남쪽으로 가면 그렇다. (중이 버꾸를 치면, 완보는 동으로 간다.)

완보 : 아따 그놈 잘 친다.

중 : 너 이게 무슨 짓이냐?

완보 : 너 북쪽이나 남쪽 가는 맹세했지. 동으로 가는 맹세는 아니 했으니까 동쪽으로 갔다.

중 : 너 남쪽이나 북쪽으로 가면 그 욕은 네가 먹느니라.

완보 : 그러면 남이 북이나 동이나 아니 가면 괜찮지.

(중이 버꾸를 치면 완보가 서로 간다.)

중 : 이게 무슨 짓이냐?

완보 : 남쪽이나 북쪽이나 동쪽이나 맹세했지, 서쪽 가는 맹세는 아니 했으니까 서쪽으로 갔다.

중 : 이런 녀석 말해 볼 수 있나, 너 이리 오너라. (완보를 세워 두 발을 모아 놓고 그 주위에 원을 긋는다.) 너 만일 이 금 밖에 나오면 네 어멈을 날 주느니라.

완보 : 아모러지. 이 금 밖에만 나가면 그렇지.

중 : 영낙 없지.

완보 : 여러분이 다 보십시오. 금 밖에 나가면 그렇다고 맹세했으니 금 밖에 이놈이 먼저 나갔습니다. (중이 북을 칠 제 완보가 북을 벗어 버린다.)

중 : 너 이게 무슨 짓이냐?

완보 : 금 밖에 나가면 그렇게 맹세했으니까 북을 벗어 놓으면 그만 아니냐?

(북놀이 종(終))

제7과정 (노장과정)

(노장이 상좌를 앞세우고 놀이판 병문에 들어섰다. 상좌가 손을 치면 타령 장단을 치고, 깨끼리춤[곱사위 멍석말이]을 추며 노장을 보고 경풍(驚風)을 하여 돌아선다.)

중 : 요 녀석아 어린 녀석이 무얼 보고 놀래느냐?

(歌) "소상반죽(瀟湘斑竹) 열 두 마디 후리쳐 턱석타."

　　 (노장을 보고 경풍을 하고 돌아선다.)

묵승 : 아따 그 녀석은 남 나무라더니 너는 더 놀라는구나? (양양가 등을 부르고 나오다가 노장을 보고 깜짝 놀라 돌아선다.)

중 1 : 아따 그 녀석들 남 나무라더니 뭘 보고 기절들 하느냐! ("달아달아" 등을 부르고 나가서 노장을 규현후(窺視後) 경풍하여 돌아선다.)

중 2 : 뭘 이 녀석들아 일, 객, 하느냐? ("금강산" 등을 부르고 나오다가 노장을 보고 놀라 돌아선다.)

관중 : 이 자식들아 무얼 보고 그리 야단이냐? 어른이 나가실게 보아라.

(歌) "녹수청산(綠水靑山) 깊은 골에

　　 청룡(靑龍) 황룡(黃龍)이 굼틀어졌다."

　　 (나가보고 놀라 돌아선다.)

완보 : 이 제웅의 아들 녀석들아! 무얼 보고 그렇게 지랄들을 하느냐? 군자는 사불범정(邪不犯正)이라 어른이 나가시건 보아라. (노래하고 나가서 노장을 보고) 어이쿠 이게 뭐냐?

중들 : 그 뭐란 말이냐?

완보 : 얘 뒷 절에 여러 천년 묵은 신님이 내려오셨구나. 점잖으신 신님이 무얼 하러 여각(旅閣)에 내려오셨수? 신님이 절간에 계시면 송죽(松粥)이 세 그릇이요, 담배가 세 대요, 상제 비역이 세 번인데, 뭘 하러 내려와 계시우?

중 : (노장의 송낙을 붙잡고) 어 이건 무얼 썼어? 터주 주저리를 썼나.

중 2 : 새 새끼로 치겠네. 위여 위여. (노장이 부채로 완보 얼굴을 치고 옴을 가리킨다)

완보 : 얘 이것 봐라. 잇겁[고(藁)]에도 벨이 있다고. 그 중의 얼굴 감붉고 노벙거지 쓴 놈 잡아들이네. 술렁수.

중들 : 여이 여이.

완보 : (명령적으로) 그 중에 얼굴 붉고 노벙거지 쓴 놈 잡아들여라.

중들 : 우—— 어——

중 1 : (옴을 붙들고) 잡아들였소. (노장이 부채로 완보 얼굴을 친다.)

완보 : 네 그놈을 덮어놓고 까요! 네 대매에 물고를 올려요! (명령적으로) 집장(執杖) 노좌 헐장 말고 당처(當處)를 각별히 쳐라. 매우 쳐라.

집장(執杖)한 인(人) : 저 아뗘 ——

(歌)"소상반죽(瀟湘斑竹) 열 두 마디

　　후리쳐 덤석타." (춤추며 나간다.)

완보 : 얘 마라마라. 신님이 사람 하나 쥑이고도 꼼짝을 안하고 요지부동이라. 이 철없는 자식아 뛰기만 하면 제일이냐. (노장이 또 부채로 완보 얼굴을 친다.) 네 신님이 신명이 과해서 내려오셨어요. 백구타령 한 마디를 드르르 말아다가 두 귀에 콱 박아 드리리까?

(歌)"백구야 펄펄 날지마라……

　　화류 가자"

옴중 : 화류? 예미——먹감나무? (춤추며 나간다.)

완보 : 얘 말아 말아. 이 자식들아 뛰기만 하면 그만이냐?

옴중 : 남 신이 날 만하면 왜 이래! (들어온다.)

완보 : (歌)"삼청동(三淸洞) 화개동(花開洞)에 도화동(桃花洞)도 동이로다"

중 : 난데없는 도덕놈이. (나간다.)

완보 : 얘 마라마라. 이 자식들아 무에 좋아 이렇게 뛰느냐? 신님이 백

구타령 일판을 해드려도 땅김도 안 하고서 계시다. 모셔드려야 안 하느냐?

중들 : 그 이를 말이냐!

완보 : (歌) "오이여 으으으 산이여 하하" (닻 감는 소리.)

중들 : (歌) "오이여 으으으 에헤여아"

완보 : (歌) "연평바다로 조기잡이 가세 아기냐소냐 방애홍애로다"

중들 : "야기냐소냐 방애홍애로다."

완보 : 야할 야할. (노장을 엎어 놓는다.) 아이고 애 한밥 먹을 것 생겼구나. 하느님께 여러 중생이 수고했다고 천사복(天賜福)이다. (노장의 등을 짚고 흔든다.) 야 이것 농바위 덩이 같구나. 그냥 먹을 수 없으니까 토막을 쳐야 할 터인데 여러 토막을 내야겠는걸. (노장의 머리를 짚으면서) 이건 누가 먹으려느냐? (상좌가 가서 노장의 머리를 짚는다.) 요 안달할 녀석아, 이런 녀석이 어두봉미(魚頭鳳尾)란 말은 들어서 어른 전에 먼저 먹는단 말이냐? (토막을 내서 먹는 모양. 여러 중들이 백목(白木) 무명을 가지고 노장을 둘러싸고, 새면은 타령장단을 친다.)

중들 : 비애라 (꾸부려 엎드린다.) 비애라 비애라, 비애라 비애라.

(노장 하나만 두고 모두 개복청으로 들어간다.)

(노장 혼자 그드름하고 타령장단. 노장이 3차를 일어나 엎드리고 일어나서 장(杖)을 액(額)을 대고 부이립(附而立)하며, 염불타령장단을 친다. 노장이 삼진삼퇴(三進三退) 후 돌단으로 3회를 돌고, 장단을 타령으로 돌려 가지고 멍석말이, 곱사위, 화장으로 한참 춤춘 후에 소무당(小巫堂)을 좌우에 세우고 대상(臺上)을 행하여 재배(再拜)한 후에, 소무당을 좌우에 갈라 세우고, 중령산 장단을 치면서 양소무가 대부(對舞)하는 가운데, 노장이 지자(之字)로 왕래하면서 소무의 입도 떼어 먹고, 겨드랑이도 떼어 먹고, 견대 띠를 끌러서 소무 1인을 동여가지고 연도 날려보고, 갖가지로 재롱을 보다가 노장의

염주(念珠)로 무당의 목을 걸어 가지고 왕래 치주(馳走)하다가 새면 앞에 가서 앉는다.)

(노장과정 종(終))

제8과정 (말뚝이과정)

(말뚝이가 원숭이를 업고 나온다.)

말뚝이 : 사람이 백차일 치듯 모였는데 이왕 나왔으니 물건이나 한번 외어 볼까. (외운다.) "서피(犀皮) 발막이나 여당혜(女唐鞋)들 사려" 사람은 만산편야(滿山偏野)해도 흥정은 오리 치도 없네. (외운다.) "서피(犀皮) 발막에 여당혜(女唐鞋)들 사려"

(노장이 앉았다가 말뚝이 앞에 가서 부채를 확 편다) 네나다러 계시우. 네 물건을 사셔요! (원숭이를 내려놓는다.) 아이고 무거워 죽겠네. (노장 앞에서 채찍으로 땅을 치면서) 어찌 불러계시우? 네 신을 사요. 몇 켤레나 쓰시려우? (노장이 두 손가락을 붙였다 뗐다 한다.) 네 두 켤레요. 그건 누구를 신기시려우? (노장이 부채로 소무 2인을 가리킨다.) 네 한 켤레는 당신 할머니를 디리고, 한 켤레는 당신 대부인을 디려요. 몇 치나 쓰시려우?

(노장이 부채다 손을 대고 양지(兩指)로 2차를 뻗는다.) 이거 자벌레가 중패를 질렀소? 값은 언제 내시려우? 원 이런 어처구니없는 놈을 보게. 물건 값이라 하는 건 현금 없으면 한 파수라고 하든지, 넉넉 두 파수지. 윤동지달 스무 초하룻날 내마. 네 예끼 도둑에 아들놈! 열치가 한자가 되기루 내가 물건 값이야 못 받겠느냐? (채찍으로 원숭이를 친다.) 요 녀석 일어나거라. (원숭이는 일어서서 들까분다.) 요 안달을 작작해라. 널로 해서 세상이 망하겠다. 요 모양에 무슨 신명은 아마 있으렸다.

(타령 장단.)

(歌)"봉지 봉지 봉지야. 깨소금 봉지도 봉지요.

후추 봉지도 봉지요, 고춧가루 봉지도 봉지요.

짝짝콩 짝짝콩 쥐얌 쥐얌 쥐쥐얌.

돌이 돌이 돌돌이

계수나무 요분틀 자기녹비 끈을 꿰어

이슥비슷 차는구나.

네밀 붙고 발겨간다."

요 녀석아 네미를 붙는데도 조렇게 두르느냐? 얘 그건 다 희언(戲言)이다. 물건을 가지고 나왔다가 웬 못된 직장님을 만나서 물건 값은 받을 수 없는데, 그 놈의 집 후정을 본즉 처첩인 듯싶더라. 그중에 얌전한 걸로 하나를 빼오면 너도 홀아비요, 나도 홀아비인데, 밥도 하여 먹고 옷도 하여 입으면서, 네 동생도 하루 저녁에 여남은씩 날 테니 가서 한 년만 빼오너라. 쳐라.

(타령장단을 친다. 원숭이 소무 앞으로 곱사위로 들어가서 소무 앞에서 좌우 손으로 소무의 어깨를 짚고 아래를 대고 돌아온다. 다시 멍석말이, 말뚝 앞에 와서 말뚝이 얼굴을 친다.) 오 너 잘 다녀왔느냐? 간일은 어떻게 되었단 말이냐?

(원숭이 좌수(左手) 2지(指)로 환(環)을 만들고 우수일지(右手一指)로 그 속에 넣어 성교를 의미.) 요런 안갑을 할 녀석 봤을까? 요 체면에 무슨 생각이 있어서 요 녀석아 숫국을 거르고 와? 솔개미 꾸미 가게 보낸 모양이지, 나는 어떻게 하란 말이냐? 네 비역이라도 할 수밖에 없다. 요 녀석 들어가자. 쳐라. (타령장단. 말뚝이가 깨끼리 춤을 추고 퇴장.)

제9과정 (취발이과정)

취발 : (고섶가지[목지(木枝)]를 들고 나오면서) 에라 에라 에라. 이 안갑

을 할 녀석들 다들 물러서라. (나와서) 얘 여러 해포만에 나왔더니 정신이 떵하구나. 왜 난 데 없는 향내가 코를 쿡쿡 찌르느냐? 향내도 되잖은 인조사향(人造麝香)내 일세, 옛날에 하던 지저귀나 한번 하여 보자. 얘 일어—— 어이키여 (재채기 한다.) 한번 다시 불러볼까? 얘 일어——

(노장이 앉았다가 벌떡 일어나서 취발이 앞에 가 부채를 확 편다.) 어이쿠머니 이게 뭐냐? 내 오늘 친구 덕에 술잔이나 얼척지근하게 먹었더니 이 ××(장소) 벌판에 주린 솔개미가 내 얼굴이 벌거니까 꾸미 자판으로 알고 덤비네. 까딱하면 얼굴 부랑당 맞기 쉽겠군. 솔개미 좀 쫓아야지. 훨훨훨훨 (타령장단.) 솔개미를 쫓았으니 다시 한번 불러볼까. 일워 (노장이 나와서 또 부채를 확 편다.) 얘 이건 솔개미인 줄 알았더니 솔개미도 아니로구나. 무슨 내용이 있는 모양이로군.

(취발이가 솔가지를 제 이마에 대고 터부렁한 머리를 거슬리고 소무를 건너다보고 두 손으로 땅바닥을 탁 치면서 껄껄 웃는다.) 나는 뭐이 그랬노 했더니, 저 녀석이 그랬네 그려. 이놈아 아무리 세월이 말세가 되었기로 중놈이 여각(旅閣)에 내려와서 계집이 하나도 어려운데 둘씩 데리고 농창을 쳐? 저런 육실할 놈을 어떻게 하면 저년을 다 빼앗나! 우선 급한 대로 신정(新町) 갖다 팔더래도 둘에 백원은 받겠지. 이놈아, 너고 나고는 소용없다. 만첩청산 깊은 골에 쑥 들어가서 눈이 부옇게 멀도록 생똥구멍이나 하자. 아이고 저런 육실한 놈 그건 싫다네. 저놈을 뭘로 놀여낼꼬, 금강산으로 놀여낼까.

(歌)"금강산이 좋단 말을 풍편의 넌짓 듣고
　　장안사 썩 들어가니
　　난데없는 검은 중놈 팔대 장삼을
　　떨쳐입고 흐늘거려서 노닌다."

(노장과 마주 서서 춤추다가 돌단을 추고, 노장이 장삼 소매로 취발이를 때린다.) 얘 그 중놈 딴딴하구나. 속인 치기를 낭중취물(囊中取物)하듯 하네. (노장이 새면 앞에 가서 장삼을 벗고 우뚝 서면 취발이가 물끄러미 본다.) 아 이놈 보게. 나를 아주 잡으려나 옷을 벗고 덤비네. (취발이도 벗는다.) 이놈아 너 벗었는데 나는 못 벗으랴! 여 여러분이 몸조심을 하는 이는 다 가시시오. 오늘 여기서 살인 납니다.

(歌) "양양 소화……"

(둘이 대립하여 춤을 추다가 노장이 취발이 앞으로 돌아서며 화장을 하며 다시 취발이 앞으로 간다. 취발이가 노장의 등을 치면 노장이 놀라 나가서 소무 다리를 벌리고 들어가 엎드린다.) 중놈이란 할 수 없어 뒤가 무르기가 한량이 없지. 나는 그놈한테 한 번 얻어맞고 능히 배겼는데, 이놈은 아주 열두 꿎을 하였네. 이놈이 들어갔으니 한번 놀아나 봐야겠다. (옷을 주워 입고)

(歌) "녹수청산(綠水靑山) 깊은 골에

청룡(靑龍) 황룡(黃龍)이 굼틀어졌다."

(춤을 추며 돌단으로 소무(小巫) 앞으로 간다. 노장이 별안간에 쑥 나오면, 취발이가 깜짝 놀라 돌아서면서,) 아이고머니 이게 뭐야! 옳다 뭔고 하였더니 인왕산 속에서 천년 묵은 대맹이[蛇]가 나왔네 그려. 얘 그저 연일 날이 흐리더라, 점잖은 짐승이 인간 눈 더러운데 왜 내려왔어, 어서 들어가! 어, 짐승도 점잖으니까 말귀를 알아듣네, 들어가라니까. 슬슬 들어가는데.

(노장이 뒷걸음으로 들어가다가 쑥 나온다. 취발이가 놀라 물러서면서,) 아이고 이게 나하고 놀 자네. 어서 들어가! 이 녀석아 쑥 들어가거라. (솔가지로 땅바닥을 치니 노장이 소무(小巫) 하나를 대리고 개복청으로 퇴장.) 저년은 그래도 못 미더워 중서방을 해가네. (나머지 소무(小巫) 1인의 옆에 가서,) 중놈이 밤낮 천수천안관

자재보살(千手千眼觀自在菩薩)이나 불렀지 이런 오입쟁이 놀음이야
한 번 해 봤을 수가 있나. 자라춤이나 한 번 추어 볼까!
(취발이가 춤으로 들어가서 소무(小巫)를 가운데 놓고 돌단으로 추
다가. 곱사위 춤으로 들어가서 소무 앞에 앉으며 다리 하나를 소무
(小巫) 치마 속에 넣고 책상다리로 앉는다.) 제가 나무아미타불이
나 했지 이런 가사나 한번 불러봤을 수가 있나?
(歌)"공산이 적막한데 슬피 우는 두견아.
촉국흥망(蜀國興亡)이 어제 오늘 아니어든,
지금에 피나게 울어 남의 애를."
이 계집애 가사마다 시시 절절 (타령장단) (다시 한 바퀴 돌아 소
무(小巫) 앞에 앉는다.) 원 이런 녀석에 일이 있나? 내가 계집을 데
리고 논다고 머리를 풀고 있었으니. 남이 알면 제상 당한 줄 알겠
지. 상투나 좀 짜야겠다. (상투를 짠다.) 밤낮 짰다 봐도 한 벌. (몇
번 감다가,) 또한 벌. (3차나 이렇게 하고 앉는다.) 이 계집에 상투
외투마다 시시 절절 (한 바퀴 돌아 뒤에 가서 小巫의 사타구니에
머리를 넣고 엎드려 방아 찧는다.)
(歌)"얼시구 절시구 경(庚)귀자로 찧는다.
아무리 찧어도 헛방아만 찧는다."
(고개를 돌려 소무를 보니 소무가 살그머니 비껴 선다.) 내 그저
싱겁더라니 요년 중놈만 못하지? 이 계집애 방아마다 시다. (일어
나서 돌단을 돌고 소무 뒤로 앉아서 치마 속에 머리를 넣는다.) 얘
딴은 좋다 평생 살아도 후정(後庭)이라고는 처음 들어와 봤는데.
잔솔이 담상담상 난 게 참 좋다. (일어나서 소무(小巫)의 치마 붙잡
고 등을 대고 선다.) 뒤집신개 흘러 허—— (소무가 서서 배를 만
진다.) 공석 어멈, 공석 어멈. (부른다.)
(왜장녀가 수건을 머리에 쓰고 한 바퀴를 돌면서 드러누운 소무 옆
으로 가니, 공석 어멈을 보고, 취발이) 머리를 짚어 드려라. 허리를

좀 눌러 드려라.

(공석 어멈은 해산을 구완하는 형용하고 퇴장. 마당에 아이만 있고 소무는 나가서 새면 앞에 앉았다.) (취발이가 낭성걸음으로 뛰어다니다가 아이를 보고서,) 어이쿠머니 이게 뭐여. 지금 난 게 요렇게 큰가! 매시 숙성한데 아! 육실 할 년 보게 삼도 안 가르고 들어갔네, 내가 가를 수밖에.

(태줄은 뺨 가웃을 뺌어서 돌돌 말아 배에 붙이고,) 삼신제왕이 내가 넉넉지 못한 줄 알고 한 번 일습을 하여 입혀 보냈네. 굴레까지 저고리까지 바지까지 버선행전 토수까지 꽃미투리를 낙꼭지로 들메까지 하였네.

[주의 : 다음에 나오는 아이 말은 취발이가 자문자답하는 것]

아해 : 여보 아버지. 날 좀 업어주.

취발 : 몰라 그렇지, 아해 업는 방법이 있는 걸. 여간 사람이 이걸 알 수가 있나. 아이라는 것은 거꾸로 업어야 체증이 없는 법이다. (거꾸로 업는다.) 아이고머니 덜미를 이렇게 뚫어? 원 어떻게 어린 녀석이 양기 덩어리로 생겼는지. (어린애를 들고 본다.) 아따 어린 녀석 자지라고 어른 좆보다 더 빳빳하구나.

아해 : 여보 아버지 글을 좀 배워야겠소.

취발 : 그 이를 말이냐.

아해 : 황해도하고 평안도하고 배우겠소.

취발 : 옳것다. 양서(兩西/兩書)를 배워?

(唱)"하늘천 따지. 가물현 누루황
　　하늘에 있을 제 땅이랴 없으랴!
　　가마솥이 있을 제 누른밥이 없으랴"

아해 : "북북 긁어서 선생님은 한 그릇 나는 두 그릇 먹겠소"

취발 : 이놈아, 네가 두 그릇을 먹어 선생님을 두 그릇 드려야지

(唱)"ㄱ, ㄴ, ㄷ, ㄹ

ㄱ자(字)로 집을 짓고 ㄷㄷ이 살잤더니

　　가이 없는 이내 몸이 거주 없이 되었소." (아이가 운다.)

(唱)"아가 아가 우지 말아 제발 덕분 우지마라.

　　너 어머니가 굿보러 가서

　　떡받아다 주맜스니 제발 덕분 우지마라."

아해 : 여보 아버지 내 젖을 좀 먹어야겠소.

취발 : 오냐 그래라. 이걸 이름을 지어여 할 텐데 뭐라고 지어야 할까.

　　옳것다. 마당에서 났으니 마당이라고 지어야겠군. (아이를 안고 소

　　무에게로 간다,) 여 마당어머니 애 배고프다고 젖을 좀 달라니 젖

　　을 좀 먹이우. (소무가 아이를 툭 친다.) 아 이게 무슨 짓요? 어린

　　게 젖을 달라니 좀 먹일 게지 아수 그러지 마우.

　　(다시 아이를 내미니 소무는 또 그런다.) 이게 무슨 못된 짓일까.

　　이건 나만 좋아 만들었니? 어린 게 우니까 젖 좀 주라니까 뺑그러

　　트리고 그럴 게 뭐야. 예끼 망덕을 할 년 같으니. (아이를 소무 앞

　　에 던지고 취발이가 소무 옆에 가 앉는다.)

제10과정 (샌님과정)

(말뚝이가 샌님 서방님 도련님 3인을 데리고 나온다. 이때에 취발이는
의막사령(依幕使令) 노릇을 한다.)

말뚝이 : 의막사령, 의막사령

쇠뚝이 : 누 네미 할 놈이 남 내근(內勤)하는데, 의막사령 의막사령 그
　　래?

말뚝이 : 내근하기는 사람이 백차일 치듯 한데 내근을 해?

쇠뚝이 : 어찌 듣는 말이냐? 아무리 사람이 백차일 치듯 해도 우리 내외
　　(內外) 앉았으니까 내근하지.

말뚝이 : 옳것다. 내외 앉았으니 내근한단 말이렸다.

쇠뚝이 : 자네 드문드문 하이그려.

말뚝이 : 드문드문 넨장 할 건둥건둥하이.

쇠뚝이 : 족통(足痛)이나 안 났느냐?

말뚝이 : 아이 그런 효자야.

쇠뚝이 : 소재라니 오줌 앉힌 재.

말뚝이 : 어찌 듣는 말이냐? 그건 소재지, 이건 효자란 말이여. 얘 그러
　　　　나 저러나 안 된 일이 있다.

쇠뚝이 : 무슨 일이란 말이냐?

말뚝이 : 우리댁 샌님, 서방님, 도령님이 장중 출입을 하시느라고, 일세
　　　　(日勢)는 저물어서 하루 밤 숙박을 해야 할 텐데, 나는 여기 아는
　　　　사람이 없고, 친구란 자네뿐인데 의논의 말일세. (쇠뚝이가 샌님을
　　　　기웃이 보고 샌님 부채 대고 있는 것을 잡아뗀다.)

샌님 : 으어 으어 으흠 (기침을 한다.)

말뚝이 : 다 자란 송아지 코낄라?

쇠뚝이 : 얘, 의막(依幕) 치었다. 얘 봐 하니까 그 젊은 청년도 있는 듯
　　　　하니 담배도 먹을 듯하니, 방 하나 가지고 쓸 수 없으니까 안팎 사
　　　　랑 있는 집을 치었다. 바깥사랑은 동그랗게 말장 (돼지우리 같이)
　　　　박고 안은 동그랗게 담쌓고 문은 하날 냈다.

말뚝이 : 그럼 돼지우리로구나.

쇠뚝이 : 영낙 없지. (쇠뚝이는 앞서고 말뚝이는 뒤에 섰다.) 고이 고이
　　　　고이 고이.

말뚝이 : (채직을 들고) 두우 두우 두우 (돼지 쫓는 모양.) 얘 우리댁 샌
　　　　님께서, "이 의막(依幕)을 누가 잡았느냐? 네가 얻었느냐, 누가 다
　　　　른 사람이 얻었느냐?" 말씀하시기에 이 동네 아는 친구 쇠뚝이가
　　　　얻었습니다. "그럼 개 좀 보는 게 어떠냐." 하시니 들어가서 한번
　　　　뵈이는 게 좋다.

쇠뚝이 : 샌님 쇠뚝이 문안 들어가우. 잘 받아야지 잘못 받으면 송사리

뼈라는 게 안 남는다. 샌님 소인——

말뚝이 : 얘 샌님께 인사를 드려도 썹구녕 같고, 아니 드려도 우스꽝스
러우나, 서방님께 문안을 단단히 드려야지 만일 잘못 드리면 죽고
남지 못하리라.

쇠뚝이 : 서방님 쇠뚝이 문안 들어가우. 잘 받아야지 잘못 받으면 생육
실하리라. 서방님 소인——

말뚝이 : 얘, 샌님과 서방님께서는 인사를 드려도 썹구녕 같고, 아니 드
려도 우스꽝스러우니, 해낭 관머리께 선 종가집 도령님께 인사를
드려야지 인사를 잘못 드리면 네가 죽고 남지 못하리라.

쇠뚝이 : 도령님 쇠뚝이 문안 들어가우. 도령님 도령님 소인——

도련님 : 좋이 있더냐?

쇠뚝이 : 하, 이런 놈의 일 보게. 양반의 새끼라 다르다. 상놈 같으면 네
미나 잘 붙었느냐? 그럴 텐데 그런 호래들 녀석이 어디 있어? 늙은
사람에게 의젓이 좋이 있더냐 그러네!

말뚝이 : 얘 그리하기에 우리나라 호박은 커도 심심하고 대국(大國) 소
초(胡椒)는 작아도 맵단 말을 못 들었느냐?

쇠뚝이 : 말뚝이 샌님께 문안 좀 다시 드려다우. 쇠뚝이가 술 한잔 아니
먹은 날은 샌님, 서방님, 도령님 세 댁으로 다니면서 안팎에 비질
을 말갛게 하고요. 술이나 한 잔 먹고, 두 잔 먹고, 석잔 먹어서, 한
반취쯤 되면 세 댁으로 다니면서 조개라는 조개, 작은 조개, 큰 조
개, 묵은 조개, 햇조개, 여부없이 잘 까먹는 영해 영덕, 소라, 고등
어 아들놈 문안 드리오 이렇게 하여다오.

샌님 : 어으 아 남의 종 쇠뚝이 잡아들여라 쿵.

말뚝이 : 쇠뚝이 잡아들였소. (쇠뚝이를 거꾸로 잡아들였다.)

샌님 : 그놈의 대가리는 정주 난리를 갔다 왔느냐?

말뚝이 : 그놈의 대강이가 하도 험상스러워서 샌님이 보고서 경풍을 하
실까봐 거꾸로 잡아들였소. (쇠뚝이가 손가락으로 꼴뚜기[욕할 때

하는 것을 만들어 꼼짝꼼짝한다.)

샌님 : 그 놈의 뒤에서 무엇이 꼼짝꼼짝하느냐?

말뚝이 : 그 놈더러 물어 보시구려.

샌님 : 여라찌놈.

쇠뚝이 : 누 네밀 할 놈이 날보고 여봐라 이놈 그래. 내 이름이 있는데.

샌님 : 네 이름이 뭐란 말이냐?

쇠뚝이 : 내 이름은 샌님한테 아주 적당하오.

샌님 : 그것 뭐란 말이냐? 이름이.

쇠뚝이 : 아당아자(字) 번개번자(字)요.

샌님 : 얘 이놈의 이름이 이상스럽다.

쇠뚝이 : 샌님께는 그 이름이 꼭 맞지요.

샌님 : 아자(字) 번자(字).

쇠뚝이 : 붙여 부를 줄 몰우? 하늘천 따지만 알지 천지현황(天地玄黃)으
　　　　모르우?

샌님 : 아아.

쇠뚝이 : 이건 누가 잘잽이[목 누르는 것]를 놓소.

샌님 : 아자(字) 번자(字)

쇠뚝이 : 붙여 불러요.

샌님 : 아번이.

쇠뚝이 : 왜!

샌님 : 으으아! 남의 종 쇠뚝이 죄는 허(許)하고 사(赦)하고 내 종 말뚝
　　　　이 잡아들여라.

쇠뚝이 : 그러면 그렇지 양반집에는 이래 다니는 거야. 이놈이 그 댁 청
　　　　지기 별배니 하면서 세도가 아망위 같이 세더니 세무십년(勢無十
　　　　年)이요, 화무십일홍(花無十日紅)이라더니. (말뚝이 평양자 비껴 쓰
　　　　고 채찍을 빼서 들면서.)

샌님 : 엎어 놓고 그놈을 까라. 집장(執杖) 노좌 그놈을 대매에 물고를

올리고 헐장을 해라.

쇠뚝이 : 자아── (때리려고 한다.) (말뚝이가 일어나 쇠뚝이를 보고 스무 량을 준다는 의미로 양수(兩手)를 합하야 이차 편다.) 걱정 말아 이놈 넙죽 엎드렸거라 자아──

샌님 : (부채를 확 펴고,) 여봐라 찌놈. 네밀 논아하자고 공론을 했느냐.

쇠뚝이 : 아니올시다. 저놈이 매를 맞으면 죽겠으니까 헐장하여 달라고 했습니다.

샌님 : 아니다.

쇠뚝이 : 저놈의 눈깔이 띄었으니까, 어떻게 할 수가 있나? (쇠뚝이가 채찍으로 샌님 코를 찌르며,) 이것 주맙디다.

샌님 : 빈신[돈]? 얼마?

쇠뚝이 : 아 이게 아퀴까지 지라네. 그놈의 행세가 없으니까 열댄 냥 주맙디다.

샌님 : 열 아홉냥 아홉돈 구푼은 댁으로 봉송하고 한푼 가지고 청량리 나가서 막걸리 한푼어치를 사가지고 냉수 한 동이에 타먹고 급살이나 맞아 죽어라.

쇠뚝이 : 예끼 도적의 아들놈.

(말뚝이 · 쇠뚝이 · 서방님 · 도령님 퇴장. 샌님이 소무를 내세우고 사방으로 다니다가 춤추다개타령장단] 소무 곁에 와서 돌단 한 번 돌고 소무를 안는다.)

샌님 : 두 내외(內外) 재미있게 노는데 어느 놈이 희를 지어.

(포도부장(捕盜部將)이 개복청에서 왈칵 나와서 샌님을 집어치고 소무(小巫)의 손을 잡고 대무(對舞)하면서 나가니 샌님이 소무 뒤를 쫓으면서,) 일어서, 일어서 어디를 갔나?

(소무(小巫)가 돌아서면 샌님이 마주 서서 춤을 추는데 포도부장이 춤추며 가운데 와서 막아선다. 샌님이 포도부장을 떠밀면서,) 이놈아 저리 물러 서거라. (소무와 샌님이 마주 춤을 추는데 포도부장

이 재차 들어 중간을 막아서니 샌님이 포도부장의 등을 울리며,)
이놈이 이 육실할 놈아 저리 가거라.

(샌님이 소무 즉 첩을 끼고 서서) 저놈은 얼굴은 뻔뻔해도 속에는
장구벌레가 들썩들썩하네. 나는 코밑은 조 째졌어도 못 먹는 돌배
일세. 저놈을 한번 보고 와야겠지. 쳐라. (세마치 타령장단) 고이고
이 (가다가 중간에서 소무를 돌아다보고) 소무를 두고 가려니까 걸
음이 뒤로 걸리네. 그래도 저놈을 가보고 와야겠지.

(부채로 포도부장 얼굴을 탁 치면서) 이놈, 이 주릴할 놈아. 처가살
이 갔다가 장모 붙고 쫓겨올 놈 어디 계집이 없어서 늙으니가 소첩
하나 둔 것을 깍쟁이 태(胎) 차가듯 차가느냐? 다시 오면 네미를
붙느니라. 쳐라. (춤추며 돌아온다.)

(포도부장이 다시 소무 손목을 잡고 대무(對舞)하며 나간다. 샌님
이 소무 뒤를 쫓으면서,) 어이거, 어이거, 일어서, 일어서. (다시 소
무를 안고) 너 어디 갔더냐? (소무가 손가락으로 하늘 가리키니)
하늘에 별따러? 아닌 밤중쯤 되면 내 연장 망태를 네 것 주무르듯
맘대로 노는 내 사랑이지?

(소무가 뺑그러뜨리며 샌님의 뺨을 치고 멱살을 들고서 포도부장
을 손으로 부르니까, 포도부장의 립(笠)을 제켜 쓰고 두 소매를 걷
으면서 옷자락을 뒤로 제치고 벼락같이 달려들어서 샌님의 멱살을
들고 발길로 복장을 질러 내쫓고서, 소무와 같이 서서 있다. 샌님
이 할 일 없어) 늙으면 죽어, 젊은 놈의 세상이다.

(샌님이 소무 곁에 가서) 장부일언(丈夫一言)이 중천금(重千金)인데
말을 냈다 그만두랴? 손 내밀어라. (포도부장이 손을 내미니 샌님
이 소무의 손인 줄 알고서 붙잡고,) 참말 이러나 어이거, 어이거,
정말인가? 이놈이 이 육실을 할 놈아 널더러 손 내밀랬어? (손을
홱 뿌리치고 다시 소무를 보고) 손 내밀게. (소무가 손을 내민다.)
어이거, 어이거 정말 이러나, 할 수 없다. 퇴 (침 뱉는다.) 쳐라.

(샌님이 춤추고 개복청으로 들어간다.)

제11과정 (신할애비과정)

(신할애비가 미얄할미를 데리고 나와서 사설한다. 말뚝이가 도끼가 되고 왜장녀는 도끼누이가 되어서 판 가운데 나와 앉았다.)

신할애비 : 웬 사람이 이렇게 백차일 치듯 하였노? 예전에 하던 지저귀나 하여볼까?

(唱) "아이들아 산디굿을 다 보았느냐?

　　　탈 쓴 팔십노인 나도 보자.

　　　나도 엊그제 청춘일러니 홍안백발이 되었구나.

　　　치어다보니 만학천봉 굽어보니 백사지(白沙地)로다.

　　　운침(雲枕)은 벼계(碧溪)요 황혼은 유록한데,

　　　적막강산(寂寞江山)이 여기로구나."

그 무엇이 앞에서 곰실곰실하였노 했더니 청개고리 밑에 실뱀 쫓아다니듯 뭘 하러 늙은 것이 쫓아왔노. 모양 대단히 창피하구 먹동구리 항동아리 부정귀는 다 어찌하고 나왔나? 본시 똑똑하니까. 건너 마을 김동지를 맡겼어? 송아지와 개새끼는 어쨌나? 오구장을 맡겼어? 근본 사람이 낙제는 없으니까 튼튼하게는 하였지. 전(前) 말이지 지금은 소용이 없어. 자네도 늙고 나도 늙었으니 우리 이별이나 한 번 하여볼까. 아 이것 보게 마단 말 아니하고 그리하자고 그러네 할 수 없다.

(唱) "죽어라 죽어라 제발 덕분에 죽어라.

　　　너 죽으면 나 못살고 나 죽은들 너 못살랴!

　　　제발 덕분에 죽어라.

　　　옥단춘(玉丹春)이가 죽었으랴? 제발 덕분에 죽어라.

　　　두 손뼉을 척척 치며,

노란 머리를 박박 뜯고서,

제발 덕분에 죽어라.” (미얄할미가 장중에서 죽는다.)

이거 성미는 가랑잎에 불붙기였다. 그리 하였더니 이거 정말 죽었나?

(唱) “마누라 마누라 마누라 마누라”

아이쿠머니, 이게 무슨 짓이여? 이러면 내가 속을 줄 알고 이러나 어이쿠머니 코에서 찬김이 나오네, 정말 죽었구나. 이를 어떻게 하잔 말인가? (우는 모양으로.)

(唱) “어이 어이 어어이 어어이”

이거 내가 울음을 우나 시조를 하나? 이거 인제는 파묻기나 할 수밖에 없는데, 나농의 자식이 하나 있었는데 이름이 무슨 옌장 이름인데! 이 떼 갈 녀석이 이런 데 나왔을까? 어디 찾아나 봐야지.

(唱) “예! 도끼야 도끼야”

이런 녀석이 이런 데 나왔을까?

(唱) “예! 도끼야 도끼야”

도끼 : (와서 채찍으로 신할애비 얼굴을 치며) 압세 네.

신할애비 : 네가 누구냐?

도끼 : 네 내가 도끼요, 아버지 평안 지냈소?

신할애비 : 애비더러 평안 지냈수가 머냐?

도끼 : 어버지 하는 채신 봐서는 그것도 과만(過滿)하지요.

신할애비 : 너 그새 어디 갔더냐?

도끼 : 똥 누러요.

신할애비 : 똥은 이 녀석아. 화수분 설사를 붙잡혔더냐? 그러나 저러나 저 건너 김동지 집 월수돈 두돈 칠푼 전하랬더니 어찌 하였느냐?

도끼 : 가지고 촉동 밖에 나가니, 다섯이 앉아서 오(五)동댕이를 합디다. 원 목도 못 놔보고 부타가여 잃고서 집에 들어오면 아버지한테 경칠까봐서 그냥 달아났소.

신할애비 : 얘 너 어머니가 세빙고를 쳤단다.

도끼 : 아버지 약주 잡수셨소 그려.

신할애비 : 술이 다 뭐냐? 정말이다.

도끼 : 어머니가 어머니가 정말 새팽이를 쳤어요? 빙소방이 어디요? (신
　　　할애비 부자가 미얄할미 누운 데 와서 곡한다.)

도끼 : 어이 어이 어이

신할애비 : 얘 앉아서 울기만 하면 어떻게 하느냐? 네나 내나 현손백결
　　　인데. 얘 너의 누이 하나 있는데 먼지골서 살다가 잿골로 갔느니
　　　라. 네가 빨리 가 데리고 오너라.

도끼 : 누 제밀할 놈이 상제보고 통부 가지고 가라는 데 어디 있읍니까?
　　　아버지가 갔다오시우.

신할애비 : 네 말인즉 옳은 말이다마는 늙은 놈 내가 갈 수가 있느냐?
　　　젊은 놈 네가 속히 가 데리고 오너라.

(도끼가 왜장녀 즉 누이한테 가서)

도끼 : 여보 누님.

왜장녀 : 거 누구냐?

도끼 : 내가 도끼요.

왜장녀 : 깍귀여?

도끼 : 내가 도끼여요.

왜장녀 : 대패?

도끼 : 이거 뭐 억이는데 무엇 생기우? 내가 도끼여요.

왜장녀 : 이새 너 도무지 안 오더니 왜 왔니?

도끼 : 어머니가 숟가락을 놨다오.

왜장녀 : 너 내가 전처럼 뭐 있는 줄 알고 이래니? 네 매부가 나간지가
　　　갓 마흔 두 해. 겨울 풀장사와 물레질 품을 팔아서 구명도생해간
　　　다. 머 전 쪽으로 알고 이따위 소리를 또 하느냐? 가끔 뜯어가더니
　　　죽잖은 어머니 죽었다고 또 와서 거짓말을 하느냐?

도끼 : 어느 제밀할 놈이 죽지 않은 어머니 죽었다고 한단 말이요?

왜장녀 : 정말이면 가자. (둘이 온다) 아버지 뵈입니다.

신할애비 : 오! 너 왔느냐? 네 모가 죽었다.

왜장녀 : 아버지 약주 잡숫고 무에라고 했나 보. 양잿물 잔치를 했나
　　　　보.

신할애비 : 얘 이번에는 아무 말도 안 했다. 정말 죽었단다. (3인이 곡
　　　　한다.)

왜장녀 : 아이고 어머니 정말 돌아가셨소? 어쩌잔 말이요? 전에는 어머
　　　　니 얼굴이 분옥(粉玉)을 따고는 듯하더니 희금자 다식이 다 됐소그
　　　　려. 약이나 좀 써 봤소?

신할애비 : 약도 쓸 새가 없어서 못 썼다.

왜장녀 : 그럼 약이나 좀 써 보지요. (약 같은 것을 미얄할미 입에 넣으
　　　　니까 미얄할미가 일어나서 딸을 데리고 들어간다. 단, 회생한 것이
　　　　아니라 죽어서 묻은 모양.)

신할애비 : 얘 도끼야.

도끼 : 네

신할애비 : 야 네 모가 죽을 적에 넋이나 하여 달라고 하였으니 넋이나
　　　　적적히 풀어 주자. (신할애비가 장고를 끼고 앉아서 가망청배를 한
　　　　다.)

(唱) "바람이 월궁의 달월이성이요. 일광지성 마누라 바람 영실로 나리
　　　오."

　　　(삼잽이가 노래가락 장단을 친다.)

(唱) "이 터전이 가중(家中)에 각인각성(各人各性) 열에 열 명이 다니시
　　　더라도
　　　뉘도 탈도 보지 아니하시던 영부정 가망에"

(唱) "산(山) 간데 그늘이요, 용(龍) 계신데 沼이로다.
　　　소이라 깊속건만 모래 우에 해소로다.

마누라 영검소이를 깊이 몰나"

(唱) "국이야 국이언만은 저 마당에 전이로다.

시절은 시절이오나 양전(兩殿) 마마님 시절이로다.

세상에 오독립(吾獨立)하니 하마온들"

(唱) "넋이야 넋이로다. 노양 신선의 초녁시야

넋일랑 넋반에 담고, 신의 신체는 관에 모셔,

세상(世上)에 나오신 망제님 놀고갈까"

(唱) "어이히히 웃자 초가망 이가망 삼가망이 아니시냐?

좋다 저물도 가망이요, 말게라 오신 가망

설게 받아 오신 가망 각인각성 열에 열명 다니시더라도

뉘도 탈도 보지 아니시던 영부정 가망이 적적히 놀고 갑시다"

(굿거리 장단에 소무 도끼 대무(對舞)하고 퇴장.)

가면극(假面劇) 산대도감극(山臺都監劇) 각본(脚本) 대미(大尾)

216

제7장 〈꼭두각시놀음〉의 공연공간과 안성 청룡사

1. 경중우인의 생활과 예능 활동

전통적인 배우라 하면 언제나 천대받는 유랑 연예인을 떠올리게 마련이다. 그러나 유랑하지 않으면서 상층의 공식적인 공연 문화에 가담하고 있었던 배우의 존재에 대하여 주목할 필요가 있다. 그들은 '경중우인(京中優人)'이라 불렸던 서울 지역의 배우들이다.

1) 경중우인의 생활

경중우인은 서울의 사대문 안에 거주하였다. 외방재인이 서울의 사대문(四大門) 밖에 모여 사는 일도 사회적인 문제가 되었던 시기에 서울의 성문 안에 살 수 있었던 것은 커다란 특권이라고 하겠다. 그들은 개인적인 부를 축적할 수도 있었다. 궁정의 행사에서 임금을 만족시킨 배우에게는 벼슬이 내려진 예도 있었다.

경중우인의 위상은 우연히 확보되는 것이 아니었다. 경중우인이 되는 방법은 대략 두 가지로 파악된다. 첫째, 경중우인으로 양성되는 방법, 둘째, 기존의 재인 가운데서 선발되는 방법이다. 전자는 개인에게 예속되어 길러진 배우를 말한다. 고려의 귀족이나 조선전기의 종친이나 사대부가 개인적으로 가비(歌婢)를 두었던 것과 유사한 형태라고 할 수 있다. 이들은 개인적으로 배우를 양성하고 있다가 나례(儺禮)나 진풍정(進豊呈) 등의 기회가 있을 때 궁궐에 들여보내어 자신의 예술적 후원의 정도를 과시하였다. 임금 자신도 배우를 길러 가까이 두는 사례가 있었다.

경중우인이 되는 다른 경로는 전국의 재인 가운데서 발탁되는 방식이다. 그러한 계기는 전국의 재인이 동원되는 나례를 통해서 마련되었다. 적어도 일년에 한번 정도 치러지는 대규모의 나례에서 그 재능이 돋보이는 배우가 경중우인으로 선발되었던 것이다. 이러한 경중우인들은 관청의 공노비로 예속되어 있으면서 공연 행사가 벌어질 때마다 궁궐에 들어가 놀이를 보였다고 하겠다. 이들은 궁정을 중심으로 하는 상층 관객 집단의 오락에 봉사하는 기능적인 주변 집단이었다.

2) 경중우인의 예능 활동

경중우인은 궁중에서 벌어지는 각종 연회나 공연 행사에 출연하였다. 궁중에서는 의례적인 절차나 제사의식 외에 임금과 대비, 종친 등이 즐기는 오락 행사가 벌어졌다. 나례나 진풍정 등이 그것인데, 연말이나 연초에 임금과 대비, 종친 등이 모여 배우들의 놀이를 구경하고 친목을 도모하는 행사였다. 행사의 명분 없이도 임금의 심기가 불편할 때 즐거움을 주기 위해서 수시로 궁정에 배우를 불러들였다. 배우를 사유(私有)한 특권층은 개인적인 연회나 유가(遊街) 등 행사 때마다 배우를 동원하여 예능을 즐겼다.

경중우인은 그들의 예능에 따라 두 부류로 나눌 수 있는데, 전통적인 '배우(俳優)'의 예능을 갖춘 부류와 그 외의 곡예나 묘기를 부리는 부류이다. 전자는 골계를 주로 하는 구변(口辯), 표정이나 동작을 통한 연기, 노래와 춤을 겸비하고 있었다. 임금이나 왕족 등 상층에 의하여 양성되는 부류는 주로 이러한 예능을 갖추었다고 할 수 있다. 그 예능이 관객 집단의 지적인 호사 취미를 만족시켜 줄 수 있기 때문이다. 궁정의 소학지희(笑謔之戲)는 이러한 예능과 밀접한 관계가 있다.

3) 경중우인과 의금부

경중우인은 중앙 관아인 의금부의 관리를 받았다. 의금부는 포도(捕盗) 및 금란(禁亂), 추국(推鞫) 등을 담당하는 사법기관으로 알려져 있다. 그러나 궁정의 공연 오락 행사와 관련된 실무도 맡았다는 사실에 주목해야 한다.

의금부는 주로 나례가 벌어질 때 배우를 동원하고 그 공연 종목을 정비하는 역할을 맡았는데, 행사에 앞서 '나희단자(儺戲單字)' 또는 '나례단자(儺禮單字)'라는 문서를 임금에게 올려, 나례 때 실시할 공연 종목 등 나례의 절차와 관련된 항목을 비준 받았다. 의금부가 배우를 관리한 기능은 장악원이 기녀와 악공을 관리한 것과 유사하다. 그러나 의금부는 배우의 훈련을 전담한 관청은 아니다. 의금부는 개인에게 예속되어 있거나 관아의 노비 또는 공방의 장인으로 소속되어 있는 경중우인의 근황을 점검하고 있다가 행사 때에만 모아들여 공연하게 하였다.

의금부가 배우를 관리한 전통은 고려 후기부터 이어진 것이다. 고려 때는 교방(教坊)에 배우가 소속되어 있었다고 하는데 교방이 폐지되어 궁정 배우의 존재가 사라지면서 의금부의 전신인 순위부(巡衛府)가 교방이 갖고 있던 기능의 일부를 겸임한 것 같다.

의금부가 상시적으로 관리하는 대상이 경중우인에 한정되었다는 사실은 여전히 궁정 배우의 전통이 남아 있었다는 사실을 암시한다. 수시로 벌어지는 궁정 행사에 동원하는 재인을 경중우인에 한정함으로써 그들을 궁정 배우처럼 활용하였던 것이다. 그것은 물론 제도적인 통제만으로 가능한 것은 아니었고 경중우인의 위상과 생활에 많은 혜택을 제공함으로써 가능했다고 할 수 있다.

2. 외방재인의 생활과 예능 활동

서울 지역을 제외한 지방의 모든 재인을 '외방재인(外方才人)'이라고 하였다. 외방재인은 외래 종족에서 기원하였다고도 하고 농사를 짓지 않는 대신 도적질을 하거나 예능을 팔아 구걸을 하는 등 부정적인 행태를 보였던 것으로 알려졌다. 지금까지 알려진 배우의 존재 양상은 주로 외방재인의 특성이라고 할 수 있다.

1) 외방재인의 생활

외방재인은 규모가 큰 나례를 할 때 공식적으로 상송되는 경우를 제외하고는 서울에서 살거나 활동하는 일이 금지되었다. 그들은 사회적인 해악을 끼칠 수 있는 부정적인 집단으로 인식되었기 때문이다. 외방재인은 국가적인 행사인 나례를 번화하게 치르기 위하여 필요한 존재이면서도 국가의 질서와 치안을 위협하는 문제적인 집단이었다. 조정에서는 그들을 민간에 정착시키기 위하여 평민과의 통혼(通婚)을 장려하고 논밭을 주어 농사를 짓게 하였고 군적에 올려 모자라는 군역을 보충하고자 하였다. 군적에 오를 때 재인들은 주로 시위패(侍衛牌)에 속하였다.

재인들의 호적은 3년에 한번씩, 필요한 경우는 봄, 가을로 일 년에 두번씩 조사하여 정리되었다. 인근으로 여행을 갈 때는 행장(行狀)이 필요하였는데 행장이 보증하는 여행 기간이 정해져 있었다. 따라서 놀이를 팔기 위하여 정처 없이 떠돌아다니기란 어려운 일이었다고 할 수 있다. 외방재인이라 할지라도 지방 관아에서 그 호적 및 이동 상황을 파악하고 있었기 때문에 관아의 오락적 필요에 따라 동원할 수 있었다.

한편, 외방재인에게도 중앙의 관아에 소속되어 상경할 수 있는 기회가 있었다. 시위패에 속한 재인들은 임금이 사냥을 할 때 몰이꾼으로 동원되거나 전쟁터에 불려갔다. 이때 뛰어난 무예를 보인 재인은 겸사복(兼司僕)

과 같은 무반(武班) 조직의 군졸로 편입되었다.

겸사복, 내금위, 우림위는 금군(禁軍)이라 불리는 친위부대로서 조선후기에 용호영(龍虎營)으로 이어진다. 용호영은 조선후기 서울의 도시적 유흥과 깊은 관련을 맺고 있어서 중요한 의미를 지닌다. 외방재인이 친위부대의 군병으로 등용되는 것을 계기로 그러한 기반이 마련되었던 것이다.

2) 외방재인의 예능 활동

외방재인들이 민간에 정착되거나 군역에 편입되었다고 해서 재인의 예능을 버리고 완전히 전업했던 것은 아니다. 향촌 사회에서도 재인을 필요로 하는 경우가 있었고 지방의 관아를 중심으로 악기 연주, 연희 등 오락의 수요가 생겨나기 때문이다. 지방 수령이 부임할 때 벌어지는 환영 행사나 각종 제례에 따른 오락 행사에서 그 지방에 정착한 재인들이 동원된다. 사냥의 몰이꾼으로 동원될 때도 사냥의 분위기를 돋우기 위하여 놀이를 연출했을 가능성이 있다. 전쟁에 참여한 재인들은 장졸의 사기를 진작시키는 예능 활동을 겸하였다.

경중우인과 마찬가지로 외방재인의 예능도 배우 본연의 예능인 골계나 노래를 전문으로 하는 부류와 곡예를 전문으로 하는 부류로 나눌 수 있다. 외방재인은 집단적인 예능 활동을 하였으므로 한 집단에 여러 가지 예능 보유자가 속하여 있었을 것이다. 그러나 사냥이나 전쟁터에서 활용된 점을 미루어 보면, 육체적인 민첩성과 관련된 예능에 더욱 탁월하였다고 여겨진다. 특히 나례를 위하여 서울에 올라간 경우, 볼거리를 연출하기 위하여 신기(新奇)를 다툴 수 있는 곡예적인 재능이 많이 필요하였다고 할 수 있다.

나례의 공연 종목에는, 외방재인이 민간에서 팔던 놀이도 있었겠지만 궁정의 공연 문화에서 전수된 지정 종목이 다수 있었다고 여겨진다. 그러한 공연 종목을 연출하기 위해서 외방재인은 두달 정도의 연습기간을 갖는 것으로 되어 있다.

3) 외방재인과 나례도감

민간의 배우들을 동원하여 벌이는 공연 오락 행사를 통틀어 나례라고 하였다. 외방재인이 서울의 궁정 주변에 올라갈 수 있는 기회는 임금이나 중국 사신의 행차를 위하여 벌어지는 대규모의 나례 때 주어진다. 이때는 임시 기구인 나례도감을 설치하여 모든 업무를 주관하게 하였다. 따라서 외방재인은 나례에 동원될 경우 나례도감의 관리를 받게 된다. 나례도감은 좌변과 우변으로 나뉘는데 의금부가 좌변 나례도감을 맡고 군기시(軍器寺)가 우변 나례도감을 맡는다.

나례도감이 좌우로 나뉘어 있는 것은 임금이나 사신의 행차가 지나는 좌우 양쪽에서 나례를 벌이기 때문이기도 하다. 환영 행사로서의 나례는 길가의 좌우에 무대를 설치하여 그 화려함과 다채로움을 경쟁하는 것이 관례이다.

좌변과 우변 나례도감, 곧 의금부와 군기시는 독립적인 조직을 가지고 한쪽의 나례를 맡아 무대 설치, 무대 장식, 공연 종목 등을 주관하였다. 재인도 따로 소속되어 있었고 공연 내용과 절차도 각기 마련되었다. 재인이 상송되는 과정에서 좌우변 나례도감의 분쟁이 일어나기도 하였다. 아비의 업을 물려받은 자식들은 자연히 나례도감 소속이 되었고 기존 재인의 신고로 새로운 재인이 추가되었다. 나례도감에서 특정한 외방재인을 지정하여 추가하는 경우도 있었다.

외방재인들은 정해진 소속에 따라 거듭하여 상송되었으므로 나례도감과 관련된 주변 집단과 교분을 맺을 수 있었다. 외방재인 가운데서 경중 우인으로 발탁되는 일도 이러한 상송의 구조 속에서 가능하였다고 할 수 있다.

한편, 외방재인은 집단별로 상송되지 않고 개인별로 상송되었다. 『나례

청등록』에 의하면, 좌변 나례도감에 외방재인을 상송한 90개의 현 가운데 5명 이상의 재인을 함께 올려 보낸 곳은 19개 현에 불과하고, 40개의 현에서는 한 명씩 상송되었다. 이러한 특성은 나례의 공연 종목 가운데 궁정 공연문화의 지정종목이 큰 부분을 차지하였음을 말해준다.

3. 민간의 오락적 수요와 외방재인의 흥행

이전 시기의 배우들은 경중우인과 외방재인으로 구분되어 사회적 위상이나 활동에서 차별적인 통제를 받았다. 이러한 통제는 민간의 자본력을 바탕으로 하는 오락적 요구에 무너질 수밖에 없었다. 17세기부터 한강 지역의 상업이 발달하고 해상 또는 육로로 연결된 지방의 상업 도시가 발달하면서 상업 활동과 맞물려 배우 집단의 공연 활동이 활성화되었기 때문이다. 경중우인이 지방의 상업도시를 돌며 활동하는 한편, 외방재인이 서울의 시정에 진출하여 이름을 날리는 일이 생겨났다.

광해군 대에 오면 외방재인을 동원하는 과정에서 나례도감의 통제력이 상실되어가는 현상이 뚜렷하게 나타난다. 중앙집권적인 기구를 통하여 배우를 관리하는 일이 점차 어려워진다. 배우들은 궁정에 불려 들어가 역(役)을 살기보다 민간에서 자유로운 흥행 활동을 벌이기를 원하였던 것이다.

전란 이후 왕실의 위엄이 사라지고 궁정의 재정이 궁핍해져 국가의 통제력이 약화된 상태에서, 궁정의 공연 문화를 유지하려는 지나친 강제가 오히려 그 문화의 쇠퇴를 가속하였다. 인조는 반정(反正) 직후, 거의 상설 기구처럼 운용되었던 나례도감을 폐쇄하고 나례에 쓰였던 각종 무대 설비와 장치들을 불태우게 된다. 인조 이후로는 사신 접대를 위한 나례와 구나(驅儺) 의식을 제외하고는 모든 나례를 폐지하였다.

나례도감은, 마지막으로 기록에 나타나는 1784년까지 점점 그 기능을 상실해 갔다. 반면 재인들은 자치 조직의 결속력을 강화하여 재인청을 설립하게 된다. 재인청은 경기도 이하의 외방재인을 중심으로 이루어진 것이었다. 그동안 흥행 활동에 불리했던 외방재인의 입지를 강화하기 위하여 집단적인 공조 체제를 마련했다고 여겨진다.

경중우인은 서울 지역의 흥행권을 선점할 수 있다는 이점을 갖고 있었으나 관청이나 개인에게 예속된 신분으로 공연 활동을 겸업하였기 때문에 직업적인 전문성을 획득해 나가는 데 취약점이 있었다. 특히 개인에게 예속되어 양성된 경중우인은 그 예능을 상품화하는 데 어려움이 있었다고 하겠다.

나례가 완전히 폐지되면서 의금부도 궁정의 공연 오락을 주관하였던 기능을 상실하게 된다. 이는 궁정연극 또는 궁정오락의 쇠퇴를 의미한다. 그러나 시정의 공연 문화는 더욱 성황을 이루었고, 흥행을 위하여 몰려드는 놀이패 및 장사치에- 대한 새로운 통제가 필요하게 되었다. 그 역할을 맡은 곳은 포도청이다. 포도청은 종래 의금부가 갖고 있던 금란(禁亂), 포도(捕盜)의 기능을 이어받으면서 자연스럽게 공연 관리 기능까지 넘겨받았던 것이다.

그러나 포도청의 역할은 궁정의 공연 문화와는 무관하게 시정의 제반 질서를 바로잡는 차원에 머물러 있었다. 포도청은 공연 활동에 물리적인 통제력을 행사할 수는 있었지만 대본의 내용이나 연극의 연행 방식에 간섭할 필요가 없었다. 시정의 공연은 흥행을 목적으로 하고 그 내용은 놀이패의 역량에 따른 문제이다.

한편, 포도청의 말단 관리들은 공식적인 업무 외에 비공식적인 실력 행사를 통하여 시정에서 활동하는 배우 등 예능인 집단을 장악하게 된다. 그들은 처음에 점차 사적(私的)인 관계와 구속력을 더해 나가면서 당대의 공연 오락 문화에 큰 영향을 미쳤다.

민간의 오락적 수요가 커지면서 외방재인의 흥행 활동이 더욱 활발해졌다고 할 수 있다. 판소리 〈흥부가〉, 〈변강쇠가〉 및 『목민심서』, 『교방가요』, 『조선왕조실록』 등 각종 문헌과 구비전승으로 전해지는 예능인 관계 명칭들은 매우 다양하다. 〈흥부가〉와 〈변강쇠가〉에 나오는 유랑연희 집단의 양상을 보면 이하의 표와 같다. 표에 의하면 사당 거사패 가운데 가장 대표적으로 등장하는 패가 경기 안성 청룡사에 본거지를 둔 패거리 였다.

4. 안성 청룡사와 남사당패의 활동

남사당패는 놀이를 가지고 일정한 보수 없이 숙식만 제공받으면 마을의 큰 마당에서 밤새 놀이판을 벌였다. 우두머리격인 '꼭두쇠'가 4, 50인의 연희자를 이끄는 이 집단은 일정한 거처가 없는 독신 남자들만의 무리였다. 간혹 어름산이[줄꾼]나, 그밖에 한두 사람의 여자가 낀 적도 있으나 남사당패 말기에 들어서 있었던 일이라고 한다. 꼭두쇠가 교체되는 경우는 노쇠하였거나 잘못을 하여 신임을 잃었을 때뿐이었고, 그 선출 방법은 구성원 가운데 많은 지지를 얻는 사람이 선출되는 방식이었다. 꼭두쇠는 우두머리로서 대내외적인 책임을 졌다. 단체 생활의 규율을 적용하는 것과 구성원을 맞아들이거나 내쫓는 일 등을 모두 도맡았다. 다른 구성원은 꼭두쇠에게 절대적으로 복종하여 조직이 일사불란하게 움직였다.

이들의 놀이판은 넓은 마당에 미리 줄타기 줄이 매여지고 꼭두각시놀음의 포장막과 다양한 연희를 수행할 공간인 멍석이 마련된다. 남사당패의 중요 연희 종목은 풍물·버나·살판·어름·덧뵈기·덜미의 여섯 가지이다. '풍물'은 인사굿으로 시작하여 24판 내외의 판굿을 노는 것으로 시작된다. 이어 상회놀이, 따벅구, 징놀이, 북놀이, 장고놀이, 시나위, 새미받기, 채상놀이를 논다. 꽹과리·북·징·장고·날라리·땡각(哨角)과 같은 악기의 반주로 놀이가 진행된다. '버나'는 체바퀴와 대접, 대야 등을 막대기로 돌리는 묘기를 말한다. 그런데 버나는 묘기로 끝나는 것이 아니라 돌리는 사람인 버나잽이와 받는 소리꾼인 매호씨[어릿광대가 서로 주고받는 재담과 소리가 있어 연극적인 요소가 있다. '살판'은 "잘하면 살 판이요 못하면 죽을 판"이라는 뜻에서 나온 놀이로, 땅재주 묘기이다. 살판

	〈흥부가〉	〈변강쇠가〉
사당·거사패	경기 안성 청룡사, 영남 하동 목골, 전라 함열 성불암, 창평 대주암, 함평 월량사 등 근거지로 놀이 유랑 거사 소고, 사당 염불(타령)	
풍각쟁이	검무쟁이: 열대여섯살 아이, 노랑머리, 갈매 창옷 가얏고, 통소, 해적, 북, 소고	가객(판소리광대): 통량갓, 베중치막, 동옷, 누비저고리, 전등거리, 부채 통소쟁이: 소경, 넝마옷, 초록 실띠 검무쟁이: 열댓살 아이, 홑고의, 모시행전, 도리줌치, 갈매 창옷, 공단 댕기, 칼 가얏고 타는 사람: 마른 중늙은이, 경주 도읍 시절 가얏고 북 치는 놈: 엄지러기 총각놈, 노구록비 북
각설이패	전라도 장타령	영남 장타령
초라니	구슬 상모 담벙거지, 통장고, 고사	구슬상모 담벙거지, 통장고, 누비저고리, 붉은 전대(어깨), 조개장단 주머니, 주황사 벌매듭, 초록 비단 쌈지, 청 삼승 허리띠, 짚신에 푸른 헝겊, 오십 살 늘어진 부채(송화색 수건 닮), ⋯⋯도리도리 눈구멍, 흰 고리테 두르고, 납작한 콧마루에 주석 대갈 총총 박고, 꼿꼿한 센 수염

표 6 〈흥부가〉와 〈변강쇠가〉에 등장하는 놀이패의 모습

쇠[땅재주꾼]와 매호씨[어릿광대]가 재담을 주고받으며 악사(樂士)의 장단에 맞춰 정해진 차례로 재주를 넘는다. '어름'은 줄타기이다. 어름을 밟듯이 조심스럽다는 의미이다. 역시 어름산이[줄꾼]와 매호씨[어릿광대]가 대담을 주고받으며, 악사의 장단에 맞춰 줄 위에서 가창한다. '덧뵈기'는 탈놀이이다. 탈을 쓰고 "덧본다"는 의미이다. 다른 지역의 탈놀이가 지역적 특성을 가진 반면, 남사당패의 탈놀이는 공연 향유자의 요구에 따라 가변적으로 공연되었다. 샌님, 노친네, 취발이, 말뚝이, 먹중, 옴중, 피조리, 꺽쇠, 장쇠의 탈이 있고, 마당씻이, 탈잡이, 샌님잡이, 먹중잡이로 짜여져 있다. '덜미'는 민속인형극이다. 이에 대해서는 후술하도록 하겠다.

남사당패로서 대표적인 집단이 안성 청룡사의 〈바우덕이[金岩德]패〉이다. 백여 년 전 안성에는 개다리패, 심선옥패, 오명선패, 안성복만이패, 이원보패, 안성원육덕패 같은 남사당패들이 있었다. 개다리가 꼭두쇠로 활

그림 30 〈호암미술관 감로탱〉에 나타난 남사당패 놀음 장면

동한 〈개다리패〉를 바우덕이가 1900년대 초에 크게 발전시켰다. 이후 안성 출신의 김복만이 꼭두쇠로 활동한 〈안성 복만이패〉가 이를 계승하였고, 다시 〈복만이패〉의 구성원을 재규합하여 여주 출신의 원육덕가 꼭두쇠로 활동한 〈원육덕패〉가 이를 이었다.

이러한 전승 과정에서 중요한 위치를 차지하는 것이 〈바우덕이패〉이다. 바우덕이는 성은 김(金)이고, 이름은 암덕(岩德)이기 때문에 '암(岩)'을 바위로 풀어 바우덕이라고 불렸다고 한다. 1848년 안성에서 출생해 서운면 청룡사에 기거하다 다섯 살 때 안성남사당패에 들어갔다. 청룡사에서 그가 스님 어깨 너머로 배운 염불을 외면 구경꾼들이 자지러지며 넘어갈 정도로 타고난 끼가 대단했다고 한다. 불당골에서 염불, 소고춤, 풍물, 줄타기 등 온갖 남사당 기예를 익혔으며, 또한 미모가 뛰어나서 많은 사내들의 마음을 사로잡았다고 한다. 미모뿐만 아니라 소리가락 솜씨도 일품

이었으며 특히 바람에 휘날리는 듯
하는 줄타기 솜씨가 당대 최고의 경
지에 이르렀다고 전한다.

바우덕이는 열다섯 나이에 여자로
서는 처음으로 남사당패의 꼭두쇠가
되었다. 유일한 여성꼭두쇠가 된 것
이다. 특히 외줄을 타는 허궁잽이(외

그림 31 바우덕이 묘

줄 타는 광대를 일컫는 말)로 이름을
날려, 1865년(고종 2)에 경복궁 중건에 안성 남사당패를 이끌고 기예를 뽐
내 흥선대원군으로부터 정3품 당상관 벼슬에 해당하는 옥관자(玉貫子)를
받아 전국적인 명성을 얻었다. 다음은 바우덕이를 노래한 〈바우덕이 타
령〉이다.

　　덕아 덕아 바우덕아 바람에 손목 잡혀 이 세상에 왔느냐
　　길 따라 가도 편히 못가는 인생　어찌하여 너는 외줄을 타려 하느냐
　　청룡사 푸른 하늘 멍텅구리 구름같이 갈 곳 없어도 남사당이 좋아

　양귀비 뺨치는 뛰어난 미모와 출중한 기예솜씨로 바우덕이패의 공연장
에는 사람들이 많이 몰려 인기가 최고였다고 한다. 그런데 바우덕이는 오
래 살지 못하고 23세의 젊은 나이에 폐병으로 요절했다고 한다. 당시 그
녀의 남편은 42세의 역시 남사당패였는데 그녀를 잃은 슬픔을 이기지 못
하여 날마다 근처의 바위에 올라가 나팔을 불고 황소울음을 울어 청룡리
주변에는 나팔바위, 울바위, 떵뚱바위 같은 바위 이름이 전해져 온다고
한다. 지금도 바우덕이 노래 한 자락이 전해지고 있다.

안성 청룡 바우덕이	소고만 들어도 돈 나온다.
안성 청룡 바우덕이	치마만 들어도 돈 나온다.
안성 청룡 바우덕이	줄 위에 오르니 돈 쏟아진다.
안성 청룡 바우덕이	바람을 날리며 떠나들 가네

　그런데 바우덕이패를 언급할 때 반드시 따라다니는 수식어아 '안성 청룡사'이다. 청룡사는 고려 공민왕 때 나옹화상에 의하여 세워졌다고 하는데, 나옹화상이 불도를 일으킬 절터를 찾아다니다가 이곳에서 구름을 타고 내려오는 청룡을 보았다는 데서 유래한다.

　청룡사는 불교사적으로보다 민속사적으로 더 유명한 절이다. 한 때는 남사당패의 본거지이기도 하여 비승비속(非僧非俗)의 사찰로 유명한데 안성이 남사당의 본고장이라면 이 청룡사는 그 남사당패의 본거지라고 할 수 있는 것이다. 옛날 남사당패들은 이 청룡사에서 겨울을 나고, 봄이 되

그림 32 안성 청룡사 대웅전의 모습

면 절에서 발급해준 신표를 들고 안성장과 전국의 저자거리를 떠돌며 기예를 팔았던 것이다. 이들은 청룡사에서 겨울을 지낸 뒤 봄부터 가을까지 청룡사에서 준 신표를 들고 안성장터를 비롯해 전국을 돌아다니면서 연희를 팔며 생활했다. 지금도 청룡사 건너편에는 남사당마을이 남아 있다.

그러나 본래 천시되었던 남사당패는 근대극장과 근대극의 형성과 더불어 민중의 관심에서 벗어나기 시작하였으며 일제강점기에는 일본의 민족문화 말살정책으로 인해 명맥이 거의 끊기다시피 하였다. 마지막 남사당패인 〈원육덕패〉는 1939년 만주 북간도에까지 갔다가 그곳에서 해산하였다. 그러던 중 1982년, 안성남사당의 마지막 꼭두쇠(남사당패의 우두머리)로 활동했던 김기복씨(당시 61세)를 중심으로 남사당보존회가 결성돼 그해 전국민속경연대회에서 대통령상을 수상하며 무형문화재로 지정돼 지금에 이르고 있다. 현재는 안성시립남사당풍물단이 구성, 안성시는 이를 바탕으로 2000년부터 안성남사당의 대표적 실존인물인 바우덕이의 이름을 딴 축제를 개최하기 시작했다.

5. 〈꼭두각시놀음〉의 공연 양상

1) 〈꼭두각시놀음〉의 무대공간

〈꼭두각시놀음〉은 우리나라 유일의 인형극이며, 1900년대 이후 외방재인의 공연이 근대적 극장 문화의 논리에 의해 민중으로부터 외면 받고 놀이판 자체가 전승되지 못하던 상황에서도 비교적 간단한 무대장치로서 공연을 할 수 있어 전승될 수 있었던 공연 종목이다.

꼭두각시놀음의 놀이판은 포장(布帳)이라 불리는 공중무대이다. 기본 틀로서 3미터 안팎의 평방에 네 기둥을 세운다. 무대가 되는 쪽만 1미터 20센티 정도의 높이 위에 가로 2미터 50센티 정도, 세로 70센티 정도의 인형이 나와서 노는 무대가 만들어 진다. 이 무대만 남겨 놓고 사방을 모두 포장으로 둘러친다.

이 무대면 공간을 통하여 주조 종사인 '대잡이'가 중심이 되고, 양 옆에는 '대잡이 손'이라 불리는 보 조가 앉아 인형의 조종과 등퇴장 을 돕는다. 무대면 밖 약간 비스듬 한 자리에는 받는 소리꾼인 '산받 이'와 '악사(樂士)'들이 관중석과 거 의 분리되지 않은 채 무대면을 보 고 앉아 놀이를 진행시킨다. 조명 은 관솔불이나 기름 방망이불을 무대면의 양옆에서 비쳐, 특히 인

그림 33 〈꼭두각시놀음〉의 무대

형이 나오는 공간 부분을 밝게 해 준다.

이 가운데 중요한 역할을 하는 것은 인형의 주조종사인 '대잡이'와 함 께, 포장 밖에서 극을 진행시키는 '산받이'이다. 특히 '산받이'는 실제 인 형의 조종자는 아니지만, 모든 인형과 대화하면서, 판소리에서의 고수(鼓 手)와 같은 역할을 하며, 전체 극의 연출에 관여한다. 또한 산받이는 극 을 관람하는 관중의 궁금증이나 감상을 표현하기도 하는 대변자이기도 하다.

꼭두각시놀음은 인형을 다루는 기교의 측면에서 보면 곡예에 해당한다 고 할 수 있다. 인형 조종자의 대사와 노래를 듣고 작은 인형의 움직임을 보기 위해서는 배우와 관객 사이의 물리적 거리가 멀어서는 안 된다. 인 형극은 객석과 무대가 고정되고 관객과 배우의 물리적 거리가 가까운 곳 에서 연출해야 그 묘미를 느낄 수 있는 공연종목이다.

2) 〈꼭두각시놀음〉의 인형들

〈꼭두각시놀음〉은 〈박
첨지놀음〉, 〈홍동지놀음〉,
〈꼭두박첨지놀음〉 등의 명
칭이 있으며, 재인(才人)
집단에서 인형의 목덜미를
잡는다는 뜻에서 〈덜미〉라
불리기도 하는 인형극이
다. 이 인형극에 등장하는
배역은 인물 및 동물까지
모두 포함하면 40에 이른다.

그림 34 〈꼭두각시놀음〉의 무대 내부의 모습

인물(人物)

박첨지 : 인형극의 주인공으로서 극 진행상
해설자를 겸하고 있다. 백색 바탕의 얼굴에 흰
머리, 흰 수염의 노인으로, 소매가 긴 저고리 차
림이다. 팔과 입을 동작시킬 수 있는 큰 크기의
인형이다.

꼭두각시 : 박첨지의 본마누라로서 못생긴 추
부(醜婦)이다. 적갈색 바탕의 얼굴에 거무스름
한 점이 있고 흰 저고리 차림이며, 팔과 입을 동
작시킬 수 있는 중간 크기의 인형이다.

그림 35 박첨지 인형

홍동지 : 박첨지의 조카로 발가벗은 힘꾼이다. 발가벗은 새빨간 인형이
므로 '홍(紅)동지'라 한다. 전신이 붉고 역사의 체격을 지니고 있으며 머리
는 상투를 틀고 사타구니에 신과 항문이 있어 방귀를 뀌게 되어 있다. 팔
을 동작시키는 큰 크기의 인형이다.

그림 36 홍동지 인형

덜머리집 : 박첨지의 첩으로서 작부 출신이다. 백색 얼굴에 붉은 연지를 찍고 노랑저고리와 분홍치마 차림이며 머리에 쪽을 지른, 팔을 움직이는 중간 크기의 인형이다.

피조리 : 박첨지의 조카딸로서 2인이 등장한다. 하나는 처녀로 댕기를 드리우고 하나는 쪽 차림의 유부녀이며, 붉은 입술을 하고 팔을 동작시키는 중간 크기의 인형이다.

상좌 : 파계한 암자의 승려이며 2인이 등장한다. 포대 인형으로, 붉은 장삼에 회색 띠, 회색 장삼에 붉은 띠를 어깨에 메었고, 각기 삼베 고깔을 쓰고 눈동자에 은지를 발랐다. 목, 팔 허리를 동작시키는 작은 크기의 인형이다.

홍백가 : 붉고 흰 양면의 얼굴을 가진 남자이다. 옷은 얼굴빛과 반대로 붉고 흰 색의 배치한 저고리를 입는다. 팔을 동작시키는 중간 크기의 인형이다.

표생원 : 전남 해남 관머리에 사는 시골 양반이다. 백색 얼굴에 흰 머리, 흰 수염, 흰 저고리 차림이며, 팔을 움직이는 중간 크기의 인형이다.

영노 : 무엇이나 먹겠다는 걸신들린 요귀이며, 일명 왜인(倭人)으로 표현되기도 한다. 불그레한 얼굴에 입만 크게 과장되어 있고 붉은 윗도리에 검정 띠를 허리에 띠었다. 작은 크기의 인형이다.

묵대사(껌벅이) : 득도한 고승이다. 백색 얼굴에 코밑 수염이 있고, 삼베 고깔, 검정 장삼 차림이다. 팔과 입을 동작시키고 눈이 떴다 감았다 하는 큰 크기의 인형이다.

귀팔이 : 아전에게 재물을 뜯기다 못하여 귀까지 나풀대는 백성의 하나이다. 백색 얼굴에 검정 수염을 그렸고, 양귀가 끈으로 매달려 있어 움직이는 중간 크기의 인형이다.

평안감사 : 권력의 상징으로 등장하는 관리이다.

작은박첨지 : 박첨지의 동생이다. 박첨지의 축소판으로 팔이 동작되는 작은 크기의 인형이다.

박첨지손자 : 저능아로서 3인이 등장한다. 몸통이 되는 장목 위에 얼굴만 깎아 만든 모양으로, 팔도 없으며 옷도 입지 않은 작은 크기의 인형이다.

상주 : 평안감사의 아들이다. 상복에 상장을 두르고 머리에 굴갓 차림이며, 지팡이가 동작되는 작은 크기의 인형이다.

그림 37 평양감사 인형

동방삭이 : 3천 갑자를 살았다는 동방삭이다. 희고 긴 수염에 흰 머리를 하고 백색 도포 차림이다. 팔이 움직이는 중간 크기의 인형이다.

잡탈 : 마을 남자로 3인이 등장한다. 박첨지손자와 같은 구조를 지닌다.

사령 : 평안감사의 매사냥 장면과 상여 장면에 나오는 관속으로 3인이 등장한다. 전립에 검정 더그레를 입은 작은 크기의 인형이다. 그 중 하나는 사냥 때의 포수를 겸하는데, 그 때는 허리에 방울을 찬다.

상도꾼 : 평안감사의 상여를 멘 사람으로 12인이 등장한다. 허리에 구멍을 뚫어 상여 양면에 매어 달았으며, 삼베옷을 입은 작은 크기의 인형이다.

동물(動物)

이시미 : 뱀도 용도 아닌 상상적 동물이다. 머리, 얼굴은 나무로 깎고 몸통이 되는 긴 자루를 부착시켜 용과 비슷한 모습을 연출한다. 전신에 울긋불긋한 칠을 하고 눈알은 유리를 박고 입을 벌리면 붉은 혀가 보인다. 입과 전신을 움직이는 큰 크기의 인형이다.

매 : 평안감사 매사냥 장면에 나온다. 나무를 매의 모습으로 깎아 검정

칠을 했으며, 나는 장치가 있는 작은 크기의 인형이다.

꿩 : 평안감사 매사냥 장면에 나온다. 나무로 깎은 몸통은 꿩 모습을 나타내고 꿩의 꼬리를 달았다. 나는 장치가 있는 작은 크기의 인형이다.

청노새 : 곡식을 축내려고 중국에서 온 나쁜 새이다. 나무로 깎은 모습에 푸른 바탕에 검고 붉은 점을 찍었다. 나는 장치가 있는 작은 크기의 인형이다.

기타 소도구

절 : 조립식 법당.

부처 : 법당 안에 안치한 불상.

상여 : 조립식이며 호화스럽다.

명정(銘旌)・만사(輓詞)・요령(搖鈴:) 상여 장면에서 등장한다.

영기(令旗) : 매사냥 장면에서 평양감사의 명령을 전하는 깃발 2개로, 사령이 들고 나온다.

부채 : 대형이며 접이식이다.

3) 꼭두각시놀음의 내용과 의미

① 박첨지 과장

박첨지 마당은 인형극의 주인공인 박첨지가 팔도를 유람하는 내용으로 되어 있다. 박첨지는 유람 도중 꼭두패의 놀이판에 끼어들어 구경한 이야기와 〈유람가〉를 불러 흥을 돋운다.

② 피조리 과장

박첨지의 딸과 며느리가 뒷절 상좌중과 놀아나다가 갑자기 나타난 발가벗은 홍동지에 쫓겨나간다. 홍동지도 뒤따라 퇴장하는데, 박첨지가 나와 딸과 며느리가 잘 놀던가를 산받이에게 묻자 홍동지에게 쫓겨 갔다는 얘기를 듣고 괘씸한 놈이라며 혼내주겠다며 들어간다.

③ 꼭두각시 과장

박첨지가 산받이에게 자기 큰마누라 꼭두각시의 행방을 물으며 노래를 부르면, 꼭두각시가 나타나 〈보관타령(영감타령)〉을 화답하면서 즐긴다. 그런데 박첨지가 그동안 유랑하면서 혼자 살기가 어려워 작은마누라 덜머리집을 얻었다고 하며, 덜머리집을 불러 꼭두각시와 상면시킨다. 두 여자의 싸움판이 벌어지자, 박첨지는 하는 수 없이 살림을 나눠주지만 덜머리집에만 후하고 꼭두각시에게는 인색하게 한다. 꼭두각시는 섭섭해 하며 중이 되러 금강산으로 가겠다며 퇴장한다. 박첨지는 오히려 잘됐다며 덜머리집을 얼싸안고 퇴장한다. 그러나 박첨지는 다시 나와 이번에는 울면서 꼭두각시를 찾자, 산받이가 '왜 우냐'고 묻는데, '너무 시원해서 운다'며 다시 들어갔다 나오며 퇴장한다.

④ 이시미 거리

박첨지가 등장하여 중국에서 날아온 해조(害鳥) 청노새가 '우리 곳은 풍년들고 저희 곳은 흉년들어, 양식 됫박이나 축내러 왔다'고 알리며 퇴장한다. 곧 이시미가 나타나 청노새를 먹어버리는데, 이어 등장하는 박첨지 손자, 피조리, 작은박첨지, 꼭두각시, 홍백가, 영노, 표생원, 동방삭이, 묵대사 등의 모든 인물을 다 먹어치운다. 박첨지가 나와 산받이에게 앞서 나온 자들의 행방을 묻고 이시미의 짓임을 알고, 이시미 곁으로 다가가는데 박첨지 역시 물린다. 이때 홍동지가 등장하여 칼로 이시미를 처치하자, 박첨지는 살아나고 홍동지는 이시미를 팔아 옷 좀 해 입어야겠다며 퇴장한다. 다시 나온 박첨지는 자기가 살아난 것은 홍동지의 덕이 아니고 자기 명에 의한 것이라며 이시미를 팔아 부자가 왜었을 홍동지를 찾아내겠다며 퇴장한다.

⑤ 매사냥 과장

박첨지가 나와 평안감사가 납시니 큰일 났다고 알리며 퇴장한다. 평안감사가 나타나 다시 박첨지를 불러내어 길을 잘못 닦았다고 꾸짖으며 매사냥할 몰이꾼을 대라고 한다. 박첨지는 홍동지를 불러 매사냥을 하는데, 꿩을 잡은 평안감사가 박첨지에게 꿩을 팔아오라 하며 떠나면 뒤따라 모두 퇴장한다.

⑥ 상여 과장

박첨지가 나와, 매사냥에서 돌아가던 평안감사가 황주 동설령 고개에서 낮잠을 자다가 개미에게 불알 땡금줄을 물려 죽어버려 이번에는 상여가 온다고 알리고 잠시 들어갔다가 다시 나온다. 이 사이에 상여가 등장하고 박첨지는 상여 곁에 붙어 대성통곡을 하자, 산받이가 '누구 상여인데 그렇게 슬피 우느냐' 물으면, '어쩐지 아무리 울어도 싱겁더라'며 익살을 부린다. 상주인 평안감사의 아들이 박첨지에게 길이 험하여 상두꾼들이 모두 다리를 다쳤으니 상두꾼을 대라 한다. 산받이가 상두꾼으로 홍동지를 부르자, 홍동지는 역시 발가벗고 나와 상주에게 온갖 모욕을 주고는 상여를 메고 나간다.

⑦ 절 과장

박첨지가 나와, 이제는 아무 걱정 없다면서 명당에 절을 짓겠다고 알리고 들어간다. 이어 상좌중 둘이 나와 조립식 법당을 한 채 짓는데, 박첨지가 다시 나와 이를 완전히 헐어버리고 들어간다.

박첨지가 나와 끝까지 구경해줘서 고맙다며 절을 하고 퇴장한다.

이상의 내용을 살펴건대, 이 인형극의 중요 인물인 '꼭두각시', '박첨지', '홍동지' 중에 누구를 중요 인물로 두느냐에 따라 그 명칭이 정해짐을 알 수 있으며, 이들 세 인물이야말로 극의 중요한 주제를 전한다.

첫째, 박첨지는 상반(常班)의 중간 출신이지만, 오히려 민중의 의지를 잘 보여준다.

둘째, 박첨지 가족의 갈등은 봉건가족제도에 대한 비판이라 할 수 있다. 본처인 꼭두각시와 첩인 덜머리집의 처첩갈등에 대응할 때 박첨지는 공정하지 못하게 처신하여 꼭두각시가 절로 들어가게까지 한다.

셋째, 이시미로 표현된 민중을 괴롭히는 부정적 대상이라 하겠다. 이에 대해 무기력하게 당하다가도, 이시미는 '홍동지'에게 처치되면서 희화적이면서도 적극적으로 이를 극복하였다.

넷째, 홍동지는 벌거벗은 모습이며 그 행동 또한 매우 무례하고 거칠고 갈등을 야기하기도 한다. 그런데 이시미에게 모든 인물이 잡아먹히는 가장 위급한 상황에 등장하여 부정적 대상물을 처치하는 역할을 하며, 평안감사로 대변되는 봉건 지배층을 공격하는 중요한 역할을 하기도 한다. 홍동지의 위상은 갈등과 함께 웃음을 유발하며, 민중의 내면을 희화적으로 표현하는 역할을 수행하므로, 이 극의 가장 핵심적인 인물이라고 할 수 있다.

다섯째, 마지막 과장에서 절을 짓고 축원을 올려 불교에의 귀의를 뜻하지만 결국은 다시 완전히 헐어냄으로 불교에 대한 부정적인 시각을 드러내고 있다. 또한 피조리 등의 여성 등장인물은 윗절의 상좌중과 놀아나기도 하는데, 이 역시 불교가 민중에게 비판을 받고 있었음을 보여주는 것이기도 하다.

〈꼭두각시놀음〉 연희본

구술
남형우 (대잡이)
양도일 (산받이)
최성구 (잽이)

채록
심우성

1. 박첨지 마당

첫째 박첨지 유람거리

대잡이   (안에서) 어허허 아 헤헤.

산받이   어허허 아 헤헤.

박첨지   (唱) 떼이루, 떼이루, 띠어라, 따. 떼이루 떼이루 떼이루 야하.

산받이   (唱) 떼이루, 떼이루, 띠어라, 따. 떼이루 떼이루 떼이루 야하.

박첨지   떼이루, 떼이루, 떼이루 야하. 떼어헤 띠어라 따 떼이루 떼이루
         떼이루 야하.

산받이   떼이루, 떼이루, 떼이루 야하. 떼어헤 띠어라 따 떼이루 떼이루
         떼이루 야하.

대잡이   (안에서 구음 무용곡) 나이니 나이니 나이니 나이나, 나이나 나
         이나 나이나 나이나. (박첨지의 춤)

박첨지   (춤 멈추고) 에이헤헤 아헤헤.

산받이   에이헤헤 아헤헤.

박첨지   어흠, 어흠, 아따 아닌 밤중 가운데 사람이 많이 모였구나.

산받이   아닌 밤중 가운데 사람이 많건 적건 웬 영감이 남의 놀음처에서 난가히 떠드시오.

박첨지   날더러 웬 영감이 난가히 떠드느냐구?

산받이   그려.

박첨지   허허허 내가 웬 영감이 아니라, 내가 살기는 저 웃녘 산다.

산받이   저 웃녘에 산다는 걸 보니 한양 근처에 사는가 보네.

박첨지   아따 그 사람이 알기는 오뉴월 똥파리처럼 무던히 아는 척하는 구려.

산받이   알 만하지. 한양으로 일러도 8문안에 억만 가구가 다 영감네 집 이란 말이여.

박첨지   아하 여보게. 한양으로 일러도 8문안에 억만 가구가 내 집일 리 가 있겠는가, 내 사는 곳을 저저히 일러줄 터이니 들어보게. 저 남대문 안에 썩 들어갔겄다. 1관헌 2목골 3청동(淸洞), 사직(社 稷)골 5관헌, 6조앞, 7관헌, 8각재(角) 구리개, 십자가(十字街), 갱 병들이 만리재, 낙양장터, 이화장터, 오리대 골목을 다 제체놓고 아랫벽동 웃벽동 다 제처놓고 가운데 벽동 사는 박한량 박주사 라면 세상에 모르는 사람 빼놓고는 다 안다.

산받이   여보 영감 아랫벽동 웃벽동 다 제처놓고 가운데 벽동 사는 박한 량 박주사라면 세상에 모르는 사람 빼놓고는 다 안단 말이요, 여보 영감 그게 다 입으로 일르는 말이요.

박첨지   그럼 너는 똥구멍으로 말하나?

산받이   그럼 여긴 무슨 사(事)로 나왔소.

박첨지   여보게, 내가 무슨 사가 아니여, 나도 부모 슬하에 글자나 배우 고 호의호식하다가 부모님 돌아가서 선산발치 뫼셔놓고 고사당 에 하직하고 신사당에 허례하고 발뒷굼치로 문을 닫고 마당 가

	운데 시기를 두고 팔도강사 유람차로 나왔네.
산받이	팔도강산 유람차로 나왔으면 어디어디 다녔단 말씀이요.
박첨지	아 어디어디 다닌 걸 일러달라고.
산받이	그려.
박첨지	아따 그 사람 똑똑히는 알려구 하네.
산받이	알려면 똑똑히 알아야지
박첨지	내 그럼 다닌 곳을 똑똑히 일러줄게 들어봐라. 남대문 밖을 으씩 나섰구나. 칠패 팔패 청패 배달이 여우개고개 신방뜰, 남태령을 썩 넘어서니 갈 곳이 망연쿠나. (唱) 죽장 짚고 망혜 신어라 천리강산을 구경가자. 전라도라 지리산이면 하동 섬진강 구경하고 경상도라 태백산이면 상주 낙동강 구경하고, 강원도라 금강산이면 1만2천봉 구경하고, 함경도라 백두산이면 두만강수를 구경하고, 평안도라 묘향산이면청천강수를 구경하고, 황해도라 구월산이면 성지불상을 구경하고, 충청도라 계룡산이면 공주 금강을 구경하고, 경기도라 삼각산이면 파주 임진강 구경하고, 그런 구경을 모두 다 할려면 몇날이 될 줄을 모르겠네.
산받이	아 여보 영감 뭐 어디어디 다녔다 일러보라고 했지 누가 소리하라고 했나.
박첨지	어허 참 그렇군, 늙으면 죽기 마련 잘했지, 아하 여보게 팔도강산을 낱낱이 다니다가 천산은 조비절이오 만경은 인적멸하니, 늙은 사람이 눈 어둡고 다리 아프고 길 갈수가 있던가, 아 그래 저건너 여인숙에 들어가 진지 한상 차려 잡숫고 목침을 돋베우고 가래침을 곤돌리고 길다란 담뱃대 불다려 물고 가만히 누웠노라니까 어디서 뚱뚱 소리가 나고 그저 어린아이들은 일리가도 수군수군 저리가도 재잘재잘하여 그래 내 한번 아이들한테 물어봤지.
산받이	여보 영감 남의 애를 물었으면 아프다고 하지 않어.

박첨지   야, 야 이 미련한 사람아, 내가 남의 애기를 아 하고 입으로 문
        게 아니여, 말로 물어봤단말이어.

산받이   난 또 입으로 물었다는 줄 알았지.

박첨지   그러니까 그 애들 하는 말 좀 들어보게. 늙은 영감이 종일 길이
        나 오셨으면 잠이나 쳐 자빠져 잘 것이지 다급에도 참여 서급에
        도 참여, 에이 심한 게 영감이라고 하잖나, 그래 내가 노염이 더
        럭 났지. 그래 내 한번 나무랬지.

산받이   뭐라고 나무랬나?

박첨지   유식하게 나무랬네.

산받이   어떻게?

박첨지   아 나도 한강수 거슬러 떠먹는 박한량 박영감으로 남의 애를 욕
        할 때 유식하게 했겠지 무식하게 했겠나.

산받이   그래 어찌어찌 나무랬나?

박첨지   애, 애, 이놈들아, 네 애비 똥구멍하고 니 에미 똥구멍하고 딱
        붙이면 양장구통이될 놈아, 그랬지. 허허허.

산받이   거 참 점잖게 나무랬네.

박첨지   허허 그랬더니 어린애들 하는 말 좀 들어봐, 영감이 노여워 하
        실 줄 알았으면 진작 일러 드릴 걸 그랬습니다그려, 하잖나.

산받이   그래서?

박첨지   그 무얼 그러느냐고 하니까 아 저 서울 꼭두패가 와 노는데 구
        경이 좋으니 갈려면 가십시다. 아 그래서 내 구경을 나왔네.

산받이   아 영감 구경을 나왔으면 그냥 나오진 않았을 거고 돈 갖고 나
        왔겠지요.

박첨지   여보게. 거 무슨 소리여. 항차 시골에 계신 양반도 뒷간 출입을
        할려면 엽전 7푼을 가지고 가는데, 적어도 한강물 거슬러 떠먹
        는 박영감으로 남의 노름처에 나올 때 돈 안 가지고 나왔것나.

산받이   그럼 얼마 가지고 나왔나?

박첨지   얼마?

산받이   얼마.

박첨지   (唱) 얼마 얼마 얼마 얼마. 돈을 얼마를 가지고 왔느냐? 잔뜩 칠 푼 가지고 나왔네.

산받이   돈 칠푼을 가져다 어디어디다 썼나?

박첨지   돈 칠푼을 가져다 굿마당에 부닥티려 놓고 율속을 내려다보니 어여쁜 미동 애들은 장장 군복에 소란쾌자 남전대 띠를 띠고 오락가락하는구나, 아 그래 겉은 내가 늙었어도 마음조차 늙었겠 느냐, 아까 장구치는 사람 돈 만 냥 주고 꽹매기치는 사람 만 냥 주고 친구 만나 술잔 먹고 흙쓰듯 물쓰듯 창창 용지에 다 쓰고 오줌이 마려워 한쪽 구뎅이에 가서 오줌을 누려니까 한쪽 주머 니가 묵지근하여, 무언가 하고 꺼내서 헤어보니 본전 돈은 칠푼 인데 얼마나 늘었나 보니 삼칠은 이십일 이십일만 냥이 늘었구 나.

산받이   아 여보 영감 본전은 칠푼인데 웬 돈이 그렇게 늘어, 영감 돈 쓰 러 나온 게 아니라 이곳 손님들 주머니 털어 나온게 아니여.

박첨지   뭐, 뭐 아 이놈아 그걸 말이라고 해, 이 사람이 늙은이 오라를 씨울려는구나.

산받이   아 그러면 웬 돈이 그렇게 늘었소?

박첨지   이게 무슨 소리여, 지금 밤이 낮 같은 세상에 늙은 영감을 어떻 게 못 죽여서 옥죄수 잠을 재울려고 그따위 말을 하나.

산받이   그러면 돈 칠푼이 어떻게 그렇게 늘었소?

박첨지   여보게, 자네가 미련하여 돈 늘고 주는 속을 몰라, 천지하강하고 지지생진하여 나는 짐승 알을 낳고 기는 짐승 새끼치고 이화도 화 만발할제 자네나 내가 돈이 늘어야 먹고 살지 한푼이 한푼대 로 있으면 무얼 먹고 살겠어.

산받이   거 입으로 하는 말이여.

박첨지   허 자넨 똥구멍으로 말하나?

산받이   난 똥구멍으로 말한다.

박첨지   아하 여보게 이건 모두 놀음판에 몬지담이렸다.

산받이   허 재담이란 말이지.

박첨지   나 잠깐 들어갔다 오겠네.

산받이   그러시오.

둘째 피조리거리

박첨지   아 하 여보게 내 집에 들어갔더니 우리 두 살 반 먹은 딸애기와 세 살 반 먹은 며늘애기 있지 않은가, 아 요것들이 꽃바구니를 사달라네그려.

산받이   여보 영감. 두 살이면 두 살이고 세 살이면 세 살이지 반 살이 웬거요.

박첨지   거 모르는 소리 그건 윤달이 껴서 그러네.

산받이   그래서?

박첨지   꽃바구니는 무얼 할래 하니까 나물 뜯다 아버님 진지상에 놓아드릴 겁니다. 그러더니 요것들이 뒷산 상좌중하고 오르락내리락하더니 아 부시럼이 났다네그려

산받이   아 정이 들었단 말이지, 그래서.

박첨지   요것들이 춤추러 나온다네.

산받이   나오라고 그러게.

        (박첨지 들어가고 피조리 상좌 나와 춤춘다.)

대잡이   (안에서) 니나니 난실 나니네 난실, 니나니 난실, 나니네 난실 (홍동지 나와 모두 내쫓고 홍동지도 들어가면 박첨지 다시 나와)

박첨지   아 여보게 거 우리 두 살 반 먹은 딸하고 세살 반 먹은 며늘애기

하고 뒷절 상좌중하고 춤 잘 추던가.

산받이   춤은 잘 추데만 웬 발가벗은 놈이 나와서 휘 휘 두루니 다 쫓겨 들어갔네.

박첨지   뭐, 뭐 그 망할 자식이 또 나왔나 보네.

산받이   그게 누구여?

박첨지   우리 사촌조카여.

산받이   저런 망할 영감, 사촌동생이면 동생이지 사촌조카가 어디 있어.

박첨지   아 사촌조카는 없나, 아 누님의 아들이 누구여.

산받이   누님의 아들이면 생질조카지 누구여.

박첨지   생질조카, 난 사촌조카라구, 허, 허, 허, 그놈 들어가서 좀 때려 줘야겠네.

         (박첨지 잠시 들어갔다 나와서)

박첨지   여보게, 아 그놈을 내 들어가서 종아리를 때렸더니 아이고 할아 버지는 다시 안 그럴래요, 하고 빌지 않어.

산받이   아 저런 망할 영감, 생질조카는 뭐고 할아버지는 뭐여.

박첨지   아 참 그러네그려, 내 잠깐 들어갔다 오겠네.

셋째 꼭두각시거리

박첨지   아 여보게 한상 놀세.

산받이   그러게.

박첨지   자네 우리 마누라 못 봤나.

산받이   봤지, 며칠 전에 맨발로 옷도 남루하게 입고 가는 것을 보았소.

박첨지   그게 정말인가.

산받이   정말이고말고 저 산모퉁이로 울면서 가는 것을 보았네, 불쌍해 서 못 보겠대.

박첨지   여보게 내가 우리 마누라 나간 지가 수삼 년이 되어 우리 마누라를 찾으려고 방방곡곡 면면촌촌 참빗새새 다 찾아다녀도 마누라를 못 보겠네, 혹시 이런 데 없나 내 한번 불러 보겠네.

산받이　어디 불러보게.

박첨지　그럼 불러보겠네. (唱) 여보 할멈 할멈.

꼭두각시 (唱) 여보 영감 영감.

　　　　(꼭두각시 나와)

꼭두각시 (唱) 영감을 찾으려고 일원산가 하루 찾고, 이강경(二江景)에 이틀 찾고, 삼포주(三浦州)에 가 사흘 찾고, 사법성(四法聖)가 나흘 찾고, 오강화(五江華)에 닷새를 찾아도 영감소식을 몰랐는데 어디서 영감 소리가 나는 듯 나는 듯하구려, 여보, 영감, 영감.

박첨지　(唱) 저리 저리 절시구 지화자 절시구 거기 누가 날 찾나 거기 누가 날 찾나 날 찾을 이 없건만은 거기 누가 날 찾나 지경성지 이태백이 술을 먹자고 날 찾나 거기 누가 날 찾나. 거기 누가 날 찾나. 상상봉 네 노인이 바둑을 두자고 날 찾나, 날 찾을 리 없건만은 거기 누가 날 찾나, 여보게 할멈, 할멈,

꼭두각시 (唱) 여보, 여보, 영감.

박첨지　(唱) 만나보세 만나를 보세.

꼭두각시 (唱) 만나봅시다. 만나봅시다.

박첨지　(唱) 아그 할멈이요.

꼭두각시 아이구 영감이요, 여러 해포 만이구려.

　　　　(唱) 잘 되었소 잘 되고도 잘 되었소, 영감 꼴이 잘 되었소 정주 탕관은 어디다 두고 개가죽 감투가 웬 말이요.

박첨지　거 다 할멈 없는 탓이요.

꼭두각시 (唱) 잘 되고도 잘 되었소. 영감 꼴이 잘 되었소, 청사 도포는 어디다 두고 광목 장삼이 웬 말이요.

박첨지　그도 다 할멈 없는 탓이오.

꼭두각시 여보 영감, 젊어 소싯적에는 어여쁘고 어여쁘던 얼굴이, 네에미

　　　　부엉이가 마빡을 때렸나 웬 털이 그렇게 수북하오.

박첨지　야 야 이거봐. 사내대장부라 하는 것은 위엄지세가 우긋해야 오
　　　　복이 두리두리한 거여.

꼭두각시　오복, 육복이라 하시오.

박첨지　육복, 칠복은 어떻구.

꼭두각시　칠복보다 팔복이라 하시오.

박첨지　야 야 이년 복타령하러 나왔냐. 야, 야 이년아 너도 젊어 소싯적
　　　　에 어여쁘고 어여쁘던 얼굴이 율묵이가 마빡을 때렸나, 우툴두
　　　　툴하고 땜쟁이 발등 같고 보리 먹은 삼잎 같고 비틀어지고 찌그
　　　　러지고 왜 그렇게 못생겼나.

꼭두각시　여보 영감 그런 말 마소, 영감을 찾으려고 방방곡곡 얼겟빗 참
　　　　빗새새 다니다가 먹을 것이 없어서 저 강원도 괴미탄에 들어가
　　　　서 도토리밥을 먹었더니 얼굴이 요렇게 되었소.

박첨지　아따 그년 능글능글하기도 하다. 야 야 이년아 내 말 들어봐라.
　　　　너는 빤들빤들한 도토리 밥을 먹어서 그러느냐, 나는 이 앞들에
　　　　세모나고 네모난 메밀로 국수만 눌러먹어도 얼굴만 매끌매끌하
　　　　다.

꼭두각시　여보 영감 오랜만에 만나서 싸우지만 말고 같이 들어갑시다.

박첨지　야, 야 이리와. 자네가 나간 지 수십 년이 되어서 늙은 내가 혼
　　　　자 살 수 있던가, 그래 내 작은집을 하나 얻었네.

꼭두각시　옳지 옳지 내 알았소, 영감이 나간 뒤로 알뜰살뜰 모아가지고
　　　　작은집을 한칸 샀단 말이지요.

박첨지　왜 기와집은 안사고, 이 늑대가 할켜갈 년아.

꼭두각시　그럼 뭐 말이요?

박첨지　그런 게 아니라 작은 마누라를 하나 얻었단 말이다.

꼭두각시　옳지, 옳지, 내 알았소, 내가 갔다 돌아오면 김장하려고 마늘을
　　　　몇 접 샀단 말이죠.

박첨지　왜 후추 생강은 어떻고, 이 우라질 년아.

꼭두각시 그럼 뭐 말이요?

박첨지　자 자 이리 와, 작은 여편네는 아느냐.

꼭두각시 옳지, 옳지, 내 알았소, 내가 가면 영영 안 올 줄 알고 작은 여편
　　　　 네를 하나 얻었단 말이죠.

박첨지　아따 그년 이제 삼일 강아지 눈뜨듯 하느냐.

꼭두각시 여보, 여보, 기왕지사 그렇게 되었으면 작은마누라 생면이나 시
　　　　 켜주시오, 인사는 시켜 줘야죠.

박첨지　아하 이 꼴에 생면을 시켜달라네.

산받이　암요, 시켜주셔야죠. 개천에 나도 용은 용이요, 짚으로 만들어도
　　　　 신주는 신주법대로 있지 않소.

박첨지　그럼 생면을 시켜줘야 하나.

산받이　시켜줘야지.

박첨지　그럼 생면을 시켜줄 테니 저리 돌아섰거라.

꼭두각시 왜 돌아서라 그러우.

박첨지　옮는다, 옮아.

꼭두각시 뭐가 옮아.

박첨지　얼굴이 옮는다 말이여, 저리 돌아서, 이쪽으로 돌아보면 안돼.
　　　　 생면을 시켜줄 테니 정신 차려 받어라.

꼭두각시 무슨 인산데 정신 차려 받으라오.

박첨지　벼락인사다 벼락인사, 용산삼개 덜머리집네 거드럭거리고 나오
　　　　 는구나, 아이구 요걸 깨물어 먹을까 요걸 꼬여 찰까 그저 그저,
　　　　 야 야 이거봐 저기 큰마누라가 들어왔네, 인사해야지, 응 그렇게
　　　　 돌아서면 되나 어서 가서 인사해여. (덜머리집 꼭두각시 서로
　　　　 받으며 싸우면 박첨지가 말린다)

꼭두각시 아이구 아이구 여보 무슨 인사가 이런 인사가 있소 인사 두 번
　　　　 이면 대가리가 빠개지겠소.

박첨지 그러기에 정신차려 받으라 했지. 그 인사가 바로 벼락인사다.

꼭두각시 이러고 저러고 내사 싫소. 이꼴저꼴 다 보기 싫소, 세간이나 갈라주오.

박첨지 니가 뭘해서 세간을 갈라 달라느냐 응.

꼭두각시 내가 젊어서 소싯적에 방아품 팔고 바느질품 팔어 이 많은 재산 장만한 게 아니오.

박첨지 아하 여보게 아 이년이 세간을 갈러 달라네.

산받이 그럼 갈라 주야지 은행 저울로 단 듯이 똑같이 갈러 줘야지.

박첨지 그럼 갈라 주지.

    (唱) 세간을 논는다, 온갖 세간을 논는다, 오동 장롱 반다지 자개 함롱 귀다지 그건 모두 작은마누라 갖고, 큰마누라는 뭘 줄까, 큰마누라 줄게 있다, 부엌으로 들어가서 깨진 매운독 부적가리, 그건 모두 큰마누라 갖고 온갖 전답을 논는다, 앞뜰 논도 천석지기 뒤뜰 논도 천석지기 개똥밭 사흘거리 그건 모두 다 작은마누라 갖고 큰마누라는 뭘 줄까, 큰 마누라는 줄게 있다, 저건너 상상봉에 묵은 밭 서되지기 그건 모두 큰마누라 가지고, 갈 테면 가고 말테면 말아라.

꼭두각시 여보 여보 이꼴 저꼴 다 보기 싫소, 난 강원도 금강으로 중이나 되러 갈라오. 노자돈이나 좀 주시오.

박첨지 뭐 뭐 어떻게 해, 아 여보게.

산받이 왜 그러나.

박첨지 저년이 강원도로 중 되러 간다고 노자돈을 달라네.

산받이 줘야지.

박첨지 아 줘야 하나, 얼마나 주랴.

꼭두각시 주면 주고 말면 말지 돈 천 냥이야 안 주겠소.

박첨지 하 이년 털도 안 난 것이 말은 푸짐하구나, 이년아, 어디 가서 아무도 모르게 3천냥을 가지고 오면 내가 2천냥은 뚝 떼어쓰고 돈 천 냥은 광고 써붙여서 보낼 테니 갈려면 가고 말테면 말어라.

꼭두각시 난 이꼴 저꼴 다 보기 싫소,

(唱) 나 돌아가오, 나 돌아가오 나는 싫소 나는 싫소, 나 돌아가네, 나 돌아가네,

박첨지 잘 돌아가거라, 잘 돌아가거라, 가다가 개똥에 미rM러져 쇠똥에다 코나 박고 뒈져라.(꼭두각시 돌아가며 덜머리집에게) 야 야 이것봐 이젠 큰마누라도 갔으니 너하고 나하고 둘뿐이여, 자 자 들어가자 손님들 손탄다 손타.(둘 퇴장했다가 박첨지만 나와서)

박첨지 아 하 여보게 자네 우리 큰마누라 어디로 가는지 보았다.

산받이 보았네, 저 강원도 금강산으로 중 되러 간다면서 울면서 가데.

박첨지 정말인가?

산받이 정말이고 말고.

박첨지 아이구 아이구 아이구.

산받이 여보 영감, 내쫓을 때는 언제고 찾을 때는 언제여, 울기는 왜 울어.

박첨지 아 내가 울고 싶어 우는가 속이 시원해서 우네.

산받이 에이 망할 영감.

박첨지 허, 허, 그런가, 나 잠깐 들어갔다 오겠네.

산받이 그러게.

넷째 이시미거리

박첨지 아 하 여보게 우리 한상 놀세. 저 청국땅 청노새란 새가 우리 곳은 풍년 들고 저희 곳은 흉년들었다고 양식 됫박이나 축내러 나온다네.

산받이 그럼 나오라고 그러게.

(새소리, 청노새가 나와서 까불면 미리 나와있던 용강 이시미가 잡아먹는
　　　다)

박첨지손자　우여우여.

산받이　　넌 누구여.

박첨지손자　내가 박영감 손자다.

산받이　　왜 그리 오롱롱하게 생겼나?

박첨지손자　내가 나이 많아서 그렇다.

산받이　　너 나이가 몇인데.

박첨지손자　내 나이 여든 두 살.

산받이　　그럼 니 할애비는?

박첨지손자　우리 할아버지는 열두 살, 우리 아버지는 일곱 살, 우리 어머
　　　　　니는 두 살.

산받이　　이 망할 자식.

박첨지손자　우여 우이여 애개개개.(이시미에게 잡혀 먹힌다)

피조리　　우이여 우이여.

산받이　　이건 누구여?

피조리　　내가 비생이여.

산받이　　야 기생이면 기생이지 비생은 뭐여

피조리　　참 기생이여.

산받이　　너 그간 어디 갔다 왔니?

피조리　　나 거울 갔다 왔어요.

산받이　　서울이면 서울이지 거울이 뭐여, 그래 뭣하러 갔었나.

피조리　　권반에 갔다 왔어요.

산받이　　그럼 너 소리 잘하겠다, 한번 해봐라.

피조리　　내가 소리하면 당신 똥구녁 쳐.

산받이　　허, 허, 미친단 말이지, 그럼 한번 해봐라.

피조리　　그럼 할께요.(唱) 날 좀 보소, 날 좀 보소, 날 좀 보소, 동지섣달

꽃본 듯이 날 좀 보소, 아리 아리랑 스리 스리랑 아라리가 났네
아리랑 고개로 날 넘겨 보내주, 우이여 우이여 아이구구……

(이시미에게 잡혀먹힌다)

작은박첨지 우이여 우이여

산받이 건 누구여.

작은박첨지 내가 박첨지 동상이여.

산받이 그래 뭣하러 나왔나.

작은박첨지 오조밭에 새 보러 나왔네.

산받이 그럼 보게나.

작은 박첨지 우이여, 우이여, 에구구……

(이시미에게 잡혀먹힌다)

꼭두각시 우이여 우이여.

산받이 이건 또 누구여. 왜 그리 못생기고 비틀어지고 찌그러졌나

꼭두각시 왜 내얼굴이 어때서요, 이래봬도 내 궁둥이에 건달만졸졸 따라
다닙니다.

산받이 아이구 그 꼴에 건달들이 따라다녀.

꼭두각시 내가 소리를 잘하거든요.

산받이 그럼 어디 소리 한번 해봐라.

꼭두각시 한번 해볼까요.

(唱) 시내 강변에 고깔집을 짓고요, 너하고 나하고 단둘이만 살
잔다, 어랑 어랑 어허이야 어허이야 데헤이야 모두 다 연이로구
나, 애개개개……

(이시미에게 잡혀 먹힌다)

홍백가 우여 우여

산받이 이건 또 누구여.

홍백가 내가 외상 술값 잘 떼먹는 사람이다.

산받이 외상 술값을 어떻게 떼먹어?

홍백가 　술집에 가 술을 잔뜩 먹거던. (홱 돌아서며) 내 언제 술을 먹었나.

산받이 　아 참 그렇군, 그래 그 붉은 놈은?

홍백가 　남원 홍생원

산받이 　흰 놈은?

홍백가 　수원 박생원

산받이 　아 그럼 홍백가란 말이지

홍백가 　그렇지 수수 팥단지지.

산받이 　그럼 애비가 둘이겠네.

홍백가 　옛기 이사람 그럴 수야 있나.

산받이 　그럼 여기 뭣하러 나왔나.

홍백가 　뭣하러 나왔느냐고? 새보러 왔네.

산받이 　그럼 새나 보게.

홍백가 　(唱) 청천강수 흐리고 나리는 물에 서성상 타고서 에루하 뱃노
　　　　래 가잔다. 어허허 어허야 얼싸 암마 띠어라, 아이고……
　　　　(이시미에게 잡혀먹힌다)

영노 　비비골골, 비비골골……

산받이 　이건 또 누구여 뭣이 이런 것이 있어.

영노 　내가 배가 고파서 나왔다.

산받이 　대관절 네 네 이름이 뭐냐?

영노 　밥도 먹고 흙도 먹구 땅도 먹고 너도 먹고 무엇이든지 먹는다.

산받이 　늙은 것도 먹나?

영노 　먹지.

산받이 　늙은걸 어떻게 먹어.

영노 　늙은 건 맛이 더 좋아.

산받이 　그럼 네 애비 애미도 먹니?

영노 　에이 이사람, 건 못 먹는다.

산받이 　왜 못 먹나?

영노　　삼강오륜이 껴서 못 먹는다.

산받이　그럼 너 먹고 싶은 거 다 먹어라.

영노　　비비골골 애고고……

　　　　(이시미에게 잡혀먹힌다)

표생원　우이여 우이여.

산받이　그건 또 누구여?

표생원　내가 해남 관머리 사는 표생원이다.

산받이　그럼 여기 뭣하러 나왔나?

영노　　오조밭에 새가 많아서 새 보러 나왔다.

산받이　그럼새나 보게……

표생원　우여 우여 아구구……

　　　　(이시미에게 잡혀먹힌다)

동방삭이 어흠, 어흠.

산받이　건 누구요?

동방삭이 내가 삼천 년을 산 삼천갑자 동방삭이다.

산받이　아 그럼 당신이 삼천갑자 동방삭이란 말이지.

동방삭이 그렇지요.

산받이　그럼 왜 나왔소?

동방삭이 이리저리 다니다 보니 이곳에 사람이 많아서 한번 나와봤지. 내
　　　　시조나 한 수 할까.
　　　　(時調) 이남아 늙었으니 다시 젊어지지 못하리로다…… 아야야
　　　　(이시미에게 잡혀먹힌다)

묵대사　어흠 어흠.

산받이　아 당신은 뭣하는 사람인데 눈을 딱감고 나왔소.

묵대사　내가 뭣하는 사람이 아니라 저 깊은 산에서 내려온 계명이 묵대
　　　　사다.

산받이　그래 어쩐일로 눈을 딱 감고 나왔소.

묵대사 내 눈을 딱 감고 다니는 것은 세상에 모두 고약한 것만 보여서
이렇게 감고 다니네.

산받이 여보시오 대사님 여기는 신성한 곳이고 좋은 사람만 모였으니
한번 떠보시오.

묵대사 그럼 당신 말이 좋아 떠보겠소, 뜬다 뜬다 떴다.

산받이 어디 떴소?

묵대사 아 그런가 그럼뜬다 뜬다 떴다.

산받이 하 그렇게 좋은 눈을 가지고 왜 감고 다니셨소?

묵대사 아 하 여기는 좋은 분들만 계시니 내 눈을 뜨고 있어야겠소.

산받이 대사님 기왕 눈을 뜨신 바에야 춤이나 한상 추시오.

묵대사 허 내 회삼가(때로는 염불)나 한자락 부르지요.
(회심가 또는 염불을 하는 중 이시미에 잡혀먹히기도 하나 때로
는 살아 들어가기도 한다.)

박첨지 우 우 우 우여 우여, 아 여보게 우리딸, 조카, 머슴, 손자, 새 보
러 나왔는데 다 어디 갔나?

산받이 영감네 식구 새 보러 나오는 족족 저 용강 이시미가 다 잡아먹
고 영감 나오면 마저 잡아먹는다고 저 외뚝에 넙죽 엎드려 있소.

박첨지 뭐 뭐 뭐, 우리 식구 나오는 대로 용강 이시마가 다 잡아먹고 나
나오면 마저 잡아먹는다고 외뚝에 넙죽 엎드려 있다고, 아이구
어디로 가나?

산받이 이쪽으로.

박첨지 저 물을 건너야 하나, 옷 좀 벗소, 엇차 벗었다.

산받이 어디 벗었어?

박첨지 내 마음으로 벗었지, 아 차가워 어 차거워 어디여.
(박첨지 이시미를 보고 깜짝 놀라)

산받이 봤나?

박첨지 봤다.

산받이	얼마나 커?
박첨지	어찌 큰지 어찌 큰지 대단하더라.
산받이	얼마나 커?
박첨지	커다란 아주 커다란 미꾸라지 새끼만하더라.
신받이	여보 미꾸라지 새끼만한 걸 보고 그리 놀래어.
박첨지	내가 놀랬나 겁이나서 그랬지.
신받이	겁난 건 뭐고 놀랜 건 뭐여?
박첨지	그거 다 한 글자로 먹나.
산받이	한 글자로 먹지.
박첨지	그럼 저걸 어떻게 해야 하나?
산받이	나 시키는 대로 하게.
박첨지	어떻게?
산받이	마음을 독하게 먹고.
박첨지	마음을 독하게 먹고.
산받이	발길로 차고.
박첨지	발길로 차고.
산받이	주먹으로 쥐어지르고.
박첨지	주먹으로 쥐어지르고.
산받이	대갈빼기로 디려받고.
박첨지	대갈빼기로 디려받고…… 뭐뭐뭐 네 애비 대가리보고 대갈빼기라 하게, 네 집에 나 같은 늙은이 하나도 없어.
산받이	영감님 같은 늙은이 우리집 마루 밑에 우굴우굴하오.
박첨지	뭐뭐뭐 어떡해, 저놈은 날 강아지로 알아, 이놈.
산받이	잘 몰랐소, 그럼 새로 시작하세, 그러면 머리로 디려받고.
박첨지	머리로 디려받고.
박첨지	머리로 디려받고.
산받이	입으로 아 물고.

256

박첨지	입으로 아 물고.
산받이	마음을 준치 가시같이 먹고 아무 말 말고 슬슬 가시오.
박첨지	암말도 말고 암말도 말고……
	(박첨지 이시미에게 물렸다.)
산받이	잘 됐다.
박첨지	아이구 여보게 우리 조카 좀 불러주게.
산받이	산너머 진둥아.
홍동지	(안에서) 똥눈다.
산받이	야 이놈아 빨리 나오너라.
홍동지	(나오며) 어
산받이	네 외삼촌이 저 용강 이시미에게 낯짝 복판을 물려서 다 죽어간 다. 빨리 가봐라.
홍동지	뭐 우리 외삼촌이 , 아따 그 망할 자식 잘됐다.
산받이	야 이놈아, 너 외삼촌을 보고 그러면 돼, 빨리 가봐라.
홍동지	이리로 가나, 이리?
산받이	저리?
산받이	그쪽으로……
홍동지	이 물을 건너야 하나?
산받이	건너야지.
홍동지	옷 좀 벗고, 벗었다.
산받이	야 이눔아 어디 무슨 옷을 벗어.
홍동지	아주머니 바지 저고리를 입어서 그렇지, 아 차거워 어 송사리새 끼들이 불알을문다.(이시미에게 간다.) 이 이게 뭐야?
산받이	그거다 그거.
홍동지	아 거 외삼촌이요?
박첨지	넬세.
홍동지	어 다 파먹고 픽픽한다. 회삼촌 내 말 좀 들으시오 외삼촌이 한

살이오 두 살이오 내 일 모레 팔십을 넘어 사십줄에 들어갈 분
이 그저 집안에서 애나 보고 나락멍석에 새나 보고 계시면 오뉴
월 염천에 솜바지 저고리를 벳길거요 그저 잔치집이라면 오르
르 제사 집이라면 쪼르르, 딸랑하면 한푼, 바싹하면 한되, 에이
심한 개 영감.

박첨지 할 말 없네, 살려주게.

홍동지 어 할 말 없다고 살려달라네.

산받이 암 살려주고 봐야지.

홍동지 그럼 살려놓고 봐야하나, 이러치 어리차. (이시미와 싸워 이긴
다.)

산받이 아 이놈 죽었다.

홍동지 야 거 떨어졌구나. 야 그놈 참 대단하구나. 저놈 벗겨서 야광주
빼가지고 인천 제물에가 팔아가지고 옷 좀 해입고 부자좀 되야
겠다.(퇴장)

산받이 그럼 그래라.

박첨지 아하 여보게 나 살 뻔했다.

산받이 살 뻔한게 뭐여 죽을 뻔했지.

박첨지 아 참 죽을 뻔했다. 우리 조카놈 어떻게 됐나?

산받이 영감조카는 용강 이심이를 때려잡아 야광주 빼어 팔아 인천 제
물에 가서 큰 부자가 되어 잘 산다네.

박첨지 야 그놈이 그걸 잡았나, 그놈 참 일곱동네 장사지, 내가 그놈 걸
죄다 뺏어야겠다.

산받이 아 여보 영감.

박첨지 왜 그려.

산받이 살려준 공으로 뺏어서야 되나.

박첨지 아니 그놈이 날 살렸나 내 명이 길어서 살았지

산받이 이 사람아 그러면 되니, 어서 들어가서 따뜻이 막거리나 한사발

　　　　받아주게.
박첨지　아 그러면 내 그러겠네.

2. 평안감사 마당

첫째 매사냥거리

박첨지　아하 여보게 큰일났네.
산받이　뭐가 또 큰일이여?
박첨지　평안감사께서 거동하신다네.
산받이　거 참 큰일이구나
　　　　（박첨지 퇴장, 평안감사 등장）
평안감사 박가야 망가야.
박첨지　아 여보게 누가 날 찾나?
산받이　평안감사께서 찾아.
박첨지　（가까이 가서） 네 대령했습니다.
평안감사 네가 박가냐.
박첨지　네 박간지 망간지 됩니다.
평안감사 너 박가거든 듣거라, 길치도를 어느놈이 했는가? 썩 잡아들여라.
박첨지　예이 여보게 큰일났네.
산받이　왜 그려?
박첨지　길 치도한 놈 잡아들이라니 큰일났네.
산받이　아 잡아들여야지, 거 내게 메끼게.
박첨지　그러게.
산받이　야 진둥아.
홍동지　（안에서） 밥먹는다.

산받이   밥이고 뭐고 흥제났다. 빨리 오너라.

홍동지   (뒤통수부터 나온다.) 왜 그려.

산받이   이놈아 거꾸로 나왔다.

홍동지   (돌아서며) 어쩐지 앞이 캄캄하더라, 그래 왜 불렀나?

산받이   너 길치도 잘했다고 평안감사께서 상금을 준단다. 빨리 가봐라.

홍동지   그래 가봐야지. (가까이 가서) 네 대령했습니다.

평안감사 네가 길닭은 놈이냐?

홍도지   예이.

평안감사 사령.

사령   네이.

평안감사 너 저놈 엎어놓고 볼기를 때려라. 너 이놈 길치도를 어떻게 했
         길래 말다리가 죄다 부러졌느냐?

         (사령이 볼기를 때리려 대든다.)

홍동지   네 네 잘못했습니다. 그저 하라는 대로 하겠습니다.

평안감사 이번만은 그럼 용서하겠다, 썩 물러가거라.

         (홍동지 방구를 뀌며 들어가고 평안감사 퇴장하는 듯했다가 다
         시 들어온다.)

박첨지   아 하 여보게 평안감사께서 행차를 띠우시려다가 산채를 보시
         고 꿩이 많은 듯해서 꿩사냥을 나오신다네.

산받이   나오라고 그러게.

대잡이   (안에서) 감사 감사 매사냥

산받이   감사 감사 꿩사냥.

산받이   박가야 망가야.

박첨지   거 누가 날 찾나?

산받이   평안감사께서 찾네.

박첨지   (가까이 가서) 네이.

평안감사 네가 박가냐? 박가면 말 들어라, 내가 산채가 좋아 꿩이 많을 듯

	해서 꿩사냥을 나왔으니 몰이꾼 하나 빨리 사들여라.
박첨지	네, 여보게 평안감사께서 꿩사냥하신다고 몰이꾼 하나 사달라네. 산받이 여감은 저쪽에가서 망이나 보오. 내가 하나 사들이지. 애 산너머 진둥아.
홍동지	(안에서) 똥 눈다.
산받이	어서 빨리 나와.
홍동지	뭐라구?
산받이	너 삼시나 사시나 먹고 놀지만 말고 평안감사께서 몰이꾼 하나 사달래니 품팔이 가거라.
홍동지	얼마준대?
산받이	만 냥 준단다.
홍동지	가봐야지. (가까이 가서) 예이.
평안감사	빨가벗은 놈이냐?
홍동지	내가 빨가벗은 놈이 아니라, 아주머니 바지저고리를 입었수
평안감사	그놈 곁말을 쓰는구나, 너 이놈아 싸리밭에 쐬기가 많다. 네 재주껏 튕겨봐라.
	(홍동지가 박첨지의 이마를 디리받으며 꿩 튕기는 시늉을 한다. 매, 꿩, 몰이꾼, 포수가 꿩사냥을 한다.)
평안감사	박가야.
박첨지	누가 또 찾나.
산받이	평안감사께서 몰이꾼을 사서 상금 준다니 빨리 가봐라.
박첨지	예 막간지 망간지 갑니다.
평안감사	박가면 말들어라, 네가 몰이꾼을 사주어서 꿩은 잘 잡았다만 내려갈 노비가 없으니 빨리 꿩 한 마리를 팔아 드려라.
박첨지	네 벌써 환전 백 쉰 냥 푸기지전으로 부쳤으니 어린 동생 앞세우고 살짝 넘어가시오.
평안감사	오냐 잘 있제.

박첨지   아따 상냥하기는 더럽게 상냥하다.

        (평안감사 뒤를 따라 박첨지도 퇴장)

둘째 상여거리

박첨지   쉬이, 여보게 큰일났네.

산받이   뭐가 큰일나.

박첨지   평안감사께서 꿩을 잡아 내려가시다가 저 황주 동설령 고개에서 낮잠을 주무시다가 개미란 놈에게 불알탱금줄을 물려 직사하고 말았다네.

산받이   그럼 상여가 나오겠군.

박첨지   그려

        (상여소리) 어허 어허이야 어허 어허이야 어이나 어허 어허이야.

        (상여가 나오자 박첨지도 따라나와)

박첨지   아이고, 아이고, 아이고.

산받이   여보 영감.

박첨지   엉.

산받이   그게 누구 상연데 그렇게 우는거여.

박첨지   아니 이거 우리 상여 아닌가.

산받이   망할 영감 그게 평안감사댁 상여여.

박첨지   아 난 우리 상연줄 알았지, 그러기에 암만 울어도 눈물이 안나오고 어쩐지 싱겁더라.

산받이   어이 먹통 영감탱아.

박첨지   아차 여보게 상여 구경좀 해야겠네…… 어허잘 꾸몄다. 잘꾸몄어. 평안도 대처는 대처로 구나.유뮨내들이 겹상여에다 엽전 칠푼은 잔뜩 들었것다. 아따 냄새 더럽게 난다. 방구를 뀌고 뒈졌나, 아 여보게 만사 있나.

산받이	암 있지.
박첨지	어디?
산받이	저 앞에.
박첨지	아 저기 있구나, 허이. (읽는 시늉) 하, 하, 하.
산받이	왜 웃어?
박첨지	아니 만사를 보니 무명학생부군지구라 했네.
산받이	뭐 뭐 상주가 있어?
상주	야 야 네 이놈 뭐라고 oT지.
박첨지	네 네 그저 상여 잘 꾸몄다고 그랬습니다.
상주	그렇다면 모를까.
박첨지	우리 문상 합시다.
상주	좋은 말씀
박첨지	어이 어이 어이.
상주	꼴고 내고 꼴고 내고.
박첨지	아 여보게 무슨 놈의 상주가 내가 어이 하면 아이고 아이고 하는 거지 꼴고 내고가 뭐야.
산받이	아 쟁갭이를 몰라 그러네.
박첨지	암만 철을 모르기로서니 내 다시 한번 해보겠네. 어이 어이.
상주	(장타령) 꼴고 내고…… 쓰르르하고 들어왔네 작년에 왔던 각설이 죽지도 않고 돌아왔네. 여래영덕 쓰러진 데 삼대문이 제격이고 열녀춘향 죽어가는 데는 가사낭군이 제격이요 갱실갱실 댕기다 미나리깡에 홀라당 매화가 뚝딱……
박첨지	별놈의 상주를 다 보겠네, 상제란 놈이 장타령을 때려부시니, 에이 나 들어가겠네.
상주	박가야.
박첨지	아니 비오는 날 나막신 찾듯 웬 박가를 찾나?
산받이	저 상재님이 길치도 잘했다고 상급을 준다네, 빨리 가보게.

박첨지　네이.

상주　네가 박가냐?

박첨지　에이 아니꼬워서 뒷꼭지도 피도 안 마른 녀석이 박가야 망가야 암만 도산지기를 보기로서니 박가야 망가야…… 네, 박간지 망간지 됩니다

상주　박가면 말 들어라. 평양서 상여 올라오신다고 소문 난제가 수삼 일이 되었는데 길치도를 어떻게 했기에 상도꾼들이 다리를 죄 삐었으니 빨리 상도꾼 사들여라.

박첨지　허허 이게 상급인가, 아 여보게 상도꾼 다리가 삐었다고 상도꾼 하나 빨리 사들이라네.

산받이　내 사줄 테니 영감은 들어가오. 야 산너머 진둥아.

홍동지　(안에서) 똥눈다. 밥좀먹고.

산받이　썩는다, 썩어. 빨리 나오너라.

홍동지　어.

산받이　야 이놈아 옆구리로 나왔다.

홍동지　어쩐지 가물가물하더라.

산받이　네 이놈 홍제 났다. 평안감사댁 상여품 팔아라.

홍동지　뉘집 상여?

산받이　평안감사댁 상여.

홍동지　부자집 상여구나, 떡있나?

산받이　떡있지.

홍동지　술도 있고?

산받이　아 술 있지.

홍동지　곶감 대추도 있고?

산받이　있고말고.

홍동지　빈대떡도 있어?

산받이　있어.

홍동지	개장국도 있고?
산받이	에이 이놈 개장국이 무슨 개장국야.
홍동지	그럼 뭐 있나?
산받이	없는 것 빼놓고 다 있네.
홍동지	다 있어?
산받이	그려.
홍동지	그럼 상제님한테 문안드려야지.
산받이	암 그래야지.
홍동지	(가까이 가서) 문안이요.
상주	문안이고 문밖이고 웬 빨가벗은 놈이냐. 대빈 상이다. 빨가벗은 놈은 얼씬도 말어라.
홍동지	허허 상여 뫼시러 왔소.
상주	뻘거벗은 놈은 대감 상여에 얼씬도 말어라.
홍동지	다 틀렸다 다 틀렸어, 빨가벗은 놈은 대감 상여라 얼씬도 말라네.
산받이	애 애 그럼 좋은수가 있다.
홍동지	뭐여?
산받이	내 시키는 대로 해여. 상제님이나 상두꾼이나 모두 사다굼지 그건 떼어 아랫목에 묻고 왔느냐고 물어봐라.
홍동지	야 야 경칠려고.
산받이	괜찮어.
홍동지	야 무서워서 안 되겠다.
산받이	너 일곱동네 장사지, 힘으로 안되면 그까짓 것 발길로 차고 주먹으로 쥐박고 이승에서 못살면 저승에서 살지…… (대들려다) 야 이거 못하겠다.
산받이	이놈아 내질러봐.
홍동지	그렇지 해 봐야지. (머뭇거리다가) 상제님.

상주	왜 그래?
홍동지	상제님이나 상두꾼이나 그건 떼어 아랫목에 묻고왔소?
상주	아따 벌거벗은 놈이 말 한번 잘한다. 네 재주껏 모셔라.
홍동지	아따 됐다. 괜히 벌벌 떨었네 여보게 상여 구경좀 하겠네. 이런 데 떡 조각이나 있건만, 야, 여기 능금있다.
산받이	야 이놈아, 그게 능금이 아니라 상여 꼭지지.
홍동지	난 능금이라고 아따 냄새 우라지게 난다. 똥을 안 싸고 뒈졌나?
산받이	어이 상제님한테 혼난다.
홍동지	어 이 사람아 나 냄새가 나 맵다 밀고 나가겠다.
	(상여 소리, 〈어허 어허허 어허 어허여……〉) 일동 상여를 메고 홍동지가 아랫배로 밀고나간다.)

셋째 절 짓고 허는 거리

박첨지	아하 여보게 난 이제 아무 걱정 없네. 이곳이 터가 좋아 일급지 명당에 제별지 대처요 나라의 원당은 사모처 꽃철이라. 내 여기다 절을 한 채 질려네.
산받이	좋은 말씀
	(절짓는 소리)
대잡이	(안에서) 어허 화상이 절을 다 짓는다.
산받이	어허 화상이 절을 다 짓는다.
대잡이	(안에서) 어허 화상이 절을 지어.
산받이	어허 화상이 절을 다 지어.
대잡이	(안에서)어허 화상이 절을 지으면.
산받이	어허 화상이 절을 다 짓는다.
	(상좌둘이 나와 조립식 법당을 짓는다.)
대잡이	(안에서) 이 절에다 시주를 하면 아들 낳고 딸을 낳네.

산받이	이 절에다 시주를 하면 아들 낳고 딸을 낳고, 자손 만대 부귀공명한다고 여쭈시오.
일동	어허 화상이 절을 지어, 절을 지어라,절을지어, 이절에다 시주를 하면 아들을 낳고 딸을 낳네. 이 절에다 시주를 하면 부귀공명 하시련만은 어허 화상이 절을 다 짓는다, 어허 화상이 절을 다 짓는다. (상좌들이 지은 순서로 거꾸로 헐기 시작한다.)
대잡이	(안에서)어허 화상이 절을 다 헌다.
산받이	어허 화상이 절을 다 헐어.
대잡이	(안에서) 절을 헐어, 절을 헐어, 어허 화상이 절을 다 헐어.
산받이	절을 헐어, 절을 헐어, 어허 화살이 절을 헐어.
일동	어허 화살이 절을 다 헌다. 어허 화상이 절을 다 헐어. (법당을 완전히 헐어버리고 상좌들 퇴장하면 박첨지 나와서)
박첨지	어것을 끝을 맺었으니 편안히들 돌아가십시오. 이 늙은 박가가 절을 합니다. 아이구구, 허리야. (박첨지가 퇴장하면 한동안 사물을 올려 마당걷이 풍물을 논다.)

제8장 〈하회탈놀이〉의 공연공간과 안동 하회마을

1. 안동 하회마을

안동 하회마을은 우리나라 사람이라면 누구나 한번쯤 들어봤을 법한 양반의 고장이다. 그러나 아이러니컬하게도 양반의 군림과 횡포에 비판적 시각을 지닌 하회별신굿과 〈하회탈놀이〉의 산실이기도 하다. 이때 하회마을은 마을 전체가 하회별신굿과 〈하회탈놀이〉의 거대한 공연공간이 되기도 한다. 그렇다면 하회마을의 무엇이 그러한 민속극을 낳게 했으며, 하회별신굿의 무대는 어떻게 조성되었는가 의문을 제기할 수 있을 것이다. 그리고 그 해답으로서 하회마을만이 가지고 있는 독특한 민속적 저력이 있으며, 그러한 민속적 저력을 일정한 공연물로 구현할 만한 충분한 조건이 갖추어졌을 것을 가정할 수 있다. 이에 하회마을의 지리적 배경과 역사적 특성을 살필 필요가 있다.

하회마을은 안동을 거쳐 조금 더 안쪽으로 들어가야만 하는 마을이다. 행정 구역상 안동시 서남단에 위치한 풍천면의 한 고을이다. 하회마을의 가장 큰 특징은 무엇보다도 낙동강 상류의 물길에 감싸여 있어 물돌이동이의 형상을 지닌다는 점이다. 안동댐이 건설되기 이전에는 낙동강을 거슬러 올라가는 것이 가장 편리한 교통편이었으며, 뱃길이 끊긴 현재는 육로로만 갈 수 있다. 그러나 그 육로는 하회마을이 종점이 되며 다른 마을과 연결되어 있지 않은 외길이다. 즉 하회마을은 잠시 스쳐지나갈 수 있는 마을이 아니며 최종 목적지가 된다. 이러한 지리적 조건은 마을과 마을 문화의 독립성을 유지하는 가장 큰 요인이라고 할 수 있다. 이로 인해 마을 내부에 상하층 문화가 동시에 존재하고 그 순수성을 유지하며 전승되게 하는 외적인 조건이었다 하겠다. 또한 하회마을을 안아 흐르는 낙동강의 유유한 물줄기와 그 주변에 드넓게 펼쳐진 곱고 깨끗한 백사장은 하회마을만의 빼어난 자연 풍광이라 할 수 있다. 그밖의 만송정의 푸른 솔숲과 깎아지른 듯한 부용대의 절벽 등은 하회마을이 문화의 고장으로서 이름날 수 있게 한 자연환경이라 할 수 있다.

그런데 안동 하회마을을 이해하려면 우선 안동과 그 특징을 숙지해야만 한다. 안동은 성리학의 고장이자 민속의 고장이다. 이황(李滉), 김성일(金誠一) 등 수많은 성리학자가 안동과 인근 지역을 중심으로 활동하였으며, 동시에 병산별신굿, 마령별신굿 등 농촌 별신굿과 탈춤의 유산이 풍부하다. 이와 같은 안동의 문화적 역량이 고스란히 하회에도 존재하며, 나아가 하회 고유의 자연 경관을 바탕으로 보다 독자적인 문화를 산출해 내었다. 서애(西崖) 유성룡(柳成龍, 1542~1607)을 중심으로 한 성리학적 업적과 풍산(豊山) 유씨(柳氏) 동성(同姓) 반촌(班村)의 명맥을 유지하고 있을 뿐 아니라, 독특한 하회탈과 별신굿을 보유하고 있기도 하다.

마을의 형상은 가운데의 지대가 높고 마을을 감싼 낙동강 변 쪽인 바깥쪽으로 갈수록 점점 낮아져서 가옥이 원형을 이루며 분포되어 있다. 일반적인 마을이 산기슭에 있는 반면, 하회마을과 산은 논을 가운데 끼고 있다. 뒤로(등쪽) 화산(花山)이 받쳐 주고 있고 강을 끼고 앞으로는 남산(남쪽)과 원지산(서쪽), 부용대(북쪽)가 대응하고 있으며, 원지산과 부용대 사이에는 만송정이 자리 잡고 있다. 이리한 지리적 조건 아래 마을이 형성되는데, 마을의 중심부에 위치하는 양진당(養眞堂)과 충효당(忠孝堂) 및 남촌댁(南村宅)과 북촌댁(北村宅)이 사회적, 경제적, 정치적으로 마을의 구심점이 되고 있다. 양진당은 겸암(謙庵) 유운룡(柳雲龍, 1539~1601)의 집이므로 겸암댁이라고 불리며, 충효당은 유성룡의 집이므로 서애댁이라고도 불린다. 또 남촌댁은 현재 그 터만 남아 있다.

마을에는 "허씨(許氏) 터전에 안씨(安氏) 문전에 유씨(柳氏) 배반(杯盤)"

이라 하는 말이 전해진다. 고려 중엽까지는 산기슭 밑에 김해 허씨(許氏)의 마을이 자리 잡았고, 광주 안씨(安氏)가 반대편 산기슭에 마을을 형성하여 세거지로 삼았었다. 그러다가 조선조에 들어와서 풍산 유씨(柳氏)가 배씨(裵氏)와 함께 입촌(入村)하여 강을 끼고 세거지를 형성하기에 이르렀다. 16세기의 기록인 『동원록(洞員錄)』을 보면, 선주민인 허씨와 안씨 그리고 후주민인 유씨와 배씨 등이 함께 거주하는 이성잡거촌(異姓雜居村)을 이루고 있다. 그러나 조선 중기에 유운룡과 유성룡 형제와 같은 걸출한 인물을 배출한 풍산 유씨 가문이 점차 영향력을 확대하여 지배적 성씨로 자리 잡고, 이후 오늘날과 같은 형태를 이룬 것이라 할 수 있다.

하회마을은 유씨(柳氏) 반가(班家)를 중심으로 원형으로 이루어져 있다. 그 중심은 마을의 지리적 중심부를 이루는 삼신당이 되며, 이곳을 기점으로 동서남북 사방으로 길이 방사선형으로 뻗어 있다. 그러나 이들 길은 곧게 뻗어 있지 않고 구불구불 거미줄 모양을 하고 있는데, 이는 가옥의 방향이 일정하지 않고 동·서·남·북 제각각이고, 마을 자체가 원형을 이루기 때문이다.

2. 하회별신굿의 전통

하회마을은 반촌(班村)으로서 유가적 전통을 잘 유지하면서도 토착적 민속의 전통까지 훼손하지 않고 최근까지 잘 전승해 온 대표적인 마을이다. 양반의 일반적인 지배 이념에 의하자면 전래의 마을굿, 가신, 신악 등의 민속 전통은 유가적 이념과 대립되는 것으로 파악하고 이를 부정하며 타파하는 대상으로 생각하기 마련이다. 그러므로 반촌(班村) 하회마을에는 토속적인 민속이 전혀 없을 것으로 생각되기도 쉬우나, 어떤 마을보다도 활발하게 다양한 민속들을 모두 포용하여 현재까지 전승시키고 있다. 하회마을에는 엄격한 상층의 양반 문화와 자유롭고 신명나는 하층의 문화가 공존하고 있는 것이다. 이러한 하회마을 문화의 역설을 해명하려면 동신(洞神) 신앙과 이에 따르는 동제(洞祭), 그리고 별신굿과 별신굿놀이의 관계에 대해 살펴야만 한다.

동신 신앙이란 마을 중심의 신앙이다. 일반적으로 강원도에서 경상북도에 걸치는 동해안 일대의 마을에서는 동신을 섬기며, 해마다 동신에게 정성을 다하는 동제를 올리고, 3년·5년·10년에 한번이나 특별한 일이 있을 때 비주기적으로 별신굿을 올렸다. 평상제(平常祭)인 동제와는 달리 별신굿은 임시특별제(臨時特別祭)라 할 수 있고, 동제가 명칭에 있어서나 제의의 양식에 있어서 유교식으로 많이 변모한 데 비하여 별신굿은 굿으로서의 원초적인 명칭과 양식을 잘 전승하게 된다.

특히 별신굿은 대제(大祭)라고도 불리는데, 그것은 동제 가운데에서도 큰 동제라는 의미이다. 평소에는 예사 동제를 지내다가 몇 년에 한 번씩 큰 제사를 올리는 것이 별신굿이다. 이때에는 질펀한 놀이마당이 벌어지곤 하며, 가무와 놀이를 통해 굿의 의미를 극대화하기에 이른다. 마을마다 고유하게 행하는 공연종목이 특화되어 전하게 되었고, 이 예에 해당하는 것이 〈동해안(東海岸) 별신굿놀이〉, 〈강릉(江陵) 단오(端午)굿의 관노(官奴)놀이〉, 그리고 〈안동 하회탈놀이〉이다.

동신 신앙과 동제, 그리고 별신굿 및 별신굿놀이의 선후관계 및 역학관계를 어떻게 파악할 것인가는 논란의 여지가 있다. 안동의 경우, 하회별신굿과 하회탈놀이가 1928년 이후 전승이 끊긴 상황이고, 그 이전의 관례도 성리학적 이념에 의해 재조정된 민속행사였을 가능성이 있기 때문이다. 이를 파악하기 위해서는 조선 건국 전후의 마을굿을 대하는 인식이 변모하였음을 언급하지 않을 수 없다. 숭유억불(崇儒抑佛) 정책을 펼친 조선이 건국된 이후 양반은 가묘(家廟)를 세우고 조상에 제사를 지내는 절차를 중시하였으며, 일체의 굿을 성현의 가르침에 어긋나는 음사(淫祀)로 규정하고 배격하였다. 다음은 국가적인 차원에서 마을굿을 부정하였음을 보여주는 기록이다.

다행히 세사(歲事)가 조금 나을 때라도 어리석은 백성들은 장래를 헤아리지 아니하고 귀신을 섬기고 군취음주(群聚飮酒)하는 것에 곡식을 탕진하여 버리고, 봄이 되어 씨를 뿌릴 때에 이르러서는 흉년이나 다름없이 관(官)에 의존하니 폐단이다. 〈『문종실록』 권4, 즉위년 10월 경진조〉

마을굿은 낭비의 풍속일 뿐이라는 내용의 기록이다. 그러나 이 기록은 동시에 마을 백성들이 마을굿을 통해 '군취음주(群聚飮酒)'하였다는 것을 알게 해 주며, 마을굿이야말로 축제적인 의미를 지녔음을 확인할 수 있다. 이는 마을 백성들의 단합을 위한 것이며, 마을굿은 궁극적으로는 마을의 안녕과 풍년을 기원하는 주술적인 효과가 있었기 때문이다. 그러나 공자(孔子)가 '괴력난신(怪力亂神)을 말하지 않았다'는 『논어(論語)』 구절을 금과옥조로 여기는 양반은 마을굿은 타파해야할 나쁜 풍속에 지나지 않았던 것이다. 그렇다고 하더라도 통치자와 성리학자 모두 마을의 안녕과 풍년을 기원하는 행사로서의 마을굿을 전폭적으로 부정만 할 수도 없었다. 그래서 마을굿을 완전히 폐지하는 대신에 여기에 예(禮)의 형태를 갖추도록 하였다. 다음은 이를 확인할 수 있는 기록이다.

중국의 고제(古制)를 본 따서 이사법(里社法)을 수립하고 백성으로 하여금 모두 사(社)를 가지게 하면, 백성이 기뻐하여 복종할 것이며 음사(淫祀)도 없어지게 될 것이다. 〈『성종실록』 권6, 2년 12월 무신조〉

이 법(이사법)에 따라 향촌 각지에서 민호(民戶)의 많고 적음을 가리지 않고 경지(境地)의 멀고 가까움에 따라 40호 혹은 50호마다 일 사(社)를 세워 제사지내도록 하고, 그렇게 한 후에도 음사(淫祀)를 숭상하여 신당이라는 것을 마을에 따로 세우는 경우가 있으면 모두 불태워 없애도록 한다.
〈『태조실록』 권27, 14년 1월 계사조〉

이사법(里社法)이란 한양 궁궐 바로 옆에 사직단(社稷壇)을 세워 농사의 신을 받들었듯이, 지방의 마을마다 토지의 신인 사(社)를 세우도록 한다는 것으로, 국가에서는 이 법을 통해 음사(淫祀)인 마을굿을 대신하도록 한 것이다. 그러나 마을굿의 대체 행사로서 행해지는 제(祭)는 마을굿에 반드시 수반되는 악기의 연주, 춤, 노래 등이 등장하지 않고, 절하고 제문(祭文)만 읽는 유교 또는 도교의 방식으로 거행되었다. 서낭단 대신 사직단을, 그리고 마을굿 대신 동제만 지내게 한 것이다.

그후 조선 중기에는 재지사족(在地士族)들은 자신이 몸담고 있는 촌락의 지배에 더욱 관심을 기울이게 되고, 국가적인 통치 이념으로서 성리학적 이데올로기를 실천하기 위해 촌락의 여러 가지를 재편하는 작업을 수행했다. 구체적인 예로 동계(洞契)나 동규(洞規)와 같은 마을의 운영체계를 마련하고 음사로 인식되어 왔던 마을굿을 더욱 엄격히 감독하고 이를 유교식으로 변모시켰다. 제주도 관찰사로 나간 병와(瓶窩) 이형상(李衡祥, 1653~1733)이 '당(堂) 오백 절 오백'을 쳐부수었다는 일화가 바로 그 예에 해당된다고 할 수 있다.

그러나 조선 초기에 마을굿을 대체할 제의(祭儀)를 마련하거나 중기에 마을굿을 보다 엄격하게 배척하였다고 해도, 백성들은 마을굿을 통해 누릴 수 있었던 여러 장점을 잊지 않았고 이를 지키고자 하였다. 마을굿은 농경을 주된 생업으로 삼는 백성들에게 축제의 놀이마당을 제공하였고, 백성들은 마을굿의 놀이판에서 흥겹게 떠들며 그간의 노고를 위로받고 기분을 풀었던 것이다. 양반사대부 또한 마을굿의 이러한 카타르시스적 효능을 완전히 무시할 수 없었을 것이다. 그러므로 양반의 지배 이념이 강한 반촌(班村)일수록 유교식으로 정제된 형식을 취한 동제(洞祭)와 마을굿의 원형이 남아있는 별신굿 또는 서낭굿이 공존하는 현상을 확인할 수 있다.

한양(漢陽) 조씨(趙氏)가 지배하는 양반 동족마을인 경상북도 영양군 일월면 주곡동(注谷洞)의 경우 1960년대에도 굿이 남아 있었는데 한양 조씨는 동제에만 참여하고 굿에 참여하지 않지만 그 존재를 인정하였다. 또한 퇴계(退溪) 이황(李滉)의 자손들이 살고 있는 안동의 도산서원(陶山書院) 근처에 위치한 진성(眞城) 이씨(李氏) 동족마을은 한국 유학의 중심지라고 할 수 있는데, 역시 서낭굿이 남아 있으며 일 년에 한 번은 부부간의 성행위를 나타낸 형태의 굿을 행한다고 한다. 이 두 가지 예만 보아도 성리학적 이념이 강한 마을에서도 굿의 효용성은 여전히 남아 있음을 알 수 있다.

이런 사정을 고려할 때 현재의 안동 하회마을의 '동제/별신굿'이 원래부터 '평제(平祭)/특별제(特別祭)'의 형태였다고 할 수 없을 것이다. 동신 신앙은 허씨(許氏)와 안씨(安氏)에 의해 고려 시대에 마을이 형성되었을 단계부터 이미 있었을 것이며, 마을굿 또한 고유의 모습을 지녔다고 할 수 있다. 그런데 본래 행해지던 마을굿의 양상과 풍산 유씨(柳氏)가 지배적 성씨로 자리 잡은 조선후기의 마을굿 양상이 같았다고 볼 수 없으며, 그 이유는 앞서 언급한 재지사족들에 의한 촌락 문화의 성리학적 재편을 꼽을 수 있다. 사림(士林)의 입장에서 보면 가무와 놀이를 수반한 전래의 마을굿은 음사에 해당하므로, 그들은 마을굿을 성리학적 이념에 의해 예(禮)에 맞게 정숙한 모습의 동제의 형태를 지니도록 한 것이라 추론할 수 있다. 다만 안동의 풍산 유씨는 선주민의 반발 등을 고려하여 기존의 마을굿을 '별신굿'이라 하고 10년에 한 번씩 또는 특별한 일이 있을 때만 행하도록 허락하였던 것으로 보인다. 따라서 다분히 인위적인 과정을 거쳐 마을굿이 현재와 같이 동제와 별신굿으로 이원화된 것이라 할 수 있겠다.

유씨 집안에 "별신굿을 행할 때 이외에는 절대로 쇳소리[풍물소리]가 나지 않도록 엄금하였다."고 전해지는 말은 위의 추론을 뒷받침하는 것이라 하겠다. 그러나 풍산 유씨는 별신굿과 풍물을 인정하지만 절대로 별신굿에 참여하지 않았고, 별신굿과 풍물 및 탈놀음의 수행자는 농민 가운데에서도 타성(他姓) 농민이다. 그런데 동족마을의 타성 농민은 하회마을뿐만 아니라 주곡동이나 도산의 경우 모두 신분상 천민에 해당한다. 이들은 별신굿을 행할 때만은 무례한 행동과 험악한 말을 할 수 있는 자유를 누릴 수 있었고 지배층을 풍자하는 희극을 공연할 수 있었다. 그러나 별신굿이 끝나면 동네는 다시 엄숙한 계급사회로 돌아갔다. 별신굿 기간에만 예외적인 자유가 허용되고 양반을 풍자하고 공격하는 탈놀이 또한 양반의 눈치를 보지 않고 마음껏 즐길 수 있었다. 타성 농민은 평소에는 천민으로서 천시되었으나 별신굿 동안에는 억압된 불만을 일시적으로나마 분출시킬 수 있었으며, 이를 구경하는 농민도 은근한 공범자로서 양반에 대한 조롱을 즐겼다고 하겠다. 양반 사대부가 이를 묵인한 이유 또한 지나친 불만의 누적 때문에 지배체제에 항거하지 않도록 방지할 수 있었기 때문일 것이다.

이상은 성리학적 이념에 따라 변형된 마을굿의 모습으로서의 하회별신굿의 성격을 살펴보았다. 이제 별신굿을 행하는 과정에 대해서 알아보도록 하자.

하회별신굿은 10년에 한번 행해지며 간혹 서낭신의 신내림에 의해서도 별신굿을 거행했던 것으로 안동 일대의 대단한 구경거리였다. 이 고장 사람들이 죽어서 저승에 가면 염라대왕께서 "하회별신굿을 보고 왔나?" 하고 묻는데, 이때 구경을 하지 못했다고 하면 그것도 구경하지 못했느냐 꾸짖으면서 다시 세상으로 돌려보내어 굿 구경을 하고 오도록 한다는 말이 전할 정도이다.

그런데 별신굿을 행한다는 것은 신(神)을 섬기는 제의를 수행하는 것이므로, 하회마을의 동신과 이를 섬기는 당(堂)을 먼저 살필 필요가 있다. 하회마을에는 여러 당이 있는데, 마을 뒤쪽의 화산(花山) 중턱에 있는 서낭당이 있으며, 화산 기슭의 숲에 있는 국사당(또는 국시당)이 가장 중요하다. 서낭당과 국사당은 각각 상당(上堂)과 하당(下堂)으로도 불리는데, 상당인 서낭당에는 무진생 김씨가 묘셔졌다. 무진생 김씨는 하회탈에 얽힌 '허도령(許道令) 전설'의 또 다른 주인공이다. 그 전설은 다음과 같다.

허도령(許道令)은 꿈에 신에게서 가면 제작의 명(命)을 받아 작업장에 외인(外人)이 들어오지 못하게 금삭(禁索)을 치고 매일 목욕재계하여 전심전력을 경주(傾注)하여 가면을 제작하고 있었다. 그런데 허도령을 몹시 사모하는 처녀가 있었다. 처녀는 연연한 심정을 억제하지 못하고 하루는 허도령의 얼굴이나마 보려고 휘장에 구멍을 뚫고 애인을 엿보았다. 금단의 일을 저지른 것이다. 입신지경(入神之境)이던 허도령은 그 자리에서 토혈(吐血)하고 숨을 거두었다. 그러므로 열 번째의 '이매'탈은 미완성인 채 턱 없는 탈이 되고 말았다. 그 후 마을에서는 허도령의 영(靈)을 위로하기 위하여 성황당 근처에 단을 지어 매년 제(祭)를 올린다. 〈유한상, '하회 별신가면무극 대사'〉

서낭당에 모셔진 무진생 김씨는 바로 허도령을 사모하여 탈막을 엿보았다는 처자이다. 위의 전설에는 언급이 되어 있지 않으나, 그 처자 역사살을 맞아 죽었다고 하며, 그 넋을 위로한 것이 바로 서낭당이다. 마을에서는 '김씨 할매' 또는 '무진생 서낭님'으로 불리고, 그 당은 서낭당·상당의 명칭 외에 '각시당, 처자당(處子堂)'으로도 불린다. 또 전하는 말에 의하면 서낭당 아래에 도령당(道令堂)이 있었다고 하여 허도령의 영을 모셨다는 단(壇)이 따로 있었다고 한다. 혹은 도령당은 하당인 국사당이라고도 하는데 정확히 알려진 바가 없다. 다만 국사당은 그 명칭상 홍건적의 난을 피해 안동까지 몽진(蒙塵)한 고려 공민왕(恭愍王)을 모셨다는 설이 있다. 그러나 하회별신굿에서 국사당 역시 중요한 공간이라는 점에서 서낭당과 국사당은 각각 상당과 하당으로 서로에게 대응한다고 볼 수 있다. 한편, 상당과 하당이 마을 외곽에 모셔진 당인 반면, 마을 중심부에는 수령이 6백년이나 된 느티나무가 삼신당으로 섬겨지고 있으며, 삼신당 역시 하회마을의 동신을 모신 중요한 공간이다.

하회에서는 다른 마을과 달리 동제와 별신굿의 제관 노릇을 하는 산주(山主)를 정해 종신토록 그 임무를 맡게 하였다. 산주는 매월 보름과 그믐에 서낭당에 올라가서 기도를 드리고, 서낭신의 계시에 따라 별신굿을 주

그림 38 하회마을의 서낭당

관하는 역할을 한다. 산주의 존재와 그 역할은 고대사회의 사제자 및 그
가 행한 역할과 매우 닮아 있다. 즉 천신에게 기도를 드리고 제사를 주관
하는 제사장 역할을 수행한 것이며, 이는 하회마을에 남아 있는 고대사회
의 흔적이라고 할 수 있다.

　매년 행해지는 동제는 정월 보름과 4월 초파일에 행해지는 반면, 10년
에 한 번 있는 별신굿은 정월 초이틀부터 보름까지 행해진다. 따라서 음
력 12월에 그 준비를 시작하는데, 산주가 보름의 기도에서 서낭신의 계시
가 내리면 마을에 널리 알리고 본격적으로 준비한다. 산주는 부정(不淨)
이 없는 목수를 간택하여 그와 함께 당산(堂山)에 올라 10m 길이의 서낭
대와 8m 길이의 성줏대를 마련한다. 성줏대는 강신(降神)의 도구인 내림
대이며 서낭대는 강신한 신격을 모시는 당(堂)대이다. 성줏대의 꼭대기에
는 방울이 달려 신내림 여부를 알려주며, 서낭대는 홍(紅), 백(白), 황(黃),
청(靑), 녹(綠)의 오색(五色) 포(布)를 늘여놓았다.

그림 39 서낭당의 내부

　마을사람들 역시 모두 육식을 금하며 말과 행동을 삼가고, 유사들은 제기(祭器)를 새로 구입하고 제수를 마련한다. 29일에는 마을 대표들이 모여서 부정이 없는 각성바지들 가운데서 탈춤을 출 광대들을 지명하여, 산주와 함께 그믐날부터 동제의 파젯날인 정월 보름까지 동사(洞舍)에 합숙하며 근신한다. 따라서 광대로 뽑힌 사람들은 정월 초하루 설날 차례에도 참석하지 못한다. 동사에는 금줄을 치고 황토 흙을 뿌려서 잡인의 출입을 금하고 부정이 타지 않도록 한다.

　별신굿을 거행하기 위해서는 신내림을 받아야 하는데, 신내림을 별신굿 당일에 받는다고도 하고 섣달그믐에 받는다고 하여 일정하지 않으나 그 과정은 동일하다. 금날 아침에 내림대를 든 산주와 서낭대를 멘 대광대 및 각종 탈광대들이 풍물을 잡히며 화산 중턱의 서낭당에 올라가서 신내림을 받는다. 이때 광대들이 풍물을 치는 동안 각시 광대가 무동춤을 추며 서낭대를 도는데, 산주가 당 안에 들어가서 신내림을 빌기 시작하면 풍물이 멈춘다. 산주는 내림대를 잡고 "해동은 조선 경상북도 안동 하회 무진생 서낭님, ……내리소서, 내리소서, 설설이 내리소서."라 빌기 시작한다.

비손을 하여 내림대가 흔들리고 당(堂)방울이 흔들리면 신내림이 이루어진 것이다. 그러면 내림대의 방울을 서낭대에 매달고 대광대들이 앞장서서 하산하기 시작하고, 각시광대는 무동을 타고 춤을 춘다. 행렬은 국사당을 거쳐 삼신당에 참례를 하고 동사로 와서 서낭대를 다시 세운다. 내림신을 모신 서낭대를 세운 동사 앞 놀이마당은 일상의 공간이 아니라 신격을 모신 초월적인 별세계로 전이된다. 이 과정을 거쳐야만 본격적인 별신굿을 행할 수 있는 것이다. 풍물이 계속되는 가운데 각시광대는 무동 춤을 추면서 구경꾼들에게 걸립을 하고, 다른 광대들은 탈을 받아쓰고서 탈놀이를 논다.

그런데 탈놀이는 정해진 시간에 일정한 곳에서 한꺼번에 완성되는 것이 아니다. 초이틀부터 보름까지 진행되는 별신굿 기간 내내 탈놀이가 이루어지는 것이다. 공간적으로는 서낭대가 세워진 장소라면 어디라도 탈놀이의 무대가 될 수 있으므로, 하회마을의 모든 집에서 탈놀이가 공연되는 것이다. 구체적인 양상으로는 초이틀부터 14일까지의 집돌이 형태로 나타나며, 이를 신유(神遊)라 한다.

풍물을 치면서 도는 집돌이의 순서는 산주의 집이 제일 먼저이고, 그다음이 양진당(養眞堂)과 충효당(忠孝堂)을 비롯한 양반 대갓집이다. 산주의 집이 대갓집보다 앞선다는 것은 별신굿에서 차지하는 산주의 위치를 말해 주며, 양반 대갓집이 집돌이의 대상이었다는 것은 양반들이 별신굿에서 완전히 배제되지 않았다는 사실을 확인시켜 준다.

집돌이를 할 때는 언제나 서낭대를 앞세우고 가서 그 집 지붕에 기대어 세워 놓는다. 이렇게 되면 그 집은 하나의 신성지역이 되는 것이다. 이렇게 완성된 신성 공간 속에서 지신밟기와 탈놀이 마당이 벌어진다. 가옥의 크기에 따라 지신밟기만 행해지기도 하지만 대부분의 집에서 주지마당, 백정마당, 할미마당, 중마당, 양반·선비마당의 순서로 진행되는 탈놀이

가운데 한 마당을 버린다. 다만 양진당과 충효당, 남촌댁 북촌댁에서는 전체 탈놀이가 이루어진다. 대갓집에서는 양반·선비 마당을 놀 때, 선비광대는 대청마루에 올라가 유씨 양반과 직접 맞대면하여 수작을 걸고 골려 주기도 하였다. 양반집이 아닌 작은 집에서는 서낭대 앞에 음식상을 차려놓고 복을 빌기도 한다. 이는 서낭대가 있는 공간이 곧 사원 역할을 하기 때문이다. 탈춤을 추는 것은 신과의 만남을 원활하게 해 주는 촉매제라 할 수 있다.

그림 40 무동 마당의 각시

이러한 지신밟기와 탈놀이는 정월 이튿날부터 14일까지 계속된다. 파젯날인 정월 보름날 아침을 먹고 나면 청광대가 탈을 담은 섬을 지고 서낭당으로 올라간다. 당의 처마에 서낭대를 기대 세우고 당 안에서 산주가 당제를 지낸다. 헌작(獻爵)과 재배(再拜)에 이어 축문(祝文) 없이 비손으로만 축원을 올리고 종일토록 소지를 올린다. 그 동안 광대들은 탈을 쓰고 탈놀이를 하는데, 음복하고 쉬다가 다시 놀기를 종일토록 한다. 일몰쯤에 탈놀이를 마친다. 서낭대의 당방울은 풀어 탈과 함께 섬에 담아 청광대가 짊어지고 서낭대를 장식한 옷이나 예단은 풀어 서낭당의 뒤 처마에 얹어 놓은 다음 모두 하산한다. 양반광대, 각시광대, 청광대만 남고 산주와 다른 광대들은 귀가한다.

남은 광대들은 마을 입구 진 밭에 모닥불을 피워놓고 혼례마당과 신방마당을 놀이한다. 이 모든 과정이 끝나고 각시광대가 청광대에게 탈을 주고 귀가하면 청광대는 탈이 든 섬을 동사에 보관한다. 이어서 동네 어귀에서 암무당 1명, 수무당 2명이 잡귀잡신을 퇴송시키는 허천거리굿을 한다. 헛천은 마을 입구에 있는 하천으로 비가 많이 오면 물리 흘러 내를 이루다가 그렇지 않으면 물이 말라버리는 건천(乾川)의 일종이다. 이때 무당은 별신굿을 하는 동안 묻어 들어온 잡귀잡신들을 쫓아버린다. 일반적으로 별신굿의 끝마당은 이와 같이 잡귀 잡신들을 물러내는 거리굿으로 이루어진다. 이를 배송(拜送)굿이라고도 한다.

그 이튿날 서낭님께 바친 옷을 다시 사다 입으면 복을 받고 아들을 낳는다고 하여 이를 사는 마을 사람들이 있는데, 옷을 판 돈과 별신굿 동안 거둬진 곡식이나 돈은 정리하여 별신굿 경비로 충당한다.

하회별신굿은 굿으로서 주술적 성격을 지니는 동시에 탈놀이라고 하는 가면극으로서 예술적 성격을 지니기도 한다. 굿으로서의 형식을 보면 일반적인 굿의 순서와 같다고 할 수 있다. 먼저 서낭당에 올라가서 신내림을 받아오는 내림굿 순서를 갖는다. 그리고 굿판에서 본격적인 굿을 하는데, 주지마당에서 부정굿을 하여 굿판을 정화하고, 여러 거리의 마당 굿들을 다양하게 하며 신을 마음껏 놀린 다음에 서낭신에게 제사를 올리고, 마지막으로 잡귀잡신들을 배송하는 거리굿으로 마무리되고 있는 것이다.

그런데 내림굿과 부정굿, 거리굿과 같은 상투적인 장치들을 제외한다면 하회별신굿의 내용은 탈놀이의 형태를 띠고 있다. 그러면 왜 별신굿이 탈놀이의 형식을 취하는가를 짚고 넘어가야 할 것이다. 앞서 언급한대로 별신굿은 마을굿의 후대적 변형이라 할 수 있으며, 별신굿놀이가 곧 탈놀이라는 사실은 마을굿이 가면극의 형태를 지녔음을 의미한다. 그러면 굿에서의 탈의 역할은 무엇인가? 본래 탈(가면)은 신의 형상을 나타낸 것이라고 한다. 이는 『삼국유사(三國遺事)』〈처용랑(處容郎) 망해사(望海寺)〉조에서 남산 신이 나타나 춤을 추자 헌강왕(憲康王)이 그 춤을 추어 다른 사람에게 보이고 남산신의 모습대로 가면을 만들라고 했다는 기록에서도 확인되는 바이다. 헌강왕은 남산 신의 춤을 흉내 내어 춤추고, 다시 신의 모습을 가면으로 남긴 것이다. 이러한 가면의 역할은 마을마다 행해지던 굿에서 마찬가지였을 것이며, 가면은 신의 상징물로서 사용되었다고 하겠다.

그런데 하회별신굿놀이에서 사용되는 가면은 매우 특별한 의미를 지닌다. 앞서 살핀 하회탈에 얽힌 허도령 전설에 의하면 허도령은 신으로부터 탈을 만드는 임무를 맡아 수행하다가 금기를 깨뜨려서 탈을 미처 완성하지 못하고 죽고 만다. 이때 허도령이 만들던 탈은 곧 신격을 지니는 것이었으며, 허도령의 죽음 뒤에는 당집에 모셔져서 신령스러운 것으로 취급된다. '허씨 터전에 안씨 문전에 유씨 배반(杯盤)'이라는 말을 다시 상기하게 한다. 즉 이 전설은 하회마을에서 중심세력을 이룬 성씨들의 역사적 전개과정을 구비역사(oral history)로 전승하였다고 할 수 있다. 또한 위의 전설을 통해 하회마을을 허씨가 중심세력으로서 다스리고 있었던 고려시대에 이미 하회탈이 형성되었을 것으로 추정한다. 그러나 탈을 신성히 여기는 마을 관습을 생각한다면 하회탈은 마을굿에서 신성성을 드러내는 표상물이었음을 알 수 있으며, 이는 매우 이른 시기였던 것으로 여겨진다.

3. 하회탈의 조형 방식

하회가면은 두 개의 병산(屛山)가면과 함께 국보 제121호로 지정되어 있다. 하회가면은 총 10종 11개가 전한다. 이제 하회탈의 특징을 살펴보도록 하겠다.

1) 주지

주지는 첫 과장에 잡귀를 쫓는 데 사용하는 것으로 암수 두 개가 전한다. 주지는 호랑이를 잡아먹는 무서운 귀신으로, 짐승을 전면에서 바라본 모습을 도안하였다. 나비 날개 모양의 넓은 목판이 짐승의 갈기 구실을 하고, 그 아래에 따로 짐승의 주둥이를 만들어 붙이고, 나무 고리를 손으로 조종함으로써 입이 개폐된다. 나비 모양으로 된 목판에는 종이를 붙여 청색, 홍색, 백색, 녹색, 등으로 콧마루를 그려 아래의 뚫린 코와 입에 연결되게 되었으며, 목판 가장자리에 작은 구멍이 있어 놀이할 때 꿩털을 꽂아 장식한다. 하회마을에서는 주지의 모습이 '금(禽)·수(獸)·어(魚)를 함께 합쳐서' 만든 상징적 존재로 보고 있다.

주지탈은 다른 하회탈과 달리 탈의 형상을 갖춘 것이 아니기 때문에 1964년의 국보 지정에서 제외되었다가 1980년에 국보에 포함되었다. 주지탈을 쓴 이는 붉은 보자기로 전실을 가리고 주지머리를 손에 들고 춤을 추면서 사방으로 휘돌아, 탈놀음 마당을 정화시켜주는 역할을 한다. 주지는 우리나라에서 가장 위험한 동물인 호랑이까지도 물리치는 권능을 지니고 있으므로 그 권능을 빌어 잡귀를 쫓고자 하는 뜻이 담겨 있다.

안동지역에선 싸울 듯 말 듯 치근대기만 하는 사람들이나 내심으로는 그럴 뜻이 '없으면서도 싸우는 시늉을 하는 남녀 간의 관계를 빗대러 "주지 놀음하듯 한다."고 일컫는다.

2) 각시

각시는 '사뿐사뿐 각시걸음'이라 하여 새색시의 가볍고 귀여운 모습을 나타내어야만 한다. 그러나 탈의 형상은 결코 귀엽거나 예쁘지 않다. 각시탈은 가면 위 가장자리에 단 검은 탈보로 머리 전체를 가리고 있다. 머리 위에는 한일자로 여섯 타래의 큰 머리를 얹었고, 다시 두 귀를 덮으며 좌우로 똑같이 머리채를 턱 아래까지 드리우고 있다. 그 머리채는 한 번씩 안으로 돌려 땋아 내린 끝에 둥근 공간을 둔 채 연결되어 있다. 이러한 머리 모양은 보물 제 330호로 지정되어 있는 부여 군수리 금동보살입상의

그림 41 〈하회탈놀이〉의 옛 놀이판

것과 비슷하다. 얼굴 모습은 넓은 광대뼈가 튀어나왔고, 입은 다물었고, 눈은 실눈이며 표정은 굳어 있다. 머리와 눈썹은 검게 칠하고 살색 위에 분을 칠했고, 연지곤지의 흔적이 있기도 하다. 눈은 뚫려 있으나 코와 입은 뚫리지 않았다.

각시탈의 가늘게 찢어진 눈, 꾹 다문 작은 입술은 삶의 고단함에 지친 이웃집 아낙과 같은 얼굴을 하고 있다. 툭 튀어나온 광대뼈는 흔히 말하는 박복한 상을 드러낸 것이라고도 할 수 있다. 새색시의 시집살이의 어려움을 속으로 삭이는 표정으로 볼 수도 있다. 슬픔과 체념을 포함한 어두운 분위기가 풍기는 탈이다. 하회탈은 각시탈을 제외한 모든 탈이 웃는 모습을 하고 있어서, 각시탈의 이러한 분위기는 매우 도드라지며, 하회탈놀이가 기쁨과 즐거움만으로 이루진 것은 아님을 의미한다. 그래서 각시탈은 서낭신의 대역으로 등장하는 것이다.

3) 중

중탈은 표정부터 능글맞고 여유가 있다. 얼굴은 역삼각형이어서 상부
가 하부에 비해 상대적으로 넓은 편이다. 전체 바탕은 주홍색(대춧빛)이
며, 머리 부분과 눈썹은 검은 색을 칠한 흔적이 있다. 양쪽 뺨과 눈언저리
에 주름살이 새겨져 있고, 두 눈은 실눈으로 미소를 지으며 벌린 입과 함
께 교활한 웃음을 보여준다.

미간 주위는 찌푸리고 있는 듯한 느낌을 주는 반면, 눈과 코, 볼, 입 사
이에는 웃음이 흐드러져 있다. 눈과 입 사이에는 여러 줄기의 굵은 주름
이 부드러운 곡선을 그리며 뻗어 나간다. 다른 하회탈과는 달리 중탈의
주름은 코끝에서 시작되어 콧마루와 콧살을 거쳐 뺨의 끝, 좌우 광대뼈
끝까지 이어진다.

중탈은 밝은 웃음과 우울한 그림자가 중첩되어 있다. 속세를 버리고 구
도하는 자의 탈속함이 아니라 일상의 웃음과 교활과 슬픔이 모두 포함되
어 있다.

4) 양반

양반탈은 한국의 탈 중에서도 대표적인 가면미술의 극치라는 평을 받
고 있다. 대체적으로 부드러움, 허풍스러움과 여유로움이 복합되어 있는
표정이다. 턱을 분리하여 끝으로 매달아놓음으로써 고개를 젖히면 박장
대소하는 표정이 되고, 숙이면 화난 표정이 된다.

양반탈은 유달리 얼굴색이 밝으며, 눈썹선이 분명하고 확실한 검은 선
으로 처리되어 있다. 밝은 웃음을 표현하기 위해서 이렇게 굵은 눈썹 선
으로 나타낸 것이라 할 수 있다. 밝은 웃음을 위한 장치로는 눈가의 주름
도 있다. 주름은 광대뼈까지 이어져 자연스러운 모습을 지니고 있다. 그
러나 무엇보다도 이 탈의 백미는 입과 턱이라 할 수 있다. 헤벌쭉 벌어진

입이 동작시키는 경우에 따라서 박장대소가 되기도 하고 화난 표정을 짓기도 하는 것이다.

5) 선비

선비탈은 음흉함과 포악함이 가장 잘 나타난 탈이다. 중탈, 백정탈도 이러한 요소가 있기는 하나 선비탈이 가장 사악하고 광폭한 모습을 지니고 있다. 역삼각형 얼굴 모습에 검은 칠을 하여 부정성을 암시하고 있다. 눈은 부릅뜨고 위로 치켜져 올라 있으며, 양 미간을 찡그린 표정은 거만스러워 보인다. 부릅뜬 도끼눈은 통속적인 사회구조에 적응하지 못하고 항상 불만에 차 있는 마음을 표현해 주고 있다.

코는 거칠고 골 져서 벌름거리는 것과 같은 형상이다. 입은 웃는 모습이지만 결코 유쾌해 보이지 않는 모습이다. 턱은 분리되어 끈으로 연결할 수 있어 얼굴을 위로 하느냐 아래로 하느냐에 따라 조금씩 움직이도록 되어 있다. 또 수염을 달 수 있는 구멍이 있다.

6) 초랭이

초랭이는 매우 경망스럽고 까불거린다. '방정맞다 초랭이걸음' 또는 '바쁘다 초랭이걸음'이라는 말이 그 성격을 알 수 있다. 초랭이탈은 매우 비정상적인 모습을 하고 있다. 다른 하회탈의 모습은 현실에서 볼 수 있는 것인 반면, 초랭이는 어디에도 있지 않을 것 같은 생김새이다. 코의 끝자락은 뭉개져 있고 좌우도 비대칭이다. 그러면서도 코의 좌우에는 웃음의 흔적을 담고 있는 볼의 밑주름이 있으며, 이 역시 좌우가 비대칭이다. 입과 턱 또한 비정상적인데, 언청이의 형상을 하고 있어서 윗입술 아랫입술이 모두 제 모양을 갖추고 있지 않다. 그저 벌어져 있으며, 그 틈으로 이가 조금 보이기도 한다. 눈 역시 매우 이상한 모양을 하고 있다. 주위에는 둥글게 흰 테를 둘러서 튀어나온 효과를 가져 오며, 동공은 텅 비어서 바보스럽기까지 하다.

그러나 초랭이는 바보가 아니다. 바보짓을 하지만 양반과 선비를 우스갯거리로 만드는 역할을 한다. 직접적으로 비판하지 않으면서도 세상을 풍자하고 비판하는 의식이 숨어 있다고 할 수 있다. 초랭이탈은 정신의 결함에서부터 코와 입의 결함에 이르기까지 인간의 얼굴이 갖출 수 있는 온갖 결함을 한데 모으고 있다. 그런 바보의 모습에 바보의 행동을 하지만 일그러진 언청이 입에서는 세상을 향해 쏘아내는 말들이 쏟아져 나오기 때문에 더욱 의미 있는 것이라 하겠다.

7) 이매

이매탈은 허도령 전설에 의하면 미완성의 모습으로 코는 떨어져 나갔고, 입과 턱이 없다. 그 행동오 '비틀비틀 이매걸음'이라는 말이 있듯이 이매는 몸을 가누지 못하는 불구자이자 바보이다. 그러나 탈의 턱 부분을 따로 제작하여 움직일 수 있게 한 다른 하회탈의 경우를 들어서, 이매탈도 본래 턱 부분이 있었으나 어떠한 사정에 의해 없어지고, 그 없어진 턱과 함께 전설이 형성되었다고 보기도 한다. 전설이 이매탈을 미완으로 본 것이라면, 이 견해는 결함을 가진 것으로 본 것이다. 그러나 결함이 있는 이매탈을 하회마을에서는 보충하지 않았다. 이매탈에는 이미 신화적 권능이 깃들어 있었기 때문이라 생각한다.

얼굴빛은 주황색으로 양반·백정 가면과 같은 계통의 채색이다. 눈은 실눈이고 눈꼬리가 길게 아래로 처져 있다. 이마와 볼의 주름살은 이 처진 눈와 합쳐져 바보 같은 웃음을 웃고 있다. 그러나 그 바보 같은 웃음은 조용하고 아무 걱정이 없는 듯한 천진난만한 웃음이기도 하다. 없어진 입이지만 한껏 벌어진 입을 통해 잔잔한 미소가 온 얼굴에 퍼져 나가는 것을 느낄 수 있다. 또 턱이 없음으로 해서 그 미소가 입 속에 다시 들어가지 않고 끝없이 퍼져나가는 듯한 인상을 받기도 한다. 이매탈의 비어 있는 턱은 곧 무한한 미소를 상상하게 한다. 미완성이었든 상실되었던 것이든 결함이 있는 턱은 가장 온화하고 무한한 미소를 자아내고 있는 것이다.

8) 부네

전통사회에서 갸름한 얼굴, 반달 같은 눈썹, 오뚝한 코, 조그만 입은 미인의 조건으로 꼽던 얼굴이다. 부네탈은 이러한 요건을 모두 갖춘 탈이다. 눈은 가늘게 둥근 선을 이루고 있는데, 감은 듯 뜬 듯 여덟팔자로 실눈 모양을 하고 있다. 콧날은 중간에 두툼한 살을 갖추었다가 끝에 가서 잘록해져서 매우 세련된 모습이고, 이는 부네탈이 도시풍의 미인을 형상화한 것이라 하겠다. 아주 얇은 입술로 이루어진 입술 또한 매우 작지만, 조금 벌어진 그 입술 사이에서는 잔잔한 웃음소리가 들리는 듯하다. 팽팽하게 당겨진 볼은 미려하고 탱탱한 피부를 연상시키고, 볼 밑에 가늘고 길게 새겨져 있는 호선과 더불어 이 탈이 젊은 여인의 고혹적인 자태를 표현한 것임을 보여준다. 놀이에서는 양반, 선비의 소첩 혹은 기녀의 신분으로 등장하며, 눈과 입 언저리에서 유혹하는 듯한 웃음을 볼 수 있다.

얼굴은 전체적으로 붉은 색조를 띠고 있다. 머리는 머리카락이 두껍게 얼굴 양 옆으로 붙여서 깔끔하게 빗어 넘기고 그 뒤쪽으로 봉곳하게 두 개의 작은 뿔 모양을 양쪽에 세우고 있다. 이 머리 모양은 약수리에 있는 고구려 시대 벽화 고분의 인물도에 보이는 여인의 것과 닮아 있다. 이 벽화의 날렵한 여인의 모습은 부네탈이 형상화하고자 한 자태 그대로일 것으로 보인다. 또한 신라 시대의 유물로 보이는 선산군에 세워진 석주에 새겨진 여인상도 부네탈의 얼굴 모습과 머리 모양을 하고 있다. 이는 부네탈이 그려낸 미인상이 삼국시대부터 있었던 것임을 의미하는 것이라 하겠다.

9) 백정

백정탈은 눈 주변의 손상이 심한 편이어서 양반탈 같은 실눈도 아니고, 초랭이탈같이 완전히 열려 있는 눈도 아니다. 그리고 눈 아래에는 칼집 흔적이 있어서 사나운 모습을 나타내고 있다. 그런데 백정탈을 전에는 '희광이'라 불렀다고 하는데, 이는 소 잡는 것이 아니라 사람을 사형하는 형용하는 말이라고 한다. 따라서 백정탈에서 느껴지는 사나움은 그의 역할 때문이라 할 수 있다.

광대뼈 주변으로 굵은 주름이 뒤덮여 있어 하회탈 중 가장 많다. 그 주름과 함께 콧망울과 입모습 사이에는 웃음이 어려 있다. 단단하고 각진 모양의 턱과 콧방울 주변에서 급한 곡선을 그려내고 있다. 이 탈은 전체적으로 강인하고 사납고 거칠어 보인다. 양쪽 눈 아래쪽을 지나는 깊은 칼집의 흔적과 광대뼈 주변의 비틀린 형상의 굵은 주름들, 그리고 각진 모양의 턱과 콧방울 주변에서 급한 곡선을 그리며 몰려 있는 주름들이 그러한 인상을 자아낸다.

10) 할미

할미탈의 얼굴 바탕은 검붉은 색깔이고, 그 위 얼굴 전면에 녹색 반점을 찍어 기미를 나타내려고 하였다. 산대극이나 봉산 탈춤에서도 할미 얼굴은 늙고 고생을 많이 겪었다는 표시로 검은 얼굴에 희 반점을 찍었다고 한다. 그러나 그 모습은 공감을 자아내지 않는다. 요염한 부네탈이나 슬픔에 잠긴 각시탈은 우리의 현실생활에서도 확인할 수 있는 얼굴들이라 하겠는데, 할미탈은 결코 현실적이지 않다. 매끈한 타원형의 얼굴을 하고 있으나 정수리와 턱이 뾰족하게 처리되어 있어서 비현실적이다.

할미탈이 무엇보다도 비현실적인 것은 눈과 입이다. 눈은 둥글게 뚫려 있고 미간은 깊이 파지고, 입은 크게 벌려져 있다. 하회탈 가운데 가늘게 실눈을 떠서 웃음을 띠고 있지 않은 것은 할미탈과 초랭이탈, 그리고 선비탈뿐이다. 특히 할미탈은 세상을 향해 눈을 부릅뜨고 있다. 할미탈의 입은 크게 벌어져 웃음을 짓고 있는 것 같기도 하지만, 그 웃음은 허허롭기만 하다. 그래서 할미탈은 삶의 그늘이 묻어 있는 허허로운 미소를 자아내게 한다.

이상 하회탈의 모습을 살펴보았다. 이외에도 총각, 별채, 떡다리 탈이 더 있었다고 하지만 현전하지 않는다. 하회탈의 여러 가지 얼굴 표정은 떠들썩하게 웃고 노래하는 사람들을 연상시킨다. 그런데 남성탈과 여성탈은 서로 다른 방식으로 만들어졌다. 남성탈은 대체로 굵은 칼질로 얼굴의 윤곽을 분명하게 하였고, 초랭이탈을 제외한 모든 탈이 턱을 따로 만들어 달았다. 이는 골격이 뚜렷한 남성의 얼굴 표정과 호쾌한 동작을 나타내기 위한 것이다. 여성탈이 얼굴 윤곽이 밋밋하고 얼굴 전체는 하나의 나무로 만들어진 것은 이와 반대로, 정태적 분위기를 자아내고자 한 것이다.

또한 남성탈의 입과 턱이 분리되어 있는 것은 연행을 위한 것이기도 하다. 남성탈은 여성탈에 비해 대사가 큰 비중을 차지하고 있으므로, 벌어진 입을 통해 대사를 정확하게 전달할 수 있게 한 것이다. 이는 초랭이탈을 통해서도 확인된다. 초랭이탈은 턱이 따로 만들어지지 않았는데, 그것은 초랭이가 몸동작을 통하여 역할을 소화해 내는 것을 중요하게 고려했지만, 대사의 경우에는 약점을 갖게 하려는 배려라고 할 수 있다. 초랭이가 대사를 통해 자기 의사를 표현하지 않는 것은 아니지만, 그 대사가 탈 속에서 웅얼거리는 음조로 울려 나와서 분명하게 발음되지 않게 하려는 의도가 개재되어 있는 것이다. 초랭이의 교활한 성격을 드러낼 수 있는 효과적인 장치인 셈이다.

하회탈은 그 제작 전설을 통해서도 알 수 있듯이 신앙적 대상으로 여겨지지만, 그 모습은 매우 현실적인 인간이다. 마을굿에서 사용되는 신의 상징물이 바로 가면인데, 하회별신굿의 탈은 신을 나타낸 것이 아니라 현실공간의 인간 삶을 그대로 재현한 것이다. 마을 종교의 일환으로 만들어진 탈이 현실의 인간의 모습을 하고 인간사를 그대로 드러낸 것은 현실 중심적인 세계관을 드러낸 것이라 하겠다.

4. 〈하회탈놀이〉의 공연 양상

이제 별신굿탈놀이의 공연 과정과 의미를 살피도록 한다. 하회탈놀이는 별신굿의 일환으로 이루어지는 것이므로 별신굿 전 과정 속에 탈놀이의 요소가 깃들어 있다. 엄밀한 의미에서는 신내림을 받는 과정부터 탈놀이가 시작된다고 할 수 있다. 이 가운데, 주지마당, 백정마당, 할미마당, 중마당, 양반·선비마당은 초이틀부터 14일까지 반복적으로 공연되는 마당이며, 혼례마당과 신방마당은 별신굿을 마무리짓는 보름에만 행해지는 마당이다.

그림 42 주지탈의 모습

① 주지마당

이 마당은 벽사(辟邪)를 위한 것이다. 호랑이를 잡아먹는다는 상상 속의 귀신 주지 암수가 두 마리가 등장한다. 암수 주지는 삼베 포대기를 머리부터 뒤집어쓰고 자루 위쪽에 나 있는 구멍으로 두 손을 내밀어 탈을 쥐고 춤을 춘다. 주지는 마당을 한 바퀴 돌고서 머리를 좌우로 흔들고 입을 열었다 닫았다 하며 딱딱 소리를 낸다. 껑충껑충 뛰면서 싸우는 시늉도 하고, 서로 입을 물고 맞붙어 비비 꼬기도 한다. 사방으로 돌아다니며 대무(對舞)하다가 암주지가 자빠져 누우면 숫주지가 그 위에 엎드린 채 짓누르는 모습이 마치 성행위를 하는 것처럼 보인다. 초랭이가 나타나 이들을 쫓아내고는 한바탕 까불거리며 춤추다가 퇴장한다.

암수 주지의 행위는 싸움굿의 성격을 띠고 있다. 싸움굿은 세계 도처에서 발견할 수 있는 원시적인 형태의 굿으로, 풍년을 기원하는 내용을 담고 있다. 그런데 풍년은 곧 다산과도 상관이 있으며, 주지춤은 싸움의 양상과 더불어 성행위까지 묘사하고 있다고 볼 수 있다. 주지 장면은 연극적인 요소보다는 굿의 요소가 강한 부분으로, 별신굿의 서막(序幕) 역할을 한다고 볼 수 있다. 싸움을 통해 탈마당의 부정을 정화시키는 구실을 한다.

② 백정마당

백정이 나와서 도끼를 휘두르며 소잡이춤을 춘다. 소 역할을 하는 사람은 희 두루마기를 뒤집어쓰고 엉금엉금 기어 나오며 소의 흉내를 낸다. 〈하회탈놀이〉는 탈 이외에는 분장을 위한 소도구를 전혀 쓰지 않고, 말과 행동으로 극중 상황을 연출해내는 것이다. 백정은 소가 나타나면 도끼로 머리를 두세 차례 때려 쓰러뜨린다. 그리고 칼을 꺼내서 한바탕 칼춤을 춘 다음에 소의 배를 갈라서 내장과 소불알을 꺼내 오쟁이에 담고 호탕하게 한바탕 춤을 춘다.

춤을 멈추고는 구경꾼을 "샌님"이라 부르며 "염통을 사라"고 하다가 소불알을 꺼내고는 "우랑을 사라."고 외친다. 구경꾼이 '우랑'이라는 말을 못 알아들으면 "소 낭심 사소." 하고 외친다. 아무도 사지 않으면 구경꾼 앞에 이를 내밀면서 "우랑도 모니껴? 소 불알 말시더, 소 불알! 소 불알 사소! 과부 싫건 먹고도 피 껍질 안 시도록" 하고 외친다. 이 과정에서 사겠다는 사람이 나서면 흥정도 하고 우랑을 파는 척도 한다. 백정은 이때 관중들과 융통성 있게 즉흥적으로 대화를 나누며 우랑을 잘 팔아야 한다. 이것도 일종의 걸립 행위이므로, 관중은 돈을 건네줄 뿐 아랑을 받아가지는 않는다.

전통사회의 백정은 가장 미천한 신분이었고 멸시를 받는 처지였다. 그러므로 스스로의 신분을 밝히지는 않았을 터인데, 탈놀이에서는 백정이 춤까지 춰가며 공공연히 소를 잡고, 소 불알을 "샌님", 즉 양반들에게 파는 행위까지 한다. 이것은 생산력을 확보하고자 하는 주술적 의미도 있지만, 극적 의미로서 미천한 신분의 백정이 성을 상징하는 '우랑'을 사라고 하는 것

그림 43 백정마당의 모습

은 기존 질서와 유교적 도덕률을 함께 뒤집어엎는 풍자적 성격을 지닌다. 미천한 신분의 백정이 살생을 즐길 뿐만 아니라, 성을 금기로 여기면서 은밀하게 성을 즐기고 있는 양반들의 도덕적 허위를 정면에서 폭로한 것이다.

주지마당이 별신굿의 판을 씻는 정화의 구실을 한다면, 백정마당은 별신굿의 전통과 관련하여 소를 잡아서 제물을 장만해오던 오랜 관습을 모의적인 유감주술 양식으로 전승하다가 극적인 양식으로 재창조한 것으로 볼 수 있다. 백정이 소를 단숨에 쓰러뜨리고는 다시 소 불알을 높이 쳐들고 "샌님"으로 설정된 구경꾼에게 직접 파는 부분이 극적인 양식을 추가한 부분이라 할 수 있다. 이 극적 장치를 통해서 천민으로 핍박받는 백정의 사회적 저항 의지를 형상화해 내었다고 할 수 있다.

③ 할미마당

쪽박을 허리에 찬 할미가 등장하여 북을 쥐고 베를 짜는 시늉을 하며

시집살이의 고충을 토로한 사설의 신세타령을 한다. 이때 사설의 내용과 베틀 소리는 밀접한 관련을 맺는다. 시집가서 젊은 나이에 과부가 되었을 때 겪는 고통이 베틀의 바디를 잡고 탁탁 치듯 답답한 가슴을 치는 소리로 드러나고, 베틀다리가 앞뒤 다리 쌍을 이루듯이 서방 다리와 자기 다리도 쌍을 이루어 네 다리여야 마땅한데 지금은 그럴 수 없다고 하였다. 또한 분홍꿈을 안고 시집 올 때 입은 치마가 서러움으로 눈물이 되고 궂은 부엌일로 행주가 다 되었으며, 친정에서는 외동딸로 귀여움을 받았는데 시집온 지 사흘 만에 양반집 씨종살이 신세가 되어 배를 곯아가며 험한 일을 해야 한다고 하였다. 이러한 여러 가지 고난이 베를 짜면서 나는 바디치는 소리로 형상화하여 자신의 절박한 심정을 베틀 짜는 행위를 통해 드러내고 있는 것이다.

신세타령이 끝나면 영감광대가 나타나 "어제 사다 준 청어 한 두름 다 어쨌느냐"고 물으면, "엊저녁에 영감 한 마리 주고 내 아홉 마리 먹고, 오늘 아침에 영감 한 마리 주고 내 아홉 마리 먹고, 한 두름 다 먹지 않았느냐!" 하면서 반박을 한다. 그리고 일어나서 쪽박을 들고 돌아다니며 구경꾼들에게 걸립을 한다.

할미마당에서 유추할 수 있는 것은 두 가지이다. 첫째는 할미의 베짜기와 신세타령 및 차림새를 통해서 여성들의 고난을 꼽을 수 있다. 베자기는 당시 여성들의 가장 중요한 직분이자 가장 힘든 가사노동 가운데 하나였다. 나이가 들면 허리도 굽어지게 마련이지만 여성은 길쌈노동에서 벗어날 수가 없었던 것이다. 둘째는 청어를 일방적으로 독식한 할미가 오히려 영감에 대드는 대응 방식을 통해서 가부장적 권위를 파괴하고 남녀 간의 상하관계를 뒤집어 버리고 있다. 남성 중심의 사회질서에 저항하는 몸짓을 나타낸 것이다.

그런데 다른 탈놀이의 경우 영감·할미 사이의 갈등은 영감이 젊은 첩을 들이면서 생기는 것이 일반적인 반면, 〈하회탈놀이〉에서는 할미가 청어라는 먹거리를 두고 영감과 싸움을 벌이면서 고기반찬은 남성 차지라

그림 44 할미 마당의 모습

는 고정관념을 깨뜨리고 있다. 다른 탈놀이가 씨앗싸움을 통해 남성의 횡포를 비판하였다고 한다면, 〈하회탈놀이〉는 먹거리 다툼을 통하여 가부장적 권위의 허점을 공격한다. 또한 여성이 청어를 먹는다는 것은 잉태를 상징하는 풍요 다산의 주술적 의미로도 받아들일 수 있다.

④ 중마당

부네가 오줌 누는 것을 우연히 보게 된 중이 부네의 오줌 냄새를 맡고 마음이 동하여 갈등한다. '맵시있다 부네걸음'의 부네는 매혹적인 미소를 지으면서 뭇 남성들과 어울리는 기녀이다. 남성을 꾀어내려고 오른손으로 치마 깃을 여미며 왼손으로는 옷고름을 입가에 댄 채 갖은 교태를 부리며 나타난다. 중은 결국 파계하고는 부네와 어울려 남녀관계를 맺는다. 이런 이유로 중마당은 일명 '파계승마당'으로 불리기도 한다. 중탈을 쓴 광대는 능글맞고 여유 있는 동작을 취해야만 한다. 그래서 흔히 '능청맞

그림 45 중마당 부네의 모습

다 중의 걸음'이라 한다.

중은 이성에 대한 욕망과 지위적인 체면과의 이율적(二律的) 감정의 갈등을 못 이기고 부네와 어울려 음란한 춤을 춘다. 결국 종교적 계율이라는 것은 거짓되게 경화된 관념임을 폭로하고 있는 것이다. 처음부터 종교적 계율에 얽매이지 않았다면 젊은 각시에게 매혹된다 해도 기괴할 것이 없고 웃음이 성립되지 않을 터인데, 종교적인 계율을 내세우며 성에 대한 자연스러운 인간 본성을 부정하던 중이 끝내는 도덕의 굴레를 벗어던지고 인간의 본성을 따랐다는 점에서 그러하다. 중이 추구하는 관념적 세계관의 허위를 풍자하면서 민중적 삶의 실상을 긍정하는 뜻이 담겨 있다.

⑤ 양반·선비마당

초랭이와 이매의 부추김에 의해 양반과 선비가 부네를 두고서 서로 싸움을 벌이는 내용이다. 양반과 선비는 거만스러운 걸음에 거드름을 피우는 몸짓을 일삼는다. 그래서 '황새걸음 양반걸음, 황새걸음 선비걸음'이라고 한다. 양반이 하인 초랭이를, 선비는 첩인 부네를 거느리고 탈마당에 나오지만 서로 아는 척을 하지 않은 채 딴전을 부린다. 초랭이의 부추김에 서로 통성명을 하고 마주보며 절을 하는데, 초랭이가 그 사이에 끼어들어 양반의 머리에 엉덩이를 들이대고 선비에게 절을 하며 반말과 높임말을 섞어서 "니 왔니껴?" 하고 인사한다. 그러면 양반은 화를 내서 부채로 초랭이를 때리고, 선비는 초랭이를 버릇없이 가르친 양반을 나무란다.

부네는 양반과 선비 사이를 오고가며 서로의 질투를 유발하고, 이 둘은 부네를 두고 여색다툼을 버리고 급기야 지체와 학식 자랑을 통해 이겨서 젊은 여성을 차지하고자 한다. 여색다툼 자체만으로도 그들이 자랑하는 위엄과 권위가 무너졌는데, 지체와 학식마저도 거짓과 엉터리로 만들어진 것이며 비정상적이어서 웃음을 유발한다. 양반이 지체를 자랑하며 '사대부의 자손'이라고 하면 선비는 '팔대부의 자손'이라고 하고, 양반이 할아버지가 '문하시중'이었다고 자랑하면 선비는 자기 할아버지는 '문상시대'였다고 반격한다. 반면에 학식을 자랑하며 선비가 '사서삼경'을 읽었다고 자랑하면 양반은 '팔서육경'을 읽었다고 반박한다. 이들은 '팔대부, 문상시대, 팔서육경'이라는 존재하지도 않은 용어를 듣고 그 양적 개념의 우위에 굴복하여 아무 소리도 없이 수긍을 하고 만다. 양반과 선비가 내세우는 지체와 학식도 거짓일 뿐 아니라 무지하고 허세만 일삼는 것을 비꼬고 있는 것이다. 결국 그들이 자랑하는 지체와 학식이라는 것은 순전히 말장난에 불과한 것임을 폭로하고 있다.

한편, 양반과 선비의 다툼에는 초랭이와 이매의 역할이 매우 중요하다. 초랭이는 양반의 하인이지만 자신의 주인을 비롯한 선비마저 골탕 먹이는 존재이다. 처음에는 양반과 선비 사이를 오가며 여색다툼을 부추기며 주로 자신의 주인을 놀렸다. 그런데 어리석은 양반이 똑똑한 선비에게 당하자 초랭이는 선비의 똑똑함을 그냥 두고 보지 않고, 오히려 어리석은 양반을 도와 선비의 우위를 뒤집어버린다. 신분보다는 학식, 어리석음보

그림 46 양반·선비 마당의 모습

다는 똑똑함이 우위에 놓는 것이 상식이고, 그래서 양반보다는 선비가 아랫것들의 지지를 받고 있지만, 그러한 선비의 학식이나 똑똑함도 상대를 누르고 우위를 차지하려는 자랑거리로 등장했을 때에는 비판의 대상이 되는 것이다. 결국 학식과는 거리가 먼 초랭이에 의해서 선비의 학식이 격하되고 마는 것이다.

뒷 대목에서는 양반과 백정의 다툼을 불러일으키는 역할을 백정이 담당한다. 백정이 등장하여 '우랑'을 사라고 한다. 처음에는 외면하던 양반과 선비는 양기에 좋다는 말을 듣고 서로 사겠다고 다툼이 벌어진다. 그러다가 소 불알과 함께 모두 나뒹굴게 되자 할미가 나타나서 양반과 선비를 함께 꾸짖는다. 앞 대목의 지체싸움과 달리 양반과 선비는 이 싸움에서 몸을 사리지 않고 소 불알을 차지하려고 혈안이 되고, 천박한 싸움을 구경꾼 앞에서 그대로 연출한 것이다. 이에 할미는 '세상에 소 불알 하날 두고서 양반도 내 불알이라 그리고 선비도 내 불알이라고 그러는데, 이런 꼬라지 생전 첨 봤다'고 놀린다.

양반·선비마당은 크게 두 대목으로 이루어져 있다. 첫째는 여색다툼에 이은 지체와 학식 다툼이며, 둘째는 소 불알을 차지하는 다툼이다. 이 때 부네와 백정은 싸움의 매개자가 되는데, 한결같이 성(性)의 의미를 지닌다. 즉 부네와 짝을 맺고자 하는 것이나 백정에게서 소 불알을 사고자 하는 것이나 모두 성행위를 위한 것이다. 앞의 주지마당, 중마당에서 이미 보였듯이 탈놀이에는 성행위를 암시하거나 직접적으로 묘사하는 장면이 많다. 이는 극적으로 성을 금기시하던 유교적 이념의 지배체제를 뒤집고자하는 의도, 성에 대한 본성을 그대로 드러내고자 하는 마음, 평소에 도덕군자연하여 성을 무시하는 지배계층을 비판하고자 하는 마음이 모두 포함된 것이라 하겠다. 성을 매개로 양반과 선비의 본질을 폭로하며, 상하계층의 인간적 동질성을 확인한 것이다.

또한 싸움의 당사자를 한꺼번에 패배시킴으로써 싸움의 본질을 드러내는 초랭이와 할미는 재판관으로서 기능한다. 이러한 비판자·재판관은 한결같이 소외되어 있는 인물이다. 가장 젊은 초랭이가 '나도 아는 육경'이라고 하는 것은 나이 젊고 미천한 신분을 공격의 바탕으로 삼은 것이고, 늙은 할미가 '이런 꼬라지 생전 첨 봤다'고 한 것은 산전수전 다 겪은 늙은 할미의 처지가 좋은 공격의 근거가 된 것이다.

관중들로부터 조롱의 대상이 된 양반과 선비를 그려내는 것은, 지배층들의 사회적 근거를 부정해 버림으로써 탈놀이의 전승 주체인 민중들의 삶을 긍정하는 구실을 한다고 볼 수 있다. 또한 사회적 모습을 비판적으로 형상화해서, 성적 문제를 매개로 일관성 있는 풍자의 효과를 다의적으로 드러낸 것이다.

⑥ 혼례마당

이 마당은 모든 집돌이가 끝난 다음에 이루어지는 놀이이다. 14일 해질 무렵 놀이가 끝나면 서낭대의 당방울도 풀고, 탈도 정리하여 산을 내려가며, 서낭대는 묶어두었던 옷가지와 예단들을 풀어내고 당의 뒤 처마 밑에 가롤 걸어두고, 광대들은 각자 자기 집으로 돌아가 오랜 합숙생활이 끝난다. 다만 양반광대, 각시광대, 청광대만 남는다. 이들이 바로 혼례마당과 신방마당을 벌인다.

　마을 입구의 진 밭에 멍석을 깐 뒤 초례상처럼 무당에게서 빌린 장고를 하나 세운 다음, 그 위에 꽃갓을 하나 올려놓는다. 각시광대가 각시탈을 쓰고 신부가 되고, 청광대가 선비탈을 쓰고 신랑이 되어 탈은 안 쓴 양반의 주재하에 혼례를 치른다. 17세 처녀로 죽은 서낭신을 위로하기 위한 마당이라고 한다. 찬물 한 그릇 떠놓고 맞절을 하는 약식으로 치러지는 이 혼례는 본래 구경꾼들이 보지 않는 어둠 속에서 거행된 비밀스런 의식이다. 이 혼례식에 자리를 제공하면 복을 받는다는 설에 의해 마을 사람들이 다투어 자리를 내어 놓기도 한다.

⑦ 신방마당

　혼례의 예가 끝나고 양반이 "신방 들어가라" 하면 멍석 위의 장고를 치우고 신랑이 신부를 눕히고 올라탄다. 각시광대는 양반광대가 시키는 대로 "아야" 소리를 세 번 한다. 첫날밤의 모의적 성행위를 실감나게 표현하는 것이다. 이 모든 일이 진지하고 엄숙하게 진행되는데, 이는 서낭각시와 허도령을 결혼시키는 것이며 이때 청광대는 동네 사람 중에서 아들이 없어 아들 낳기를 원하는 사람이 된다. 또 신방마당에 깔린 자리를 가지고 가서 자면 아이가 없는 부부도 자식을 얻을 수 있다고 하는 속설도 있다.

　그런데 신방마당 끝부분에 신랑이 잠들면 중이 나와서 신랑을 죽이고 신부와 간통하는 내용이 있다고도 전해진다. 그러나 현재 이를 확인할 길이 없다. 본래 혼례마당과 신방마당은 병풍을 치고 행해지는 비밀스러운 의식이었으므로 본 사람은 두세 사람에 불과했다고 한다. 따라서 혼례마당과 신방마당의 정확한 의식절차와 그 의미를 정확히 알 수는 없다. 다만 이 두 마당이 성행위굿으로서 별신굿의 절정을 이루었다는 점을 알 수가 있다.

　혼례마당과 신방마당은 서낭신을 혼인시키는 일종의 신성혼(神聖婚)이

자 풍농기원의 성행위굿이다. 이를 마을 어귀의 밭에서 거행함으로써 풍농을 기원하는 주술적 효과를 극대화하였다. 본래 풍요다산을 비는 모의적 성행위는 풍농을 기원하는 마을굿의 일반적인 요소였다. 그런데 〈하회탈놀이〉에서는 모의적 성행위가 독립적이면서도 비의(祕儀)의 의식으로서 혼례마당과 신방마당으로 형상화된 것이다. 이는 〈하회탈놀이〉가 마을굿의 일환으로 치루어진 탈놀이의 원초적 성격을 지

그림 47 신방 마당의 각시

닌 것이라 할 수 있다. 현재는 이들 마당까지 모두 공개적으로 연행하는데, 이는 비의(祕儀)가 극적인 놀이로 바뀌었기 때문이다.

〈하회탈놀이〉 연희본

이창희(李昌熙) 구술
이두현(李杜鉉) 채록

대내림(降神)[1]

섣달 그믐날 산주는 내림대를 들고, 대메는 광대 2명이 서낭대[서낭대
에는 오색포(五色布)를 늘어뜨리기도 하였다.]를 메고, 그 뒤로 모든 광대
가 뒤따르며 마을 뒷산(花山)에 자리 잡은 초가로 된 서낭당으로 올라간
다. 산주와 광대들은 두루마기에 갓을 썼으나 각시광대만은 갓도 없고,
소년의 평복으로 무동을 탄다. 이때 광대들은 악기를 들고 농악을 울리며
올라간다. 상당(上堂)인 서낭당에 오르면 서낭대를 당 앞쪽 처마에 기대
어 세우고, 당방울(神鈴)[2]이 달린 내림대를 산주가 양손으로 받쳐 들고,
당 안으로 들어가 기대어 세우고 대내린, 즉 강신을 빈다. 이때 광대들은

---

1 대내림, 즉 강신은 별신굿 탈놀이를 위한 의례(儀禮)요 놀이의 첫 마당으로는 볼 수 없
다. 구경꾼들이 모여 들어 놀기 시작하는 각시광대의 무동 마당부터 놀이의 시작으로 보아
야 할 것 같다. 또 별신굿을 위한 대내리기를 이창희는 섣달 그믐날 서낭당에서 대를 내려
동사로 모시고 합숙을 시작하고, 정월 초이틀부터 놀이를 시작하였다고 하나 박학이 산주
는 섣달그믐부터 합숙은 시작하였으나 정월 초이튿날에 서낭당에 올라가 대를 내리고 내려
와서 탈놀이를 시작하였다고 한다. 아마 두 가지 방식이 있었던 것으로 생각된다.
2 어른의 주먹 크기만한 쇠(鐵)방울인데 깨져 금이 간 것을 쇠줄로 얽어매었다. 1964년
필자의 조사 당시만 해도 볼 수 있었고, 동사에 탈과 함께 보관되어 있었다. 이 당방울은
안동 권씨 마을의 동신(洞神)에게서 가져왔다고도 하고, 또는 옛날 어디에서인가 날아와 떨
어졌는데 그 떨어진 곳에 서낭당을 지었다는 전설이 있다. 이러한 전설은 의인(宜仁)의 서낭
당의 신령 전설과도 같은 것으로 안동 일대에 분포되고 있는 신령 전설의 하나인 것 같다.

큰광대, 각시광대, 양반광대, 선비광대 순으로 일렬로 당 앞에 늘어선다.

산주는 재배합장(再拜合掌)하고 서낭님께 대내림을 빈다. "해동(海東)은 조선 경상북도 안동 하회 무진생 서낭님 앉아 천리, 서서 만 리를 보시는 서낭님이 뭐를 모릅니까…… 내리소서 설설이 내리소서."라고 하면 마을을 위해 굿을 할 터이니 도와달라는 내용을 말로 빌며 산주가 내림대를 잡고 정성을 들이노라면 이윽고 대가 흔들리고 당방울이 울린다. 산주는 재배하고 당에서 물러나와 다시 재배하는데 광대 전원도 이때 함께 재배한다. 산주는 당방울을 내림대에서 서낭대 꼭대기에 옮겨달고 앞장서서 하산을 서두른다.

대메는 광대가 서낭대를 메고 앞서면 산주가 뒤따르고 그 뒤로 각시광대가 무동을 타고 따른다. 그 다음은 양반광대와 선비광대 그리고 연령순으로 모든 광대가 따르고 함께 올라왔던 부정(不淨)이 없는 마을 노인들 3~4명도 함께 하산한다. 이때 광대들은 길매구(길군악)를 치고, 각시광대는 긴 명주 수건을 휘날리며 손춤을 춘다. 일제히 동사 앞에 다다르면 이때가 오후 3시경이 되는데 서낭대를 동사처마에 기대어 세우고, 산주는 그 동안 봉납(奉納)된 옷가지와 천들을 서낭대에 매단다.(마을사람들은 서낭대에 옷을 걸면 목을 받는다고 하여 다투어 옷을 바친다.) 이때 마을 사람들이 모여들면 동사 앞마당에서 농악을 한바탕 논다.[3]

무진년 별신굿 때에는 이 강신마당에는 무당들의 참가는 없었으며, 하루의 행사가 끝나면 서낭대는 동사마루 안쪽에 비스듬히 기대어 모시고 합숙하였다.

---

3 서낭대에서 하산하면서 국시당(國神堂)과 삼신당에 다녀서 동인 안으로 들어오기도 하였다. 그러나 하산할 때 국시당과 삼신당에는 산주는 가지 않고 유사와 광대들만 갔고, 국시당과 삼신당은 한 번만 돌아오면 그만이었다고 한다. 국시당은 중당(中堂)이라고도 부르는데, 상당에 서낭신을 모시고 중당에는 전설적인 가면 제작자인 허도령(許道令) 또는 안도령(安道令)을 모신 도령당 또는 굿세당이라고도 한다. 1964년 당시만 해도 퇴락한대로 조그마한 초가당집이 남아 있었다. 삼신당은 동리 안 동사 뒤의 느티나무 고목이 신체인데 사당의 여서낭의 시어머니신이라고 하고 이곳을 하당(下堂)이라고 한다.

정월 초이틀부터 탈놀이는 동사 앞마당에서 구경꾼들이 모이면 놀고, 또 대가집에서 초청받으면 그 집에 가서 놀았다. 큰 집에 들어가면 무당은 성주풀이를 하고, 광대들은 마당에서 탈놀이를 하였다. 그 집 처마에 기대어 세운 서낭대에 밑에 산주가 앉고, 하루 종일 여섯 마당을 놀면 쌀이 몇 말, 나락이 몇 말씩 나왔다. 이 곡식은 별신굿하는 경비로 쓴다. 작은 집에서는 광대들의 마당놀이를 할 수 없어 성주 앞에 올라가 농악을 치고 정주지신만 눌러 주고 받쳐놓는 쌀을 갖고 물러나왔다.

제1과장 무동(舞童) 마당

탈놀이를 시작하려면 먼저 청광대가 마련한 섬(초장치)에서 각자의 탈을 받아쓰고, 탈놀이를 준비하고, 자기 차례가 되지 않은 광대들은 농악을 울린다.

각시광대는 탈을 쓰고, 노랑 저고리와 푸른 치마의 처녀복색을 하고 무동을 탄다. 꽹과리를 들고 구경꾼 앞을 돌면서 걸립을 한다. 돈을 받을 때에는 무동받이가 약간 무릎을 굽혀 손이 닿게 한다. 걸립(乞粒)에 응하지 않는 사람 앞에 가서는 꽹과리를 두드려 재촉한다.

이렇게 모은 전곡(錢穀)은 모두 별신굿 행사에 쓰고, 남으면 다음 행사를 위해 세워두었다고 한다. 각시광대는 때때로 내려서 구경꾼 앞을 돌면서 걸립을 하였는데 이 걸립은 탈놀이 전마당을 마칠 때까지 수시로 행해졌다. 각시광대는 무동을 타지 않을 때는 업혀 다녔다고한다[4]

---

4 17세 소년이 배역된 각시광대는 17세난 처녀신인 서낭님을 나타내는 것이며 그것은 마치 네팔의 처녀신인 꾸마리여신처럼 신성시하여 땅을 밟게 해서는 안 되고 언제나 무동을 타거나 업고 다녔다.

제2과장 주지 마당

주지는 곧 사자를 뜻하며 주지놀이는 개장(開場)의 액(厄)풀이 마당이다. 놀이마당의 잡귀를 쫓는 의식무에 해당된다. 누런 상포(喪布)[5] 같은 푸대를 머리부터 쓰고, 두 손으로 꿩털이 꽂힌 주지탈을 든 한 쌍의 암수 주지가 나와 한 바퀴 돌고 마주보고 춤을 춘다. 깡충깡충 뛰면서 싸우는 시늉도 하고 서로 입을 물고 맞붙고 넘어지기도 한다. 이때 가면의 입을 개폐(開閉)시켜, 딱! 딱! 소리를 낸다. 이윽고 초랭이가 나와 "후이, 후이" 하고 넘어진 주지를 일으킨다. 한참 놀다가 나중에는 둘 다 쫓고 한바탕 춤을 추고 퇴장한다.

이 주지춤은 호랑이를 잡아먹는 귀신으로 몸은 용, 머리는 호랑이 모양을 한 귀신의 춤이라 하기도 하고, 암·수 주지춤이라 하기도 하고 꿩 싸움이라고 하기도 한다. 대가집에 초청되어가서 놀 때에는 주지가 알곡 가마니나 솥뚜껑이나 옷 등을 물어 당기면, 서낭님이 요구하는 것이라고 믿고 곧 내어주었다고 한다.

제3과장 백정(白丁) 마당

백정이 도끼와 칼을 넣은 망태를 메고 나와 한바탕 춤을 춘다. 이때 멍석을 사람이 써서 만든 소가 나온다. 백정이 "워- 워" 하고 소 주위를 돌다가 소에 덤벼들자 소가 떠받아 나가떨어진다. 백정이 도끼를 꺼내 땅을 두세 번 내려치면 소가 쓰러진다. 소를 잡는 시늉을 하는 것이다 소가 쓰러지면 백정은 이어 칼을 꺼내어 우랑을 끊어 들고, 구경꾼들을 향해 "우랑 사소." 한다. 아무도 산다는 사람이 없자 더욱 큰 소리로 "소부랄 사

---

5 유한상(柳漢尙) 채록본에는 '붉은 보자기로 전신을 가리고'라고 하였다. 아마도 붉은 보자기가 더 고형(古型)인 것 같다. 붉은 색은 벽사(辟邪)색으로 쓰이기 때문이다.

소," 하고 외친다. 염통이나 쓸개를 사라고 즉흥적인 재담을 하기도 한다. 구경꾼들은 돈을 건네주고 우랑을 받는 척한다. 이것도 걸립의 하나로 모은 전곡은 별신굿 행사에 쓴다. 백정가면을 전에는 '희광'[6]이라고 불렀으며, 소를 잡는 것이 아니고 사람을 사형하는 시늉을 하고 이어서 낙뢰(落雷)[7]를 두려워하는 표정을 하였다고도 한다. 지금도 천둥소리에 놀라 허겁지겁 퇴장하는 시늉을 한다.

제4과장 할미 마당

쪽박을 허리에 차고 흰 수건을 머리에 쓰고 허리를 들어낸 할미광대가 등장하여 사람을 산다. 베틀에 앉아 베를 짜면서 한평생 고달프게 살아온 신세타령을 〈베틀가〉에 얹어서 부른다. 실제 베틀은 없이 북만 주고 베짜는 시늉을 한다. 〈베틀가〉의 일부를 적으면 아래와 같다.

베틀다리 양네다리
앞다리는 높게 놓고
뒷다리는 낮게 놓고
앉일개는 뒤에 놓고
용두머리 삼 형제요
눈썹대는 두 형제요
잉앳대는 삼 형제요
......

할미는 넋두리같은 베틀가를 외우가 말고 한숨을 쉬고 허공을 바라보

---

6 희광은 회자수(劊子手)로 군문(軍門)에서 사형을 집행하던 천역(賤役).
7 벼락이 떨어짐.

고는 혼잣말로 "영감 어제 장 가서 사다준 청어는, 어제 저녁에 영감 한 마리 꾸어주고, 내 아홉 마리 먹고, 오늘 아침에 영감 한 마리 꾸어주고 내 아홉 마리 다 먹었잖나."[8] 하고, 천천히 일어나서 춤을 추다가 구경꾼들 앞으로 다가가서 쪽박을 들고 걸립한다.[9]

제5과장 파계승(破戒僧) 마당

부네[10]가 장단에 맞춰 오금춤을 추면서 등장한다. 이어 오줌 눌 자리를 찾다가 사방을 둘러본 다음 엉거주춤 앉아서 치마를 약간 들고 오줌을 눈다. 이때 중이 나타나 이 광경을 엿보고 염주를 만지며 "나무아미타불 관세음보살" 하며 합장한다. 이어서 부네가 오줌 준 자리에 가서 흙을 긁어 보아 양손으로 코 가까이에 갖다대고 냄새를 맡으며 "허허허" 하고 하늘을 쳐다보고 웃는다. 중은 손을 털고 부네에게로 다가가서 날렵하게 부네를 옆구리에 차고 도망한다.

이 놀이마당은 서로 대사가 전혀 없이 진행된다.[11]

---

8 유한상본에는 할미의 남편인 '떡다리'가 나와 할미와 대화로 이 내용을 주고받는다. 또이 케틀놀이 장면은 18년 전과 30년 전에도 이미 없었고, 70년 전에 있었다고 한다.

9 이처럼 각시걸립, 백정걸립, 할미걸립까지 세 마당의 걸립이 계속되었는데 이 걸립 마당들은 이 탈놀이의 주제부인 파계승 마당과 양반풍자 마당을 위한 도입부와 같은 느낌을 준다.

이창희가 말하는 무자년 별신굿 탈놀이의 마당순서는 유한상본의 마당순서와 다르나 그것대로 이치가 맞는다고 생각된다. 유한상본의 마당순서는 아래와 같다.

1. 강신, 2. 주지, 3. 삼석놀음, 4. 파계승, 5. 양반, 선비, 6. 살림살이, 7. 살생, 8. 환재, 9. 혼례, 10. 신방, 11. 헛천굿, 12. 당제

여기서 삼석놀음은 무녀가 토끼같이 귀가 난 가면을 쓰고 나와 여러 가지 모양의 춤을 추었다고 하는데 더 상세한 것은 알 수 없다고 한다.

10 유한상본에는 '각시'가 등장한다고 하였다. 경우에 따라서는 그렇게도 진행한 것으로 생각된다. 마을에서는 양반탈과 선비탈이 혼동되기도 하였으나 이러한 혼동은 있을 수 있었다.

11 하회별신굿탈놀이 보존회본에는 중의 대사로 아래와 같은 것이 있다.
"여보 각시 사람 괄세하지 마소, 일가에 사는 늙은 중이 이가산 가든 길에 삼노노상에서

제6과장 양반, 선비 마당

양반이 부채를 부치며 정자관(程子冠)[12]을 쓰고 거만한 팔자걸음으로 나오면, 하인인 초랭이가 뒤따르며 까불거린다. 이따금씩 양반의 뒤통수를 치는 시늉도 한다. 선비가 유건(儒巾)[13]을 쓰고 낭선(郎扇)[14]으로 앞을 가리며 같은 방향으로 등장하면 부네[15]와 하인인 이매가 뒤따른다. 양반과 선비는 서로 멀찌감치 떨어져 서고 초랭이가 두 사람 사이를 왔다갔다 하다가 양반에게 말한다.

초랭이 : 샌님요. 나온 김에 서로 인사나 하소.
양　반 : (샌님을 바라보고) 우리 서로 통성명이나 하시더.
선　비 : (양반을 돌아보고 고개를 끄떡하며) 예 그러시더.
　　　　　(양반과 선비가 그 자리에 앉아 서로 정중하게 인사를 하는데
　　　　　초랭이가 사이에 끼여들어 양반 머리 앞에 엉덩이를 대고 선비
　　　　　에게 절을 하면서 양반의 인사를 대신하여)
초랭이 : 니 왔니껴. (양반이 성이 나서 고개를 들고 부채로 초랭이의 엉
　　　　　덩이를 때린다.)
양　반 : 엑끼 이놈!
선　비 : 아니 저놈 초랭이가 버릇이 없네요.
양　반 : 암만 갈쳐도 안되는 걸.
선　비 : 주제에 양반이라카나, 그래 놓고 이마에 댓쪽[16]을 쓰고 우에 댕기노.

사대부녀를 만나 각시오줌 냄새를 맡고 욕정이 치밀어서 칠보단장 안 해도 팔자에 있는 동 없는 동 그거 뭐 구별할게 뭐 있니껴? 여보 각시 몸이나 한 번 주오"
　12 선비들이 집에서 평상시에 쓰던 관으로, 말총으로 짜거나 떠서 만들었다.
　13 유생(儒生)들이 쓰던 예관으로, 검은 베로 만들었다.
　14 신랑이 가지는 붉은 부채.
　15 이 과장에서는 양반과 선비 사이에서 소첩역을 한다.

양　반 : 그럼 내가 양반이 아니고 뭐꼬. 날보다 더한 양반이 있나?

초랭이 : (물러가 까불거리던 초랭이가 양반과 선비의 대화를 기웃거리듯 번갈아 보다가) 지도 인사, 나도 인사, 인사하기 마찬가진데 무슨 상관있나.

선　비 : (이때 선비를 고개를 끄덕하다가) 야 야 부네야. (부네를 부른다.)

부　네 : (살금살금 걸어가서 선비의 귀에다 대고) 우욱! (대답으로 소리를 지른다.)

선　비 : 아이쿠, 깜짝 놀래라. 온야 부네라, (귀여운 듯이 바라보며 어깨를 주므르라는 시늉을 하면 부네는 선비의 어깨와 팔을 주무르고 이따금씩 머리의 이도 잡는 시늉을한다.)

초랭이 : (이때 초랭이도 양반에게 다가가서) 샌님요, 어깨 주무리주까요.

양　반 : (양반은 기쁜 듯이 고개를 끄덕끄덕 한다.)

초랭이 : (초랭이는 양반의 어깨를 주무른 듯하다가 우악스럽게 무릎으로 어깨를 짓누르며 골려준다.)

　　양반과 선비는 부네를 사이에 두고 서로 문자를 써가며 니체와 학식에 대한 문답으로 다투다가 결국 양반이나 선비나 서로 망신을 당한다. 그러다가 양반과 선비가 서로 화해를 하고 부네와 초랭이까지 한데 어울려 신이 나게 춤을 추며 논다. 이때 이매[17]가 나와 외친다.

별채　　(이매는 별채[18]역이다) 환재[19] 바치시오, 환재 바치시오!

---

16 액쪽으로 엮은 갓을 말한다. 극상품(極上品)의 갓은 양태를 대(竹)를 쪼갠 가느다란 대실로 짰다.

17 선비의 하인역으로 바보탈 이라고도 한다. 전에는 아래턱이 있었으나 현재는 유실되고 없다.

18 별채는 현재 총각, 떡다리탈과 함께 없어진 탈의 하나이다. 그러므로 별채역은 이매탈이 대신 쓰이고 있다.

　별채는 별차(別差)로 생각된다. 별차는 중국 한대(漢代)의 지방감찰관인 독우(督郵)제도를 본 딴 고려의 관직이다.

19 환곡(還穀). 각 고을에서 사창(社倉)에 간직하였다가 춘궁기에 백성들에게 꾸어주고 추수기인 가을에 받아들이던 제도.

(모두 깜짝 놀라 벌벌 떨고 허겁지겁 도망을 간다.)

당제(堂祭)

섣달 그믐날부터 동사에서 서낭대를 모시고 합숙한 일행은 15일 아침 밥을 먹고 나서 서낭대를 모시고 서낭당에 올라가 당제를 지낸다. 이때 제수(祭需)로는 백설기 서너말, 까지 않는 삼실과(대추, 곶감, 밤)와 제주가 놓이고, 참기름에 종이심지를 박아 불을 켠다. 별신굿을 준비한 때부터 동내에서 육식을 금하게 하는 것을 아울러 생각할 때 서낭당 제수는 소산(素山)[20]의 그것임을 알 수 있다.

산주와 유사 외에 부정이 없는 동네 어른들이 제사에 참여한다. 제사는 산주가 주제하는데 축문(祝文)은 없고, 비념으로만 축원을 올리고 종일 소지(燒紙)를 올려 계속 되었다. 소지는 복을 빌어 산주 혼자서 올리는데 먼저 서낭님소지 광대소지(15명분) 다음에 동내 문장소지(門長燒紙)[21]를 비롯하여 각 호주소지, 심지어 우마(牛馬)소지까지 올린다. 광대들은 탈을 쓰지 않고 산주와 더불어 재배한 뒤, 서낭당을 돌면서 농악을 치고 나서 탈을 쓰고, 각시는 무동을 타고 걸립을 하고, 종을 탈놀이를 하였다.

섣달 그믐날 대내릴 때는 제수도 없이 빌었고, 국시당과 삼신당에도 들르지 않았다고 한다. 정월 보름 당제 때에는 유사가 국시당에 가서 간단히 제사를 지냈으나 삼신당에는 가지 않았다. 삼신당은 고목이어서 동내에서 아이의 장수를 빌어 아이를 이 나무에 팔고, 광대들이 그 근방에 가게 되면 풍물치고 나무둘레를 한 바퀴 도는 정도였다고 한다. 그러나 전에는 별신굿기간동안 매일 아침 서낭대를 들고 삼신당에 아침인사를 드리고 나서야 마을나들이(神遊)를 하였다고 한다.(박학이의 증언, 1936)

---

20 제사 때 육식을 제수로 쓰지 않고 식물성으로만 제수를 마련하여 제사를 모시는 산.
21 한 문중에서 행렬의 나이가 제일 위인 사람. 일가의 웃어른을 위한 소지.

당제가 진행되는 동안 구경꾼들은 멀리 서낭당을 둘러싸고, 당제와 탈놀이를 구경한다.

저녁 무렵, 오후 5시쯤 되면 당제행사를 마치고, 서낭대와 내림대를 당처마에 얹고, 광대들은 청광대에게 각기 꽃갓과 탈을 반납하고, 15일 만에 합숙에서 풀려나 집으로 돌아간다. 다만 유사와 광대 1명(무진년에는 청광대)과 양반광대와 각시광대만이 남는다.

혼례(婚禮) 마당

하산하면 이미 날이 어두워지고 마을 입구 밭에 멍석을 깔고 그 위에 장수 두 개를 나란히 놓고, 그 위에 꽃갓을 하나씩 놓는다. 각시광대는 탈을 쓰고, 신부역(新婦役)으로 서면, 신랑은 청광대가 섰다.(청광대는 자식을 얻으려고 신랑역을 이때 자원했었는데 어두워서 무슨 탈인지 이창희는 모르겠다고 하였다.) 으슴프레한 모닥불을 피웠고, 양반광대는 홀기(笏記)[22]를 끝까지 다 부르는 것이 아니라 줄여서 간단하게 하는데, 각시가 절을 두 번하고, 신랑이 절 한번하고 혼례 마당은 끝났다.

신방(新房) 마당

신방 마당도 같은 멍석 위에서 진행되는데 절이 끝나니 청광대가 각시광대 위에 올라탔는데 양반광대가 각시광대보고 "아야, 아야" 소리를 하라고 해서 소리를 냈더니 끝났다고 한다.

이 혼례 마당과 신방 마당은 17세 처녀인 서낭신을 위로하기 위해 치러지는 것이라고 한다. 풍요의례(豊饒儀禮)[23]의 뜻도 있는 비의(秘儀)[24]이다.

---

22 의식의 순서를 적은 글.

23 풍년을 비는 제례.

신방 마당이 끝나면 각시광대는 탈을 청광대에게 주고, 청광대도 탈을 동사에 봉납하고 귀가하였다.

헛천 거리굿

신방 마당이 끝나면 유사의 책임 하에 마을 입구에서 무당들의 헛천 거리굿이 행해진다. 무당 1명, 남누 3명으로 별신굿을 하는 동안 묻어 들어온 잡귀잡신(雜鬼雜神)들을 마을에서 몰아내는 굿이다.

---

24 비밀스레 지내는 의식(儀式).

참고문헌

1. 고문헌과 회화 자료

『朝鮮王朝實錄』
『史記』
『樂學軌範』
姜彛天, 『重菴稿』
南公轍, 『金陵集』
成俔, 『虛白堂集』
柳得恭, 『京都雜誌』
柳寅睦, 「北行歌」
李晩用, 『東樊集』
李頤命, 『疎齋集』
李瀷, 『星湖樂府』
鄭顯奭, 『敎坊歌謠』
『奇玩別錄』, 단국대 나손문고 소장
『芝陽漫錄』, 규장각 소장
『청구야담』, 규장각 소장
『平壤誌』 규장각 소장
『儺禮廳謄錄』, 규장각 소장
『呈才舞圖笏記』, 한국정신문화연구원 소장
『純祖己丑進饌儀軌』, 규장각 소장
『英祖乙酉受爵儀軌』, 규장각 소장
『園幸乙卯整理儀軌』, 규장각 소장
『華城城役儀軌』, 규장각 소장
『朝鮮賦』, 윤호진 옮김, 까치, 1994.
〈奉使圖〉, 북경민족대학교 소장
〈평양감사향연도〉, 국립중앙박물관 소장
〈평양감사환영도〉, 미국 피바디에섹스박물관 소장
〈흥국사감로탱〉
〈姜太公圖〉, 〈九雲夢圖〉

2. 참고 논문

강명관, 「조선후기 서울의 중간계층과 유흥의 발달」, 『민족문학사연구』 제2호, 서울: 민족문학사연구소, 1992.

강춘애, 「行像儀式과 가두연희」, 『동양연극연구』 1호, 서울: 동양연극학회, 2000.

김은정, 「선천(宣川)의 〈항장무(項莊舞)〉를 보고」, 『문헌과해석』 18호, 서울: 문헌과해석사, 2002.

김은정, 「呈才 〈項莊舞〉의 연원 및 전승」, 『무용학보』 2호, 한국무용학회, 2002.

고석규, 「18·19세기 서울의 왈짜와 상업문화」, 『서울학연구』 제13호, 서울: 서울학연구소, 1999.

권영철, 「북행가에 대하여」, 『국문학연구』 5집, 대구: 효성여자대학 국어국문학연구실, 1976.

김우옥, 「西歐演劇의 공간변화와 우리의 놀이마당」, 『놀이문화와 축제』, 이상일 엮음, 서울: 성균관대 출판부, 1988.

김종수, 「朝鮮朝 17·18世紀 男樂과 女樂」, 『韓國音樂史學報』 11집, 경산; 한국음악사학회, 1993.

김종수, 「18세기 이후 內宴의 樂歌舞 差備 考察」, 『한국음악사학보』 20집, 서울: 한국음악사학회, 1998.

김종철, 「게우사(자료소개)」, 『한국학보』 65집, 서울: 일지사, 1991.

김종철, 「무숙이타령(왈자타령) 연구」, 『한국학보』 68집, 서울: 일지사, 1992.

김종철, 「판소리의 미학적 기반」, 『구비문학연구』 4집, 서울: 한국구비문학회, 1997.

김학주, 「고려사 당악정재의 고주와 문제」, 『한·중 두 나라의 가무와 잡희』, 서울: 서울대출판부, 1994.

박영은, 「〈奉使圖〉에 나타난 山臺 雜像 놀이의 무대와 공연형태에 관한 연구」, 중앙대학교 대학원 강의 『한국고대연극사특수연구』 발표 요지, 2000.

박준규, 「韓國의 樓亭攷」, 『호남문화연구』 17, 전남대학교 호남문화연구소, 1987.

박진태, 「퇴계원산대놀이의 나무탈에 대하여」, 『퇴계원산대놀이』, 서울: 월인, 1999

사재동, 「韓國戲曲史 研究序說」, 『韓國文學流通史의 研究』 II, 대전: 중앙인문사, 1999.

사진실, 「韓國演劇의 話劇的 傳統 考察: 무당굿놀이와 笑謔之戲의 분석을 중심으로」, 『한국극예술연구』 1집, 서울: 한국극예술학회, 1991.

사진실, 「조선후기 재담의 공연양상과 희곡적 특성」, 『한국서사문학사의 연구』,

대전: 중앙문화사, 1995.

사진실, 「조선전기 나례의 변별양상과 공연의 특성」, 『구비문학연구』 3집, 서울: 한국구비문학회, 1997.

사진실, 「공연예술의 기록, 儺禮廳謄錄 1」, 『문헌과 해석』 1997년 가을호, 서울: 태학사, 1997.

사진실, 「儺禮廳謄錄 2」, 『문헌과 해석』 1998년 여름호, 서울: 태학사, 1998.

사진실, 「儺禮廳謄錄 3」, 『문헌과 해석』, 1998년 가을호, 서울: 태학사, 1998.

사진실, 「儺禮廳謄錄 4」, 『문헌과 해석』, 1998년 겨울호, 서울: 태학사, 1998.

사진실, 「고려시대 呈才의 공연방식과 연출원리: 〈舞鼓〉, 〈動動〉, 〈紫霞洞〉, 〈獻仙桃〉를 중심으로」, 『한국정신문화연구』 73호, 성남: 한국정신문화연구원, 1998.

사진실, 「山臺의 무대양식적 특성과 공연방식」, 『구비문학연구』 7집, 서울: 한국구비문학회, 1998.

사진실, 「船遊놀음의 무대와 객석」, 『문헌과 해석』 7호, 서울: 문헌과해석사, 1999.

사진실, 「〈船遊樂〉의 공연 양상과 연극사적 의의」, 『동양연극연구』 1호, 서울: 동양연극학회, 2000.

사진실, 「배우의 전통과 재담의 전승: 박춘재의 재담을 중심으로」, 『한국음반학』 10호, 서울: 한국고음반연구회, 2000

사진실, 「조선시대 궁정 공연공간의 양상과 극장사적 의의」, 『서울학연구』 15집, 서울: 서울학연구소, 2000.

사진실, 「산대 나례의 무대와 객석」, 『문헌과해석』 13호, 서울: 문헌과해석사, 2000.

사진실, 「浮碧樓 연회의 무대와 객석」, 『문헌과해석』 14호, 서울: 문헌과해석사, 2001.

사진실, 「山戲와 野戲의 공연 양상과 연극사적 의의: 『奇玩別錄』에 나타난 공연 행사를 중심으로」, 『고전희곡연구』 3집, 대전: 한국고전희곡학회, 2001.

사진실, 「궁궐의 뜰에서 코미디를 즐긴 임금」, 『문헌과해석』 2001년 겨울호, 서울: 문헌과해석사, 2001

사진실, 「금강산에 팔선녀: 산대의 이념과 미학」, 『국문학연구』 8호, 2002.

사진실, 「進宴에 나타난 禮樂의 원리와 공연미학적 특성」, 『조선후기 궁중 연향 문화』, 민속원, 2003.

서연호, 「퇴계원산대놀이의 나무탈에 관하여」, 『퇴계원산대놀이』, 서울: 월인, 1999.

손지봉, 「한·중 설화에 나타난 '강태공'」, 『구비문학연구』 2집, 서울: 한국구비문학회, 1995.

손태도, 「경기명창 박춘재론」, 『韓國音盤學』 제7호, 서울: 한국고음반연구회, 1997.

송방송, 「朝鮮後期 選上妓의 社會制度史的 接近-純祖 己丑年 進饌儀軌를 중심으로
　　　-」, 『國樂院論文集』 제7집, 서울: 국립국악원, 1995.

송방송, 「韓國樂舞의 歷史的 槪觀」, 『韓國音樂論考』, 대구: 영남대학교 출판부,
　　　1995.

송방송, 「18세기 전기의 唐樂呈才와 鄕樂呈才」, 『진단학보』 85호, 서울: 진단학회,
　　　1998.

안상복, 「韓中 優戲 관련 양상에 대한 한 고찰」, 『구비문학연구』 8집, 서울: 한국
　　　구비문학회, 1999.

양재연, 「山臺戲에 就하여」, 『中央大學校三十周年紀念論文集』, 서울: 중앙대학교,
　　　1955.

유한상, 「하회 별신가면무극 대사」, 『국어국문학』 20, 국어국문학회, 1959.

윤광봉, 「고려시대의 연극고」, 『한국문학연구』 6·7호, 서울: 동국대학교 한국문
　　　학연구소, 1984.

윤광봉, 「18세기 漢陽을 중심으로 한 산대놀이 양상」, 『문학 작품에 나타난 서울
　　　의 형상』, 한국고전문학연구회 편, 서울: 한샘출판사, 1994.

윤주필, 「경복궁 중건 때의 전통놀이 가사집 『奇玩別錄』」, 『문헌과해석』 9호, 서
　　　울: 문헌과해석사, 1999.

이보형, 「倡優集團의 廣大소리 硏究」, 『한국전통음악연구』, 서울: 고려대 민족문화
　　　연구소, 1990.

이종묵, 「大洞江 浮碧樓와 李稿」, 『문헌과해석』 6호, 서울: 문헌과해석사, 1999.

이태진, 「사림파의 유향소 복립운동」, 『진단학보』 34·35, 진단학회, 1972·1973.

이혜구, 「高麗의 動動과 敦煌曲 十二月思想」, 『한국음악서설』, 서울: 서울대출판부,
　　　1967.

임미선, 「조선조 呈才의 반주형태」, 『이혜구박사구순기념 음악학논총』, 서울: 이
　　　혜구학술상운영위원회, 1998.

임미선, 「船遊樂과 漁父詞」, 『문헌과해석』 8호, 서울: 문헌과해석사, 1999.

전경욱, 「본산대놀이와 퇴계원산대놀이」, 『퇴계원산대놀이』, 서울: 월인, 1999

정민혁, 「山臺 제작에 대한 연구」, 중앙대학교 대학원 강의 『한국고대연극사특수
　　　연구』 발표 요지, 2000.

정인섭, 「晉州五廣大 탈놀음」, 『朝鮮民俗』 一號, 朝鮮民俗學會, 1933.

조원경, 「儺禮와 假面舞劇」, 『學林』 4집, 서울: 연세대 사학과, 1955.

최정여, 「山臺都監劇 成立의 諸問題」, 『한국학논집』 1, 대구: 계명대 한국학연구소,
　　　1973.

한옥근, 「〈鶴蓮花臺處容舞合設〉의 연극적 구성과 표현」, 『한국 고전극 연구』, 서

울: 국학자료원, 1996.

허동성, 「인도연극과 行列儀式」, 『동양연극연구』 1호, 서울: 동양연극학회, 2000.

황유복, 「새로 發見된 청나라 아극돈의 〈奉使圖〉에 대하여」, 경원대학교 아시아문화연구소 제2회 국제학술회의 발표요지, 1998.

3. 참고 저서

강우방 외, 『甘露幀』, 서울: 예경, 1996.

고승길, 『東洋演劇硏究』, 서울: 중앙대학교 출판부, 1993.

고정옥, 『조선구전문학연구』, 평양: 과학원출판사, 1962.

권택무, 『조선민간극』, 평양: 조선문학예술동맹사, 1966; 서울: 예니, 1989.

김동욱, 『韓國歌謠의 硏究』, 서울: 을유문화사, 1961.

김동준, 「16세기 樓亭漢詩 연구」, 서울대학교 석사학위논문, 1994.

김두진 외, 『朝鮮時代 養老宴儀禮와 御宴儀禮의 硏究』, 서울: 문화재관리국·국민대학교 한국학연구소, 1997.

김봉렬, 『시대를 담는 그릇』, 서울: 이상건축, 1999.

김수남, 『한국의 탈춤』, 서울: 행림출판, 1988.

김은미, 「朝鮮初期 樓亭記의 硏究」, 이화여자대학교 박사학위논문, 1991.

김일출, 『조선민속탈놀이』, 평양: 과학원출판사, 1958.

김재철, 『朝鮮演劇史』, 서울: 학예사, 1939.

김종수, 「조선 前·後期 여악의 비교 연구」, 서울: 서울대 박사학위논문, 1999.

김종철, 『판소리사 연구』, 서울: 역사와비평사, 1996.

김종철, 『판소리의 정서와 미학』, 서울: 역사비평사, 1996.

김택규, 『동족부락의 생화구조 연구』, 大阪: 靑丘大學出版部,, 1964.

김학주, 『중국 고대의 가무희』, 서울: 민음사, 1994.

김학주, 『한·중 두 나라의 가무와 잡희』, 서울: 서울대출판부, 1994.

박정혜, 『조선시대 궁중기록화 연구』, 서울: 일지사, 2000.

박진태, 『한국 민속극 연구』, 서울: 새문사, 1998.

박진태, 『한국고전희곡의 역사』, 서울: 민속원, 2001.

반재식, 『만담백년사』, 서울: 만담보존회, 1997.

백성현·이한우, 『파란 눈에 비친 하얀 조선』, 서울: 새날, 1999.

사재동, 『한국서사문학사의 연구』 I∼V, 대전: 중앙문화사, 1995.

사재동, 『韓國文學流通史의 硏究』, 대전: 중앙인문사, 1999.

사진실, 「笑謔之戲의 公演方式과 戲曲의 特性」, 서울: 서울대학교 석사학위논문, 1990.

사진실, 「조선시대 서울지역 연극의 공연상황 연구」, 서울: 서울대학교 박사학위 논문, 1997.

사진실, 『한국연극사 연구』, 서울: 태학사, 1997.

사진실, 『공연문화의 전통 樂·戲·劇』, 태학사, 2002.

서연호, 『山臺 탈놀이』, 서울: 열화당, 1987.

서연호, 『野遊·五廣大 탈놀이』, 서울: 열화당, 1990.

서연호, 『전승연희의 원리와 방법』, 서울: 집문당, 1997.

서연호, 『꼭두각시놀음의 역사』, 서울: 연극과인간, 2000.

서연호, 『꼭두각시놀음의 역사와 원리』, 서울: 연극과인간, 2001.

성경린, 『韓國傳統舞踊』, 서울: 일지사, 1979.

성기숙, 「조선전기 宮中呈才의 예악사상과 형상의식 연구」, 서울: 성균관대학교 석사학위논문, 1999.

성기숙, 『한국 전통춤 연구』, 서울: 현대미학사, 1999.

송방송, 『高麗音樂史硏究』, 서울: 일지사, 1992.

송방송, 『韓國音樂論考』, 대구: 영남대학교 출판부, 1995.

송방송, 『韓國音樂通史』, 서울: 일조각, 1998.

송석하, 『韓國民俗考』, 서울; 일신사, 1960.

심우성, 『韓國의 民俗劇』, 서울: 창작과비평사, 1975.

심우성, 『男寺黨牌硏究』, 동문선, 1989.

안동문화연구소, 『하회탈과 하회탈춤의 美學』, 사계절, 1999.

안상복, 「宋·金代 雜劇·院本 硏究」, 서울: 서울대학교 박사학위논문, 1996.

양재연, 『國文學硏究散稿』, 서울: 일신사, 1976.

오주석 외, 『단원 김홍도』, 서울: 삼성문화재단, 1996.

윤열수, 『민화Ⅱ』, 서울: 예경, 2000.

이두현, 『韓國假面劇』, 서울: 문화재관리국, 1969.

이두현, 『韓國演劇史』, 서울: 민중서관, 1973: 개정판, 학연사, 1985; 신수판, 학연사, 1999.

이영수, 『朝鮮時代의 民畵』2, 서울: 藝園, 1998.

이우성·임형택 편역, 『李朝漢文短篇集』中, 서울: 일조각, 1978.

이재숙 외, 『궁중의례와 음악』, 서울: 서울대 출판부, 1998.

이창배 편저, 『한국가창대계』, 서울: 홍인문화사, 1975.

이혜구, 『한국음악서설』, 서울: 서울대출판부, 1967.

이혜구, 『신역 악학궤범』, 서울: 국립국악원, 2000.

임미선, 「朝鮮朝 殿庭軒架의 文獻的 研究」, 서울: 서울대학교 박사학위논문, 1997.

임재해, 『민속마을 하회여행 』, 밀알, 1994.

임형택 편역, 『李朝時代敍事詩』 하, 서울: 창작과비평사, 1992.

장사훈, 『韓國舞踊槪論』, 서울: 대광문화사, 1995

전경욱, 『가면극 그 역사와 원리』, 서울: 열화당, 1998.

전경욱, 『한국의 전통연희』, 서울: 학고재, 2004.

조동일, 『탈춤의 역사와 원리』, 서울: 홍성사, 1979.

천화숙·황유복 편, 『奉使圖』, 影印本, 瀋陽: 遼寧民族出版社, 1999.

한국문화재보호협회 편, 『東闕圖』, 서울: 문화부 문화재관리국, 1991.

한국정신문화연구원 편, 『呈才舞圖笏記』, 영인본, 성남: 한국정신문화연구원,
        1994.

한영우, 『정조의 화성 행차, 그 8일』, 서울: 효형출판사, 1998.

한옥근, 『한국 고전극 연구』, 서울: 국학자료원, 1996.

한효, 『조선연극사개요』, 평양: 국립출판사, 1956.

허동성, 『印度演劇의 傳統과 美學』, 서울: 동양공연예술연구소, 1997.

홍순민, 『우리 궁궐 이야기』, 서울: 청년사, 1999.